EL REY DEL CASH

EL REY DEL CASH

El saqueo oculto del presidente y su equipo cercano

ELENA CHÁVEZ

Prólogo de
Anabel Hernández

Grijalbo

El papel utilizado para la impresión de este libro ha sido fabricado a partir de madera
procedente de bosques y plantaciones gestionadas con los más altos estándares ambientales,
garantizando una explotación de los recursos sostenible con el medio ambiente y beneficiosa para las personas.

El rey del cash
El saqueo oculto del presidente y su equipo cercano

Primera edición: octubre, 2022
Primera reimpresión: octubre, 2022
Segunda reimpresión: octubre, 2022
Tercera reimpresión: octubre, 2022
Cuarta reimpresión: octubre, 2022

D. R. © 2022, Elena Chávez

D. R. © 2022, derechos de edición mundiales en lengua castellana:
Penguin Random House Grupo Editorial, S. A. de C. V.
Blvd. Miguel de Cervantes Saavedra núm. 301, 1er piso,
colonia Granada, alcaldía Miguel Hidalgo, C. P. 11520,
Ciudad de México

penguinlibros.com

D. R. © 2022, Anabel Hernández, por el prólogo

Para distribución en EE. UU., Puerto Rico y Canadá

ISBN: 978-607-382-065-3

Impreso en México – *Printed in Mexico*

Por México

Por los mexicanos

Por los más de 120 mil muertos sin justicia en lo que va del sexenio

Por los niños y niñas con cáncer desprotegidos por el Estado

Por nuestro medio ambiente y selvas avasalladas

Por nuestra democracia en peligro

Por los que no se atreven a hablar y por los cómplices del abuso

Por ti, Lucas, que me enseñaste a ser valiente ante el abuso y la explotación

Índice

ENTREVISTAS

ANEXOS

Prólogo

Por Anabel Hernández

Cuando una perversa infatuación
nacida del poder del orgullo ciego
se apodera de los hombres,
todo remedio es en vano:
el mal emerge de sus barrancos
y brilla como un sol maligno.

El culpable es castigado,
es como moneda de metal corriente
que los robos y la usura ennegrecen.

El que trae la ruina irreversible a su pueblo
no tiene más posibilidades de salvarse
que las que tiene un niño de alcanzar
al pájaro que se va volando con un batir de alas.

Esquilo, 458 a. C., Grecia

Conocí a Elena Chávez en el año 2004. Ella trabajaba con Joel Ortega cuando era titular de la Secretaría de Seguridad Pública de la Ciudad de México, y Andrés Manuel López Obrador era jefe de gobierno. Desde ahí y durante años fui testigo de la cercanía circunstancial que tuvo con el hoy presidente de la República.

Ella era compañera de vida de César Yáñez, quien durante lustros fue vocero oficial de López Obrador y cuya fama desde entonces era la de ser uno de los dos hombres más cercanos y de mayor confianza del actual presidente: su incondicional, sombra, ojos, oídos y voz. AMLO considera a Yáñez un "hermano" —así lo ha hecho público—, y como tal, ha tenido un lugar privilegiado para testificar el ascenso al poder de López Obrador.

Durante 18 años, con sus días y sus noches, Elena Chávez estuvo al lado de Yáñez en la línea de fuego, en los momentos cruciales de la carrera política de AMLO. Conoció en persona a López Obrador, a quien describe como un ser "voluble, en ocasiones altanero y muy, pero muy desconfiado"; a su primera esposa, Rocío Beltrán, "una mujer discreta y hogareña" y a sus tres hijos: José Ramón, Andrés y Gonzalo López Beltrán. También trató a Beatriz Gutiérrez Müller y fue testigo de los tiempos en los que la ahora primera dama era empleada de AMLO, trabajaba en el segundo piso del edificio de gobierno de la Ciudad de México y desde ahí "calculaba sus alcances laborales y personales". Furtivamente y en secreto mantenía una relación sentimental con López Obrador simultánea al matrimonio de éste con Rocío. Esto provocaría durante años serios conflictos entre Beatriz y los hijos mayores del presidente. Chávez también supo de primera mano de las andanzas de los principales aspirantes a ser candidatos a la presidencia por Morena en 2023: Marcelo Ebrard, actual secretario de Relaciones Exteriores, y Claudia Sheinbaum, la opaca, en varios sentidos de la palabra, jefa de gobierno de la Ciudad de México, la "corcholata" preferida de la pareja presidencial López Obrador-Gutiérrez Müller. De igual forma se enteró de secretos de la mayoría de quienes hoy forman parte del equipo más cercano del presidente o dirigen los destinos de Morena.

El rey del cash es el valiente testimonio, inédito y en primera persona de lo que Elena conoció directa e indirectamente en el largo camino de ascenso al poder del hombre que conduce hoy los destinos de México en el irónicamente autodenominado gobierno de la Cuarta Transformación.

La *omertá* —obligatoria o autoimpuesta en el primer círculo del hoy mandatario mexicano y de aquellos que se fueron afiliando, pagando literalmente su cuota— había impedido hasta ahora conocer las entrañas de lo que sucedió alrededor de AMLO en los últimos años. Y es gracias a Elena —la primera *insider* del círculo más cercano en romper públicamente el silencio—, que tenemos esta primera radiografía.

* * *

AMLO es un político de Tabasco perteneciente y educado bajo las reglas del viejo régimen del PRI, su militancia documentada data de al menos 1976. Ahí toleró cada una de las tropelías y saqueos de su partido durante lustros.

Jesús Zambrano Grijalva, exguerrillero de la Liga Comunista 23 de Septiembre, ahora dirigente nacional del PRD, afirmó en una conversación sostenida previa a escribir este prólogo que en 1988, cuando Cuauhtémoc Cárdenas y Porfirio Muñoz Ledo, unidos a la izquierda, luchaban contra el fraude electoral perpetrado por el gobierno de Miguel de la Madrid Hurtado, López Obrador se mantuvo en las filas del PRI. Fue hasta 1989, cuando dicho partido no le concedió a AMLO la candidatura a la gubernatura de su estado, y que el grupo político de oposición decidió formar el PRD, que AMLO saltó del PRI a una plataforma segura, de la cual con los años se apoderó y prácticamente demolió para fundar Morena, asociación civil que se convirtió en partido político y cuya esencia principal es rendirle culto a su persona.

Andrés Manuel López Obrador pasará a la historia como uno de los símbolos más complejos del *gatopardismo* mexicano. Es uno de los políticos que, de manera calculadora y astuta, ha puesto en práctica el paradigma de quienes como él impulsan el cambio para que todo siga igual: la simulación. Durante su estancia en Palacio Nacional ha sido saboteador constante de la verdadera democracia, propagador del caos, la división del pueblo y la propaganda engañosa para abrir camino al autoritarismo y el militarismo.

El rey del cash es una crónica nítida y sin concesiones a través de la cual se reconstruye la historia secreta política, personal y financiera de AMLO y su círculo más cercano, indispensable para entender el ADN del mandatario, de la llamada 4T y Morena.

Para entender el relato no hay que cometer el mismo error de sus colaboradores serviles, ni el de los fanáticos o enemigos. No existe una explicación simplista de quién es o qué representa AMLO, cómo ha llegado al poder o cómo lo ejerce. Sus incondicionales sin objetividad ni realismo lo describen como una especie de "mesías" y "salvador de la patria"; para ellos su nombre es un mantra que deben repetir como coro sacro en el templo. Algunos de sus rivales políticos, con la misma falta de objetividad lo llaman "loco", "narcisista" y lo pintan como la caricatura de un mal aprendiz de dictador.

Como periodista de investigación estoy obligada a dar un paso atrás y a un costado para tomar distancia y poder evaluar los hechos, que más allá de las consideraciones individuales, al final son los únicos que cuentan. Y desde ahí es que comparto mi visión de esta importante obra. Desde hace décadas he aprendido que hay hechos que solo alguien desde dentro es capaz de ver y contar, por eso el testimonio de Elena Chávez es de interés público y tiene valor histórico y periodístico.

La autora lleva al lector a las salas de reunión y lo sienta en las cenas para presenciar las discusiones privadas y públicas del mandatario y de quienes hoy cogobiernan a su lado. Explica la ingeniería financiera, basada en el cash —muchas veces de origen ilícito— y los moches, gracias a la cual López Obrador, su familia y su círculo de colaboradores pudieron mantenerse económicamente mientras sin escrúpulos construían el camino para llegar a toda costa al poder.

A través de estas páginas desfilan junto a AMLO los nombres de los personajes más oscuros de su gobierno y de la dirigencia de Morena. Gracias al relato de la autora queda claro que los valores que permiten la entrada al paraíso prometido de López Obrador no son la meritocracia ni la honestidad, sino el servilismo, que en algunos casos llega a la ignominia, y el cash, mucho cash. En esa dinámica de antivalores que contradice las virtudes que ficticiamente se adjudica el presidente —quien es el principal artífice de la simulación de la Cuarta Transformación—, actúan sus cómplices del montaje.

En primera línea está Alejandro Esquer Verdugo, actual secretario particular del mandatario. De acuerdo con el testimonio de Elena, ha sido su sombra y durante años uno de los principales recaudadores del cash por órdenes de López Obrador. Hoy su hija, Carmelina Esquer, sin experiencia en el sector petrolero, es la titular de Pemex Procurement International, responsable de las compras en el extranjero. Dicha compañía estatal que opera en Houston, de acuerdo con los reportes del periodista Raúl Olmos, está indirectamente vinculada con la trama detrás de la casa gris de José Ramón López Beltrán.

También aparece Gabriel García Hernández, quien fue ayudante de AMLO y ocupó durante los tres primeros años del sexenio el cargo estratégico de coordinador general de programas para el desarrollo de la Presidencia de la República, en el cual era jefe de los 32 superdelegados responsables de llevar los programas sociales a los estados. Junto con Esquer era recaudador y distribuidor de cash.

Como otro artífice del montaje aparece Mario Delgado, actual dirigente nacional de Morena, quien, de acuerdo con el testimonio de Elena, desvió dinero público hacia López Obrador y su movimiento político cuando era secretario de Finanzas del gobierno del Distrito Federal, durante la gestión de Marcelo Ebrard, hoy secretario de Relaciones Exteriores.

Una más es Ariadna Montiel, titular de la Secretaría del Bienestar, la oficina estratégica a través de la cual el gobierno de AMLO distribuye el dinero de los programas sociales más sensibles y emblemáticos del combate a la pobreza, como la pensión para adultos mayores, Prospera, Sembrando Vida, entre otros. Montiel es ahijada de Elena y participó como "cuidadora de vayas" en el plantón de López Obrador realizado en 2006 en protesta por los resultados electorales.

Otro coprotagonista con negro historial es Octavio Romero Oropeza, actual titular de Pemex, y quien fuera oficial mayor de la Ciudad de México en el gobierno de AMLO. En ese cargo fue otro de los que exigieron a los empleados del gobierno de la capital cuotas para sostener el movimiento político de López Obrador, en un esquema prácticamente de extorsión, ya que quien no aportaba pagaba el precio de no ser bien visto por sus jefes. "Y así pasaron los cinco años de la administración de López Obrador, quien ante el pueblo presumía su honestidad, pero al interior abusaba de los asalariados de confianza", escribe Elena Chávez sobre la gestión de Romero Oropeza.

En el cuadro de la 4T pintado con fidelidad y realismo a través de las palabras de la autora también está Delfina Gómez, la hoy candidata oficial de Morena a la gubernatura del Estado de México. Ella también es descrita en este libro como una de las precursoras de los moches que voluntariamente a fuerza debían dar los empleados de gobiernos emanados del PRD y Morena. No solo es retratada como un personaje político sin criterio ni autonomía, "títere" de otro morenista, Higinio Martínez, sino que además si ganara la gubernatura en las elecciones de 2023, al ser el Estado de México una de las entidades con más municipios y servidores públicos, y de las más importantes financieramente, obtendrían una fuente de recursos inagotable para mantener al grupo de López Obrador y su movimiento durante al menos otros seis años. Elena Chávez describe las trapacerías y sumisión de *Delfi*, como la llaman, pero también su doble imagen: en público aparece como una sencilla seguidora de las reglas de la 4T con morral al hombro, pero en lo privado colecciona costosas bolsas de marca. Una moneda de dos caras como la mayoría de los integrantes del actual régimen, comenzando por su jefe máximo.

Junto a estos personajes, página a página van desfilando otros ilustres miembros del régimen: secretarios de Estado, legisladores, gobernantes electos y candidatos —invitados VIP al banquete de poder luego de haber pagado económicamente la costosa cuota—. Chávez también exhibe la actitud parasitaria de los hijos mayores del presidente, procreados con su primera esposa, Rocío Beltrán. Como José Ramon López Beltrán, *Joserra*, como le llaman sus más cercanos, cuya costumbre de vivir gracias a favores de contratistas del gobierno o del erario no es nuevo sino más bien un modus operandi. Elena Chávez describe cómo Joserra a sus 32 años era un empleado ornamental en la Procuraduría General de Justicia capitalina en el año 2013, "se la pasaba frente a la computadora jugando 'solitario' cuando se dignaba aparecer en la oficina". Y explica que el puesto de aviador lo obtuvo como una de las concesiones que el entonces jefe de gobierno Miguel Ángel Mancera tuvo que dar a AMLO, además de dinero de las arcas de la capital; recursos a los que el político tabasqueño y su familia estaban ya muy habituados.

Los episodios que se narran poco a poco van dejando un amargo sabor de boca que se convierte en sorpresa y luego en indignación para quienes pensamos que la patria es el lugar donde habita el corazón de nuestro pueblo, la tierra donde el alma echa raíces, el vientre sacro de donde emergen todos los milagros posibles. Amarla es tomar partido a favor de las víctimas y no de los victimarios; es enriquecerla, no saquearla; es no dar rienda suelta ni impunidad a sus carniceros ni a sus protectores, ni a los infames que la exprimen para su beneficio propio, ni a los proxenetas que la entregan a cambio de poder o dinero.

Un concepto fundamental de la filosofía griega es el equilibrio como elemento indispensable para crear y mantener el orden natural necesario del cosmos y de la sociedad. En ese balance el ser humano debe guiarse con mesura, entendiendo sus límites, que no es inmortal ni omnipresente, sino finito y perecedero. El equilibrio individual genera el equilibrio colectivo.

La antítesis de ese equilibro es la hybris: la desmesura, la arrogancia, el rencor, los excesos, los caprichos y la prepotencia que provocan el caos en el cosmos y el desorden social. La tragedia griega nace con la finalidad de explicar al pueblo las terribles consecuencias de la hybris. A través de relatos escritos por los grandes filósofos y pensadores de la época, interpretados en foros públicos desde hace cientos de años antes de Cristo, se ejemplificaba que principalmente quienes caen en la antítesis del equilibrio son los responsables de gobernar.

Si alguna vez José Vasconcelos —escritor, filósofo y político de la Revolución mexicana— se definió en su autobiografía como un "Ulises criollo", AMLO bien podría ser su antítesis, el "Agamenón criollo". Agamenón era el rey de Micenas, hermano de Menelao, en la tragedia griega escrita por el dramaturgo Esquilo. Ciego de la hybris, con tal de obtener el triunfo y la gloria en la guerra de Troya, traspasó todos los límites posibles creyendo que podría romper el equilibrio sin consecuencias, y acabó exterminado por sus propios excesos.

"Uno solo es el refugio de las desgracias: tener un sentido del límite dentro de uno mismo", escribió Esquilo en la tragedia *Agamenón*.

El rey del cash es el relato de una tragedia a la mexicana, la del "Agamenón criollo". El de la mitología griega desnudó y descuartizó a la hija adolescente y virgen en ofrenda a los dioses para conquistar todo a su paso; el de esta versión mexicana es uno que está descuartizando la patria.

Pienso que el testimonio de Elena Chávez marcará un antes y un después en la historia de Andrés Manuel López Obrador, y

19

en la de sus más cercanos colaboradores. Porque contrario a toda la propaganda que hay y que habrá para mantener la simulación, el relato refiere información auténtica. Lo sé porque antes de escribir estas líneas conversé directamente con testigos que como la autora presenciaron o conocieron los hechos que aquí se narran.

Estoy convencida de que después de que por fin alguien se atreve a romper la omertá habrá otros que seguirán los pasos de Elena y ampliarán la exposición de la infame simulación del actual gobierno, que, pese a que desde Palacio Nacional se afirma como distinto, la realidad es que su esencia es similar a la de sus antecesores: otros saqueadores que gracias a él siguen impunes.

Introducción

Este es un testimonio sobre los 18 años que viví cerca del presidente Andrés Manuel López Obrador, al ser pareja de su entonces jefe de prensa César Yáñez Centeno. Ellos dos son los personajes centrales de esta historia dramática, trágica, llena de traiciones políticas, ambiciones personales, infidelidades, abusos laborales, corrupción y autoritarismo.

Mi decisión al publicar este libro ha sido no guardarme secretos de situaciones y decisiones de las que no fui responsable ni cómplice. Simplemente me tocó ser espectadora de un momento clave de la historia política del gobierno de la Ciudad de México y de quien la gobernaba; así como de las campañas presidenciales de López Obrador. Y confieso que vi y escuché muchas cosas que lastimaron mi alma.

Con este libro mi propósito es poner en evidencia cómo el poder ha sido el gran amor y la obsesión de López Obrador, y cómo su alimento para sostenerse todos estos años han sido el odio y el resentimiento, con los cuales está gobernando México. No busco denostar a ninguno de los personajes que aquí aparecen, sino tan solo romper el pacto de impunidad que me ha perseguido sin haberlo pedido o haber participado en acciones ilegales.

Como podrán comprobarlo a lo largo de estas páginas, en innumerables ocasiones le reproché a César lo que hacía su jefe, y le advertí que la verdad siempre sale a la luz más temprano que tarde. La mía, que esperó algunos años, está apegada a la realidad de aquella época. Mi testimonio muestra claramente cómo en nuestro mundo no hay mesías ni iluminados, el que existió se encuentra en su propio reino viendo cómo hay hombres que utilizan la fe y la ignorancia de los pueblos para autoproclamarse profetas cuando su alma está perdida en acciones perversas. Esta historia da cuenta de que quien nos gobierna es un hombre con el mismo proyecto y ambición de aquellos que lo precedieron en la presidencia, y que usa el poder para pisotear leyes e instituciones valiéndose de cualquier bajeza.

El principal mantra de López Obrador: "No mentir, no engañar, no traicionar", repetido casi a diario en sus conferencias mañaneras, es falso. Ha mentido al pueblo mexicano, al afirmar que no es igual a sus antecesores, cuando para llegar a la presidencia usó recursos públicos valiéndose de un grupo que gobernaba la Ciudad de México, de gobiernos del Partido de la Revolución Democrática (PRD), de municipios en extrema pobreza y de *moches* ilegales. Sí ha engañado porque prometió ser presidente de todos los mexicanos, pero se ha dedicado a dividir y engendrar odio entre sus seguidores y los que no piensan igual a él. Sí ha traicionado porque ha usado a las fuerzas militares para defender al crimen organizado y dejar en la vulnerabilidad a la sociedad civil; ha destruido instituciones y dañado a niños y mujeres, principalmente; ha usado fideicomisos so pretexto de corrupción sin que los mexicanos conozcamos el destino de esos recursos; ha utilizado a los poderes Legislativo y Judicial para allegarse de más poder violentado la ley, y a la

Fiscalía General de la República (FGR), el Servicio de Administración Tributaria (SAT) y la Unidad de Inteligencia Financiera (UIF) para amedrentar a sus opositores.

Un día escuché a López Obrador declarar, ya como presidente, que los mexicanos merecían saber la verdad sobre el escandaloso caso de corrupción de Odebrecht. Coincidí con él, pero reflexioné que también tenían derecho a saber que, aunque el combate a la corrupción es su principal bandera, y así ha vendido su imagen durante muchos años, como la de un hombre incorruptible, él mismo no ha sido ajeno a la corrupción, la cual ejecuta con total cinismo porque ha pisoteado la transparencia y la rendición de cuentas.

En muchas ocasiones López Obrador ha usado, aunque mal, una famosa frase del poema "A Gloria", de Salvador Díaz Mirón: "Hay aves (*sic*) que cruzan el pantano y no se manchan, mi plumaje es de esos". Sin embargo, sí tiene las alas manchadas y es un hombre de doble moral. Los mexicanos sabemos del descaro con el cual los expresidentes robaron a México y a los mexicanos, pero el tabasqueño también ha robado, usando para ello a un grupo de testaferros que dieron y siguen dando la cara para protegerlo.

* * *

A lo largo de los años que viví al lado de César Yáñez, la consigna fue: "Si te descubren, te echas la culpa y te quedas callado". Esto fue así no solo en asuntos de dineros, sino también en sucesos trágicos donde perdieron la vida varias personas cuando López Obrador era jefe de gobierno del Distrito Federal y como candidato presidencial de la izquierda mexicana.

Como muchas otras personas con anhelos de un país con justicia, creí ciegamente en ese hombre taciturno, introvertido, malhumorado y que jamás miraba a los ojos de sus interlocutores, pero que tenía un enorme "carisma". A los mexicanos nos gustaba tener un representante con la valentía de enfrentarse al más alto poder, el del Estado, que en aquella época representaba el panista Vicente Fox. No obstante, mi admiración por aquel líder valiente comenzó a tambalearse cuando me enteré de la orden de buscar chivos expiatorios para deslindar al secretario de Seguridad de la capital, Marcelo Ebrard, de su responsabilidad en aquel linchamiento ocurrido en San Juan Ixtayopan, Tláhuac, el 24 de noviembre de 2004.

En ese tiempo tenía acceso a las reuniones del gabinete de seguridad por estar adscrita a un área donde se había instituido a un nutrido grupo de mujeres como coordinadoras de seguridad en las 16 delegaciones políticas, la mayoría gobernadas por el PRD, lo cual me permitió ver cómo se manejaban la política y la justicia. En mi calidad de subdirectora de la comisión del gabinete de seguridad, no tenía ni voz ni voto para opinar sobre las decisiones del jefe de gobierno, solo miraba y escuchaba y sentía una profunda pena porque nadie de su gabinete se atrevía a contradecirlo, tal como sucede actualmente. La encomienda se llevó a cabo y se culpó a inocentes para salvar a Marcelo. A pesar de que el propio Vicente Fox lo destituyó por el linchamiento, López Obrador salvó su carrera y lo nombró secretario de Desarrollo Social; lo necesitaba para taparle la espalda a su salida de la jefatura de gobierno.

Más allá de todo, me sentí consternada por la injusticia cometida contra aquellos funcionarios de menor rango que debieron pagar las culpas del titular de la Secretaría de Seguridad

Pública (ssp), quien desatendió los hechos por estar estrenando amor. En esos días, Ebrard había dejado a su esposa Francesca Ramos Morgan para relacionarse con la actriz Mariagna Prats, con quien estaba mientras una turba quemaba vivos a varios policías federales.

A partir de entonces, viví una película de terror que hoy tengo la oportunidad de contar.

* * *

Los mexicanos deben conocer este testimonio para entender cómo se creó el Movimiento de Regeneración Nacional (Morena) y de dónde sacaron dinero para que su líder máximo y otros militantes recorrieran el país con tranquilidad, sin trabajar y sin declarar gastos o impuestos. Escribo consciente del peligro que corro, pero también segura de que decir la verdad me traerá paz, porque ningún mexicano, ni los seguidores del presidente ni los opositores, merecen ser engañados. Que vea quien quiera ver, y escuche quien quiera escuchar.

Los personajes que aparecen en este libro son los operadores del presidente. Ninguno es pobre, le quitaron a la Ciudad de México millones de pesos para cumplirle a su jefe, pero de paso también se sirvieron con la cuchara grande. Puedo asegurarles que aquellos a quienes López Obrador colocó en su gobierno presidencial saldrán millonarios de los cargos que hoy ostentan. Son operadores con mucha experiencia en el manejo oscuro del dinero.

Lo dicho en estas páginas es mi verdad, mi historia, es una catarsis hacia la libertad. Reitero, no fui cómplice ni recaudadora, fui una mujer que siempre apoyó a su pareja para el bien del país, nunca para destruir como lo están haciendo. A César le advertí de la insaciable y enfermiza sed de poder de su jefe. No me escuchó. Su convivencia día y noche con López Obrador lo mimetizó hasta hacer de él una copia en pequeño.

Aclaro que en mi testimonio hago alusión constante a César Yáñez porque siempre tuve un diálogo con él sobre los acontecimientos que viví, escuché y me contaron. En algunos momentos hay brincos en fechas, pues jamás lo acompañé a giras por el interior del país. Narro lo más importante de lo que me enteré y fui testigo.

Los mexicanos tienen derecho a conocer la verdadera personalidad de la nueva mafia del poder o, mejor dicho, de la secta en el poder. Anécdotas auténticas de Andrés Manuel López Obrador y del nutrido clan que le besa la mano. Dejo constancia de que, como medida de seguridad, de mi vida y de mi familia, he guardado información que será dada a conocer a la opinión pública si por coincidencia, al sacar este libro, algo me pasara. De ser así, responsabilizo a los actores de esta historia que podrían sentirse evidenciados.

1

El rey del cash

¿Y de qué vive Andrés Manuel López Obrador? Este es uno los principales cuestionamientos que persiguió al tabasqueño durante los años en los que recorrió el país, de 2005 a 2018, como candidato presidencial en campaña permanente. La pregunta tiene vigencia, pues implica mecanismos de cooptación que se han perpetuado hasta nuestros días, por medio de personajes que hoy controlan las principales carteras del gobierno federal. La respuesta no es una sola, se pueden rastrear varias fuentes e intereses políticos y económicos que fueron entrelazándose a lo largo del tiempo.

Desde que se desempeñaba como jefe de gobierno capitalino, como un jugador de ajedrez, AMLO reunió a todos sus peones, un selecto grupo de amigos y colaboradores que asumieron el papel de testaferros recaudadores. Ellos fueron los encargados de conseguir los recursos económicos con los cuales vivieron López Obrador, su esposa Beatriz Gutiérrez y sus hijos durante más de 10 años. El dinero lo sacaban de las arcas del Distrito Federal, principalmente de los impuestos de los habitantes de la urbe, de distintas secretarías, de la Asamblea Legislativa y de órganos descentralizados como el Metro y la Red de Transporte de Pasajeros (RTP).

También tuvo fuertes "padrinos". Entre ellos, empresarios de la construcción, como José María Riobóo y Miguel Rincón Arredondo, su compadre, a quien llaman *el Papelero*. Todos ellos aportaron, y después recibieron en contratos más de lo que dieron. Dan cuenta de esto obras como los segundos pisos y los centros comerciales y habitacionales. Nunca, ni él ni su selecto grupo de testaferros, pagó impuestos, y para disfrazar la entrada de recursos creó Honestidad Valiente, A. C., en la que supuestamente el "pueblo bueno" depositaba millones de pesos para sus giras, su salario y el de su familia, los viajes de placer de su esposa, así como los sueldos de sus leales espadachines.

De qué vivió López Obrador en aquellos años es un secreto a voces. Varios militantes de alto nivel del PRD lo saben, pero no lo han divulgado, quizá por miedo a su talante vengativo. Otros que entregaron cantidades millonarias de dinero hoy ocupan puestos clave en la administración del presidente beneficiándose de lo sembrado en el pasado. Políticos perredistas, como los llamados "Chuchos", Jesús Ortega y Jesús Zambrano, también conocen la procedencia de los recursos con los que AMLO sustentó sus gastos personales y familiares. No pueden declararse ignorantes ni ingenuos. Era el acuerdo cupular para encumbrar a aquel candidato que hoy es su más poderoso enemigo. Incluso Miguel Ángel Mancera, exjefe de gobierno, sabe el origen de los recursos financieros referidos, porque también él, durante su primer año de gestión, cuando aún jugaba beisbol con el tabasqueño, cumplió con la entrega de dinero; además, ordenó mantener en la nómina de la procuraduría capitalina al hijo mayor de AMLO, José Ramón López Beltrán, quien, según testigos, se la pasaba frente a la computadora jugando "solitario", eso cuando se dignaba a aparecer en la oficina.

Como un pulpo con innumerables tentáculos, López Obrador recibió efectivo de los estados que entre 2006 y 2012 gobernaba el PRD: Guerrero —uno de los estados más pobres—, Baja California Sur y Michoacán; así como de municipios del Estado de México con pobreza lacerante: Nezahualcóyotl, Ecatepec, Valle de Chalco y Texcoco. Es decir, les quitó a los más pobres de los pobres un porcentaje del presupuesto destinado a combatir su situación a través de los programas de donde sus testaferros obtuvieron recursos para su vida holgada.

Después de erigirse como candidato presidencial del PRD para las elecciones de 2006, López Obrador tuvo en sus manos un cheque por 300 millones de pesos que el Instituto Federal Electoral (IFE) le entregó al partido como prerrogativa. ¿Qué hizo con ese dinero? Los perredistas que lideraban el partido calculan que el gasto en la elección presidencial de 2006 fue de alrededor de 140 millones de pesos. ¿Qué pasó con el resto, 160 millones de pesos? Solo lo saben AMLO, su secretario particular, el ingeniero sonorense Alejandro Esquer, y Gabriel García Hernández. Este último llegó al equipo cercano por recomendación de Marcelo Ebrard, y desde entonces se convirtió en el administrador del *cash* que sacaban de hasta debajo de las piedras.

Fue una etapa de saqueo descarado, de abusos y traiciones contra los mexicanos y los propios perredistas, que le dieron todo a López Obrador por ser el líder y el más fuerte contrincante para ganar la presidencia, hasta que se le puso enfrente el panista Felipe Calderón.

Entre otras cuestiones, esos recursos sirvieron para crear un grupo de guardaespaldas, a varios de los cuales enviaron a Israel a capacitarse. El número de estos guardias creció conforme aumentó la popularidad de Andrés Manuel entre la ciudadanía. De nuevo,

29

todos esos recursos millonarios los administraba de forma magistral Alejandro Esquer, a quien propios y extraños temen tanto como a López Obrador, por la influencia y el poder que tiene en decisiones importantes, pero sobre todo por la confianza que le profesa el primer mandatario.

Pero… tal vez la manutención de López Obrador y su familia no sea tan relevante como haber mantenido el movimiento que lo llevó a la silla presidencial a costa de recargarle todos los gastos principalmente a la Ciudad de México. Desde los colaboradores más cercanos al jefe de gobierno hasta el servidor con menos jerarquía eran obligados a entregar, según su posición en el organigrama, la mensualidad que solicitaba Alejandro Esquer. Esto significaba que los funcionarios debían sacar de sus áreas de trabajo recursos para tener contento al tabasqueño. Si él pedía, por ejemplo, un auto para moverse, solo debía decirlo, y el responsable de dárselo sería quien se preocuparía por pagarlo.

Entonces recurrieron a estrategias nada honestas: creaban nóminas fantasma solicitando a la gente de confianza que consiguiera documentos profesionales de familiares o amistades, o de plano generaban programas ficticios, como en su día ocurrió con las becas escolares para alumnos inexistentes, cuyo escándalo no ha dejado de perseguir a Alejandra Barrales desde que fuera integrante de la Asamblea Legislativa de la Ciudad de México (2009-2012).

No se aceptaba un "no podemos" por respuesta, porque, cuando los funcionarios eran requeridos por Alejandro Esquer a las oficinas de la calle de San Luis Potosí, en la colonia Roma de la capital —domicilio de la casa de campaña del candidato presidencial—, se quedaban helados cuando les mostraba la capacidad de su estructura y cuánto efectivo debían entregar. Casi todos se veían obligados a pedirles a sus subalternos con mayor sueldo entre 10 y 20% para apoyar al tabasqueño a sabiendas de que de no hacerlo perderían su trabajo.

La Ciudad de México fue brutalmente saqueada para que sin necesidad de trabajar López Obrador viajara por el país y construyera un movimiento de izquierda en el cual creían genuinamente muchos de los que aportaron a la causa.

A pesar de que le dieron todo, López Obrador desconfió de su partido y creó una estructura paralela para cuidar las casillas y vigilar que se contaran bien los votos, encabezada por su paisano Alberto Pérez Mendoza, que finalmente fue el detonante para su fracaso en la elección donde ganaría Felipe Calderón, toda vez que Pérez Mendoza no logró ni 40% de presencia en las casillas el día de la votación.

* * *

En todo este enjambre de apoyos, hubo otras figuras que movieron los hilos para encumbrar aún más a López Obrador, como Julio Scherer Ibarra o Manuel Bartlett Díaz.

Julio Scherer tuvo fe en las "buenas intenciones" del tabasqueño y le presentó a diversos personajes del sector empresarial para que dieran su aportación y él no se preocupara por emplearse. Así lo consignó Raymundo Riva Palacio en una de sus recientes columnas, donde aseguró que en 2006 "Scherer diseñó la asociación civil 'Honestidad Valiente', por medio de la cual se recaudaron de manera irregular y opaca millones de pesos, y de donde salieron recursos para mantener al presidente y su familia". Más tarde, en 2011, hubo "denuncias de irregularidades en el manejo de los dineros de la asociación. Durante ese tiempo, Scherer fue clave en identificar a empresarios para que financiaran su campaña presidencial en 2012".[1] Claro, a pesar de que Scherer siempre fue "buen amigo", según la opinión de César Yáñez, ya como consejero jurídico de la Presidencia se sumó a los heridos de guerra que López Obrador ha dejado en el camino. De nada le sirvió que el propio Andrés Manuel declarara que "eran como hermanos", al final, las cosas terminaron mal.

Por su parte, Manuel Bartlett llegó al tabasqueño gracias a la intervención del dueño del Partido del Trabajo, Alberto Anaya. Durante su campaña permanente para buscar la presidencia, López Obrador aceptó establecer relación con el que ha sido considerado el artífice del fraude electoral de 1988 contra Cuauhtémoc Cárdenas. Bartlett, senador de la República en varias ocasiones, ha sido benefactor de Andrés Manuel tanto con dinero como con relaciones perversas con lo peor de la "mafia del poder", en palabras de varios petistas cercanos al propio Alberto Anaya.

Con más colmillo político que el presidente, Bartlett vio en AMLO la posibilidad de perpetuarse en el poder político y económico, y junto con personajes de su mismo talante lograron sentarlo en la silla presidencial. Ya desde 2006 Bartlett había llamado a los militantes del PRI a darle el "voto útil" a López Obrador, lo cual el tabasqueño habría visto con buenos ojos. De este modo, impulsado siempre por Alberto Anaya, Bartlett tuvo las puertas abiertas, a pesar de que durante la primera campaña presidencial le fueron cerradas por su "pasado oscuro", al igual que a la líder magisterial Elba Esther Gordillo.

De la noche a la mañana, Bartlett pasó a ser imprescindible para AMLO, y aun antes de ganar la elección de 2018 ya le había

---

[1] Raymundo Riva Palacio, "Estrictamente personal", *El Financiero,* 22 de marzo de 2022.

prometido la titularidad de la Comisión Federal de Electricidad (CFE), que tan buenos dividendos le está dejando al poblano, a su pareja sentimental, a su hijo y socios. Recuerdo que esa amistad causaba molestia en César Yáñez, pues el político poblano era símbolo de un agravio histórico para todas las personas salidas de la izquierda que habían apoyado a AMLO. Sin embargo, como en política no hay lealtades, como me dijera un día Joel Ortega Cuevas, al final César perdonó los pecados de Bartlett a cambio de tráfico de influencias para sacar de la cárcel a Dulce María Silva, la mujer con la que se casó en 2018 y que había sido acusada por el delito de despojo en perjuicio de un grupo de personas de la tercera edad en la zona más rica de Puebla: Angelópolis.

* * *

No está de más decir que dos de los principales funcionarios benefactores fueron el hoy canciller Marcelo Ebrard y Mario Delgado, actual presidente de Morena. Durante varios años, desde sus cargos públicos, estos personajes le dieron a AMLO miles de millones de pesos del erario para que cristalizara su sueño de convertirse en presidente.

En 2006 Marcelo Ebrard alcanzó su sueño largamente anhelado de ser jefe de gobierno. Estaba en deuda con el tabasqueño, así que el pago fue en efectivo y en cantidades inmensas. Sin saberlo ni autorizarlo, los habitantes de la Ciudad de México contribuyeron con sus impuestos a la manutención del actual presidente y de su familia. Ya en el poder, Ebrard instruyó a su secretario de Finanzas, Mario Delgado, darle mensualmente a Andrés Manuel millonadas para su campaña. Ebrard fue el autor intelectual del fraude a las finanzas públicas, y Delgado, la mano ejecutora. Diligente, con esa actitud de lambisconería demostrada a cada paso que da, el hoy dirigente nacional de Morena —con quien compartí lugar en los asientos traseros durante las reuniones de evaluación del gabinete de seguridad cuando AMLO fue jefe de gobierno— asistía con frecuencia a la casona de San Luis Potosí no con sobres o bolsas, sino con maletas en las que llevaba la mensualidad.

Fue así como López Obrador se convirtió en el "rey del cash". Nunca, jamás, nadie va a encontrar un video o algún recibo firmado por él, porque entre las reglas acordadas con su grupo selecto, entre los que figuraba César Yáñez, estaba la de entregar mensualmente los recursos a Alejandro Esquer, pero solo en efectivo. Y si alguno de los benefactores, que fueron muchos, cometía el error de ser grabado, como ocurrió con René Bejarano y Carlos Ímaz, la consigna era la ya citada: "Si te descubren, te echas la culpa y te quedas callado". Muchos no solo están callados o desaparecidos, también están dispuestos a llevarse a la tumba sus secretos y pecados. Mantienen, por temor, el pacto de impunidad con quien está destruyendo a México y a su democracia, pintada con la sangre de muchos izquierdistas que dieron la vida por liberar a nuestro país de la esclavitud política ejercida por el PRI.

2

César, el hermano

Debo admitir que no fue fácil ser compañera de un hombre cuyo dios tenía el rostro de Andrés Manuel López Obrador. Ante él, César se persignó todos los días hasta que, tras el triunfo en la elección presidencial de 2018, lo condenó al ostracismo por haberlo involucrado indirectamente en fiestas y eventos de la *socialité* que iban en contra de su perorata de vivir con humildad, sin escándalos, sin lujos y con un par de zapatos. ¿César Yáñez le falló, lo traicionó? Según mi punto de vista, no. Desde la primera campaña, quedó claro que César iría hasta donde fuera necesario para complacer al tabasqueño.

"César no es solo mi colaborador, sino mi hermano", me dijo López Obrador en abril de 2005, unos meses antes de que renunciara a su cargo de jefe de gobierno. En aquellos días me mandó llamar a su oficina luego de enterarse de que su amigo padecía cáncer de garganta. Me pidió que cuidara de su salud día y noche. Él se encargaría de pagar la cuenta de la operación y posteriormente de las radioterapias que le hicieron en el hospital privado Médica Sur.

Con el cáncer, el miedo a morir y sin la posibilidad de acompañar a su jefe en la inminente campaña, obviamente el ánimo de César estaba por los suelos. No obstante, meses después logró recuperarse.

El 30 de julio de 2005 López Obrador rindió su último informe de gobierno en el Auditorio Nacional ante miles de personas que lo veían como el gran líder de la izquierda y el salvador del país, que estaba en las garras corruptas del PRI. Al término del acto, entre miles de seguidores, el hoy presidente le pidió a César que subiera al estrado, donde lo abrazó durante largos minutos. Nadie, solo López Obrador, Joel Ortega Cuevas —mi jefe en ese entonces— y yo sabíamos que ese abrazo era para animarlo a superar el cáncer.

* * *

Ya iniciada la campaña, López Obrador necesitaba con urgencia una figura pública que le diera fuerza mediática. En la búsqueda, alguien le consiguió el número de celular de Javier Aguirre, mejor conocido en el mundo del futbol como *el Vasco*, quien se encontraba en España dirigiendo al Osasuna. Como fue siempre, el tabasqueño logró comunicarse con él para avisarle que enviaría a uno de sus hombres de más confianza con un mensaje personal. No le dijo nada más.

César fue el enviado. Alejandro Esquer le pagó con dinero público el avión y el hospedaje en un hotel de cinco estrellas, y también le dio viáticos para comer y trasladarse en taxi a donde vería al exfutbolista. Tanto César como su jefe tenían plena seguridad de que Aguirre caería rendido a sus pies y aceptaría promoverlo como el candidato presidencial que cambiaría México. ¡Cuán equivocados estuvieron!

El Vasco recibió a César la mañana siguiente a su llegada a la madre patria, pero le dio un "no" rotundo como respuesta. Sí, Javier Aguirre le mandó decir que "no" a López Obrador. Derrotado, César regresó de su breve viaje de tres días. Con temor ante el carácter irascible y autoritario de su jefe, le contó que el renombrado entrenador había rechazado apoyarlo ante los mexicanos.

El enojo de Andrés duró varios días. No se explicaba cómo un "simple director técnico" podía decirle que "no" al gran mártir de la política nacional. Y así, sin esa figura admirada por los mexicanos, continuó la primera campaña en pos de la silla presidencial.

A pesar de todo, en aquel tiempo López Obrador era muy distinto al que vemos hoy todos los días, agrediendo, denostando e insultando a quienes no piensan como él. Era un hombre difícil de carácter, sí, pero con una gran virtud: una labia que, incluso a mí, me convenció de que era el líder que México necesitaba. Sin duda me equivoqué, como muchos.

3

La institucionalización del moche

Dicen que los tabasqueños son hombres de pocas palabras, pero de grandes ideas. No obstante, en algunos casos parece que esas grandes ideas las han usado para hacer el mal.

Los paisanos del presidente que llegaron con él cuando asumió la jefatura de gobierno en diciembre de 2000 recibieron cargos clave en la administración. Dos de los más relevantes y visibles fueron el introvertido Octavio Romero Oropeza, oficial mayor, y el extrovertido Nicolás Mollinedo, su jefe de seguridad. Ambos iniciaron su época de gloria al dejar su natal Tabasco y trasladarse a la Ciudad de México para apoyar a Andrés Manuel López Obrador, quien entonces mostraba una actitud muy distinta a la actual. Apenas daba un saludo, era voluble, muy desconfiado y en ocasiones altanero y grosero.

Con el triunfo en la mano y con los perredistas felices por conservar el poder en la capital, López Obrador subió a sus amigos al camión guajolotero que salía de Macuspana y los instaló como jefes, para mala suerte de los trabajadores de confianza. En esa ocasión, ni siquiera a César Yáñez lo premió como a sus paisanos. Tras hacer campaña a su lado por las 16 delegaciones, el colimense acabó como segundo en la Dirección General de Comunicación Social, donde Ana Lilia Cepeda asumió el mando.

César me buscó y soltó un torrente de lágrimas de decepción a causa de la ingratitud. Incluso pensó en renunciarle al "hermano mayor" por sacrificarlo políticamente. El flamante jefe de gobierno lo había nombrado tan solo como director de Información porque tenía compromisos con otras personas que lo habían apoyado. Así fue como en la Dirección de Difusión, que estaba a la par de la de Información, impuso a Beatriz Gutiérrez Müller, quien llegaba recién desempacada de la ciudad de Puebla. Se decía que venía recomendada por el hermano de la escritora Ángeles Mastretta, pero también por el extinto José María Pérez Gay. Con muy poca experiencia reporteril, Beatriz comenzó a manejar los recursos millonarios destinados a la publicidad en medios. Esto le permitía tener entrada directa en la oficina de López Obrador. Desde el primer día, Beatriz hizo notar su presencia con desparpajo y protagonismo, actitud que en la actualidad no ha hecho más que exacerbarse, según me dicen quienes siguen cerca de ella. Basta ver los lamentables deslices que ha tenido en las redes sociales.

Al asumir el poder en la capital, López Obrador estaba casado con Rocío Beltrán, una mujer discreta y hogareña a quien conocí brevemente. En aquellos días Rocío cayó enferma de lupus, lo cual obligó al jefe de gobierno a buscar a los mejores médicos e incluso la llevó a Cuba para que fuera tratada por especialistas. Sin embargo, el deterioro físico de la señora Beltrán fue en aumento y los tratamientos no funcionaron, por lo que se vieron obligados a contratar a personal de enfermería para que la atendiera en su departamento de Copilco.

César me contó que en ese entonces el jefe de gobierno llegaba de madrugada a sus oficinas y se iba ya muy entrada la noche para no ver el estado en que se encontraba su esposa. Beatriz, decían los colaboradores del tabasqueño, incluyendo a César, aprovechó la vulnerabilidad de López Obrador y se hizo indispensable, no solo en el manejo de los recursos para los medios, sino para acompañarlo a sobrellevar su vida privada.

El día de la muerte de Rocío, 12 de enero de 2003, Andrés Manuel salió muy temprano de su departamento de Copilco. Se disponía a iniciar una gira de trabajo en compañía de César, pero todo se canceló cuando la enfermera que cuidaba a su esposa le avisó del fallecimiento. En ese momento César regresó a casa por ropa de funeral y se fue de nuevo para estar al lado de su jefe.

Solo los más cercanos, entre ellos el club de los tabasqueños, estuvieron presentes en el sepelio. Ese mismo día López Obrador se convirtió en el viudo más codiciado no solo del ambiente político, también del artístico. Incluso corrió el rumor de que podría ser el padre de la hija que esperaba la fallecida actriz Edith González, quien fue vista en las oficinas de gobierno en un par de ocasiones. Después se supo que el padre de la bebé era en realidad Santiago Creel.

* * *

Paralelamente, en el segundo piso del edificio anexo al del gobierno capitalino, un tabasqueño de bigote corto y desaliñado que despachaba en la Oficialía Mayor, Octavio Romero Oropeza, se convirtió en el martirio de todos los empleados de confianza. De su oficina salió la primera orden de apoyar obligatoriamente con un porcentaje del salario las acciones no contempladas con recursos públicos. Romero Oropeza también fue el artífice de que hombres y mujeres con puestos de confianza se convirtieran de la noche a la mañana en carteros para llevar las placas vehiculares que la Secretaría de Movilidad no había entregado, lo cual tenía muy molestos a los ciudadanos. A mí me tocó andar bajo los rayos del sol en la delegación Gustavo A. Madero, ya en los límites del Estado de México.

Luego vino una segunda entrega de *moche*, que por supuesto no descontaban del salario para no dejar huella, sino que el trabajador de muy "buena gana" y con "gran entusiasmo" debía dar en efectivo a su jefe inmediato, quien lo "palomeaba" en la lista de los bien portados, de los cumplidores. Semanas después llegaría la tercera mochada del salario y después la cuarta, la quinta, la sexta... Y así pasaron los cinco años de la administración de López Obrador, quien ante el pueblo presumía su honestidad, pero al interior abusaba de los asalariados de confianza. Hubo moche hasta cuando el éxodo zapatista llegó al Zócalo capitalino, con el subcomandante Marcos a la cabeza; había que darles agua y comida, nos dijeron, y alguna cervecita para el calor.

Un día de esos, en los que ya estaba molesta por tanto descuento, le pregunté a César quién era el genio que había institucionalizado el moche. Me dijo riéndose que el gran Octavio Romero Oropeza, el ingeniero agrónomo que trabajó poco o nada en el campo, pero que en la selva de asfalto se convirtió en administrador de los cientos de miles de pesos recaudados entre los trabajadores. Resignados a nuestra suerte, cooperábamos ante el temor de perder el trabajo, tal como sucede ahora con los empleados de confianza en el gobierno federal, a quienes les redujeron el salario, porque ganar mucho es pecado mortal que se paga con el fuego del infierno.

Debo confesar que César Yáñez fue uno de los pocos en salvarse del moche. Y no por favoritismo, sino porque al divorciarse

de su primera esposa, la jueza que llevó el caso, antiobradoris-
ta declarada, le ordenó al propio Romero, retenerle a César 75%
de su sueldo para la manutención de sus dos hijos y su expareja.
Hoy entiendo que el enamoramiento de esos días fue tan dañino
que terminé manteniendo el hogar ante lo poco que le quedaba
a César de su salario.

Fueron muchos los pretextos para arrebatarnos al personal
de confianza un porcentaje de nuestro sueldo, entre ellos el desafuero y el plantón de Reforma. Es sabido que mientras López
Obrador era jefe de gobierno, Vicente Fox lo traía entre ceja y
ceja por no subordinarse a los designios federales. Los dimes
y diretes entre estos dos bravucones se habían vuelto una noticia
cotidiana. En ese contexto, tras el rescate a Ebrard después del
linchamiento en Tláhuac y con las aspiraciones presidenciales ya
públicas del tabasqueño, muchos políticos y empresarios se unie-
ron en su contra valiéndose de un recurso legaloide: AMLO decidió construir una calle en el famoso predio El Encino cuando
una orden judicial se lo impedía. Eso era lo que Fox necesitaba
para emprender una acción de desafuero y terminar con la aspi-
ración del perredista de sentarse en la silla presidencial. Para defenderse de esa acción injusta y antidemocrática se nos castigó a
los empleados de confianza con un moche quincenal, que con-
cluyó, aunque no en su totalidad, cuando López Obrador salió
airoso, casi flotando entre las nubes de la Cámara de Diputados,
donde dio un discurso que lo catapultó de manera definitiva a la
candidatura del PRD:

Resulta que, en el país de la impunidad, en el país del Fobaproa, de
los Amigos de Fox, del Pemexgate y otros latrocinios cometidos,
permitidos o solapados por los que ahora me acusan y juzgan, a mí

me van a desaforar, me van a encarcelar. Diputadas y diputados, con sinceridad les digo que no espero de ustedes una votación mayoritaria en contra del desafuero. No soy ingenuo, ustedes ya recibieron la orden de los jefes de sus partidos y van a actuar por consigna, aunque se hagan llamar representantes populares. Ustedes me van a juzgar, pero no olviden que todavía falta que a ustedes y a mí nos juzgue la historia. Viva la dignidad, viva México.

Efectivamente se cumplió lo que dijo, con 360 votos a favor, 127 en contra y dos abstenciones, el desafuero fue consumado. Sin embargo, con la renuncia de Rafael Macedo de la Concha a la PGR, el caso contra López Obrador fue desechado por causas técnicas. Por cierto, entre los que votaron contra el desafuero estaba Tatiana Clouthier, la actual secretaría de Economía y exjefa de la campaña presidencial que le dio el triunfo a AMLO en 2018.

El 29 de junio de 2005 López Obrador renunció al cargo de jefe de gobierno para recorrer el país. Aún no descubrían a plenitud el *modus operandi* del cash, el cual terminaría por cimentarse durante la administración de Marcelo Ebrard y los gobiernos perredistas, y que se mantiene en nuestros días.

Recuerdo una anécdota que me contó César. El día en que López Obrador asistiría a la Cámara de Diputados a defenderse del desafuero, en la oficina principal donde despachaba se reunieron con él sus hermanos y su hermana Candelaria, ya fallecida, así como sus hijos. En la antesala estaban sus colaboradores cercanos: su secretario particular, Alejandro Esquer; los miembros de su gabinete, diputados locales, y sentada en una esquina una callada Beatriz Gutiérrez. Unos iban y venían para ver desde las ventanas a la impresionante multitud reunida en la plancha del Zócalo para apoyar a su martirizado líder. César notó la presencia de Beatriz y le preguntó: "¿Por qué esa cara de sufrimiento?" Con los ojos lagrimosos, respondió: "Si lo meten a la cárcel, seré yo quien acuda a las visitas conyugales". Todos enmudecieron, pues se confirmó lo que se sabía a voces: eran pareja. Para suerte de Beatriz, no se consumó el desafuero, ni lo metieron a la cárcel. Sin embargo, al confirmarse su relación con el titular del gobierno capitalino, Beatriz fue renunciada como directora de Difusión y Relaciones Internacionales, y el novio la mandó a su departamento de la calle Heriberto Frías en la colonia Del Valle con VTP —viaje todo pagado—. La liquidaron, cuando a ningún empleado de confianza se le daba nada, ni las gracias, y se le siguió pagando el sueldo que percibía como funcionaria, más de 70 mil pesos al mes, a través de una empresa de publicidad, cuya dueña, la finada Tere Struck, era la encargada de los spots publicitarios del tabasqueño.

Cuando ocurrió ese arrebato de confesión por parte de Beatriz, yo era subdirectora de Relaciones Interinstitucionales de Comunicación Social, y por ser la pareja de César, su jefe decidió cambiarme de área. Me enviaron con el mismo salario, nada extraordinario, alrededor de 22 mil pesos mensuales, a la oficina del gabinete de seguridad, que le encomendaron a Joel Ortega Cuevas, quien recién había concluido su gestión como delegado en Gustavo A. Madero.

Mi castigo, ¿de qué otra manera podría llamarle?, fue encerrarme en la última oficina de metro y medio que estaba, eso sí, en el piso donde despachaba Andrés Manuel López Obrador. Desde ahí fui testigo de las caminatas que hacía por el pasillo cuando quería hablar en privado con alguno de sus colaboradores. Dejé de organizar reuniones de relaciones públicas con caricaturistas para convertirme casi casi en "gacela", pues mi trabajo consistía en darle seguimiento al trabajo de las 70 mujeres que supervisaban la seguridad en igual número de coordinaciones territoriales. Fue así como tuve acceso a las mañaneras, a las seis de la mañana, en las que se analizaban las cifras de los delitos en la capital. Ahí conocí a Mario Delgado, ayudante de Marcelo Ebrard en la Secretaría de Seguridad Pública.

4

Beatriz, viajera frecuente

Conocí a Beatriz Gutiérrez Müller cuando ambas trabajábamos en el gobierno del Distrito Federal, en el área de Comunicación Social. Nunca fuimos amigas. Su paso por esa área fue breve. Estuvo ahí tal vez uno o dos años hasta que Andrés Manuel López Obrador la sacó de trabajar para acallar los rumores que circulaban sobre su noviazgo. Siendo yo subdirectora de Relaciones Interinstitucionales, de vez en cuando iba a mi oficina y me platicaba alguna cosa sin sentido, mas nunca salimos a tomar un café o a comer, como suele suceder entre compañeras de trabajo.

Beatriz era muy amiga de César. Con él tenía una relación de camaradería y hasta de complicidad. En 2018 incluso fue su madrina de bodas. César era, según vi, casi su consejero o chaperón.

Beatriz nunca se preocupó por respetar las jerarquías. Cuando César se volvió director general de Comunicación Social, después de la renuncia de Ana Lilia Cepeda, Beatriz entraba en su oficina sin tocar; sus carcajadas llegaban hasta mi lugar de trabajo. Un día fui a esa oficina y la puerta estaba entreabierta. Entré y encontré a César y a Beatriz demasiado juntos, muy cerca del librero. Más tarde le pregunté si así se llevaba con ella y me respondió que Beatriz era muy confianzuda, incluso me recordó las veces que la encontramos en el automóvil del entonces oficial mayor, Octavio Romero.

Los encuentros de Beatriz con Romero ponían en duda si andaba con el amigo del jefe de gobierno o con el propio jefe de gobierno. Tiempo después, pasado el desafuero, Beatriz salió del gobierno del Distrito Federal para acallar los chismes del noviazgo con el recién viudo. Por César me enteré de que ella había decidido estudiar una maestría. Tenía el dinero necesario y el tiempo suficiente, pues los encuentros amorosos con el tabasqueño se habían reducido ante el enojo de los tres hijos, quienes prácticamente montaron una guardia para alejarlos.

Luego vino la primera campaña presidencial y las giras se volvieron constantes. Se llegó a pensar que el romance había terminado, pero no fue así. Como un par de jovenzuelos cuyos padres se oponen al noviazgo, López Obrador y Beatriz siguieron viéndose a escondidas. La ayudantía la llevaba al hotel donde pernoctaría el candidato. A la mañana siguiente, unos minutos después de haberse marchado el tabasqueño, ella salía con gafas oscuras, y en ocasiones mascadas en la cabeza, para despistar a los medios.

A César y a mí nos tocó verla en Cuernavaca, donde asistí a un evento de campaña por la cercanía con la Ciudad de México. En realidad fueron pocas las veces que lo acompañé a algún acto de la gira. No me sentía cómoda al ir detrás de César, menos conociendo los desplantes, que rayaban en grosería, del tabasqueño.

Cuando César estaba de descanso, en ocasiones nos visitaba Ariadna Montiel, hoy secretaria de Bienestar. El tema entre los dos era, además de las candidaturas y la entrega de recursos económicos, la presencia de Beatriz en las giras. "¿Qué no se da cuenta del daño que le hace al licenciado?", le preguntaba

Ariadna a César. Ella decía que era muy riesgoso que Beatriz fuera vista por algún fotógrafo o reportero de la fuente y se publicaran sus encuentros amorosos. César simplemente soltaba una carcajada haciendo algún chiste con fines sexuales.

Los dos coincidíamos en que el protagonismo de Beatriz sería su perdición más temprano que tarde. La realidad nos dio la razón. Ya en 2018 rechazó ser llamada "primera dama" y se aventuró a ejercer actividades no filantrópicas como cantar, leer poesía, pelearse en redes sociales con madres de niños con cáncer o con madres de víctimas de feminicidio.

Finalmente, la telenovela rosa tuvo un feliz desenlace. Beatriz y Andrés Manuel se casaron en privado. El acto se llevó a cabo el lunes 16 de octubre de 2006, tres meses después de la derrota en la elección presidencial. Muy pocos saben que la boda se realizó sin la presencia de los hijos de López Obrador. Tan solo estuvieron como testigos, de parte de él, la pareja formada por José María Pérez Gay y su esposa Lilia Rossbach, a quien el presidente llama "Lilita", y a quien nombró embajadora en Argentina.

Me enteré del matrimonio civil porque ese día César no salió de la casa, aun cuando los lunes eran los días que entregaba cuentas de los gastos a Alejandro Esquer.

"¿No vas a ir a la oficina?", le pregunté extrañada cuando noté que se quedó cómodamente acostado en un sillón viendo una película. "No, hoy hay bodorrio", me respondió un tanto sentimental, porque su amado jefe no lo había invitado a la ceremonia. Me contó que ya era imposible para el "licenciado" mantener en secreto el noviazgo con Beatriz. Había decidido casarse solo por lo civil para no darles show a los medios y para obligar a sus hijos a convivir con la novia.

Además de los Pérez Gay, también fue invitada Carmen Lira, la comadre del presidente y directora de *La Jornada*, el periódico que recibe más recursos públicos hoy en día. De parte de Beatriz no se supo oficialmente quiénes fueron sus testigos, pero siempre se dijo que habían sido su mamá y su hermana.

Después de ese lunes Beatriz Gutiérrez salió a la luz pública ya no como novia, sino como esposa del codiciado viudo. En una entrevista con la revista *Quién* dijo: "El papel de una primera dama, la esposa de un gobernador, representante de Estado o de cualquier político, debe ser marginal [...]. Si Andrés Manuel gana la presidencia y me pide que lo acompañe en su gobierno, mi figura será absolutamente gris por convicción propia". Y las palabras se las lleva el viento. Ha sido todo menos marginal o discreta. Se sabe que influye de manera directa en las acciones del presidente, poniéndolo en aprietos internacionales, como fue el exigir al rey de España, Felipe VI, que se disculpara por los actos violentos y los amoríos de Hernán Cortés con la Malinche durante la Conquista.

Pocos meses después de la boda nació Jesús Ernesto. Un día César me pidió que lo acompañara a conocer al bebé y llevarle un regalo. La pareja vivía en un departamento de la colonia Del Valle en la Ciudad de México, en la calle Heriberto Frías, casi enfrente de Plaza Universidad. Llegamos por la tarde. El departamento era pequeño y sencillo: la cocina a la entrada, el comedor y la sala casi agarrados de la mano; el baño de frente y al lado dos recámaras; una la habían modificado para hacer un estudio donde tenían un librero y una computadora, en la otra estaba el bebé.

Con Jesús Ernesto en los brazos de César, Beatriz se sentó y nos platicó de su experiencia de ser mamá. También reconoció sentirse incómoda de vivir en ese departamento donde no tenía ninguna privacidad. Con voz entrecortada nos dijo: "Jamás tendré una casa, así como es Andrés Manuel". Tanto César como yo la animamos diciéndole que ya con su hijo seguramente cambiaría de opinión. Y así sucedió. Meses después César me dijo que José María Pérez Gay les había comprado el departamento de la Del Valle para que ellos adquirieran una casa en Tlalpan, muy cerca del hospital Médica Sur. En ese entonces los únicos bienes que tenían era esa casa y el departamento de Copilco, donde vivían los hijos del primer matrimonio del tabasqueño.

Recuerdo ese departamento de la Del Valle porque acordé con César recogerlo todos los domingos cuando llegaban de gira. Nosotros vivíamos en un condominio en calzada del Hueso. Durante largos meses, o tal vez un par de años, cada domingo salía rumbo a la Del Valle por César. Así fue como me di cuenta de que Beatriz era viajera frecuente a pesar de tener un hijo tan pequeño.

Ir a recoger a César no era nada agradable, más bien era un suplicio. Me decía que llegarían a las siete de la noche, pero a veces esperaba hasta dos horas más. Me quedaba dentro de la camioneta. Algunas ocasiones caminaba toda la cuadra para desentumirme y otras me metía en la pastelería El Globo a comprar algún pastelito. Cuando por fin veía venir la camioneta de escoltas abriéndole paso a la que traía a López Obrador y a César, mi humor era negro. Observaba cómo el tabasqueño bajaba corriendo y se metía en el edificio del departamento sin despedirse de nadie, algo usual en él, mas no la premura con que lo hacía, lo cual me dio curiosidad.

"¿Por qué tu jefe siempre sale corriendo?", le pregunté a César uno de tantos domingos. Su respuesta me dejó estupefacta: "Tiene que cuidar al niño, la nana sale a las seis". "¿Cuidar al niño? ¿Y Beatriz?", le cuestioné. "Anda de viaje, creo que en Europa; el licenciado siempre se preocupa por Jesús Ernesto porque no está su mamá y las nanas tienen sus horarios de salida, él llega a atenderlo", me contó.

Beatriz, según palabras de César, viajaba mucho porque estaba haciendo una maestría, porque se iba con su mamá al extranjero o simplemente porque se enojaba con el esposo. Durante la temporada que fui por César siempre vi la misma escena: López Obrador corriendo para cuidar a su pequeño hijo.

Cansada de las largas esperas, decidí no ir más por César a la Del Valle ni a ningún otro lado. Sabía que no eran puntuales. ¿Quién te recupera las horas de vida perdidas por ir a recoger a un hombre que en casa era muy diferente al de las eternas giras? "Solo tú", me dijo un buen amigo periodista. "No sabes con quién vives." Era cierto, no lo sabía.

5

Honestidad Valiente,
laboratorio de lavado de dinero

Gabriel García Hernández es un hombre de muy bajo perfil, casi fantasmal. En el año 2000 inició como director de Adquisiciones de la Oficialía Mayor, a cargo de Octavio Romero, el que institucionalizó el moche a los trabajadores de confianza del gobierno de la Ciudad de México. Durante un tiempo administró los recursos que le entregaba el secretario particular del presidente, Alejandro Esquer, para Honestidad Valiente, A. C. García Hernández fue una joven promesa de los recaudadores del tabasqueño y supo ganarse su confianza. Movía con gran destreza los recursos que entraban en la agrupación, y ante los cuestionamientos de los medios de comunicación aseguraba que se trataba de depósitos del pueblo bueno. Jamás en su trayectoria mostró ningún comprobante sobre sus dichos. Gabriel, *el Callado*, como le decían entre el equipo de López Obrador, también fue responsable de los pagos al semanario *Regeneración*, que editaba el hoy vocero del presidente, Jesús Ramírez Cuevas.

Con el paso del tiempo, ya en plenas campañas presidenciales, se volvió más hermético y huidizo. Era totalmente antiprotagónico y así construyó el laboratorio de lavado de dinero que permitió al candidato de la izquierda aceptar aportaciones para su manutención, la de su familia, sus colaboradores, y emprender la estrategia de imagen que finalmente lo llevó a ganar la presidencia.

En el juego de ajedrez político era un peón, más ágil y movido que muchos otros. Honestidad Valiente fue su instrumento para empoderarse frente al candidato presidencial y hacerse cada vez más indispensable en las operaciones no declaradas ni transparentadas de las campañas. El poder, que vuelve locos a quienes jamás lo han tenido, tocó al joven aprendiz, y para cuando arrancaron la campaña 2006 era dueño absoluto de la confianza del líder y candidato presidencial perredista.

Algunas veces, pocas, lo llegué a ver en la casona de San Luis Potosí, donde iba a recibir órdenes de Esquer y también a informarle sobre el manejo de los dineros. Cruzamos algunos saludos y hasta ahí. Me intrigaba su personalidad. Me preguntaba cuál era la responsabilidad de aquel joven de lentes y cuerpo robusto dentro del grupo compacto de colaboradores del tabasqueño. César despejó mi duda: "Es el encargado de manejar la asociación Honestidad Valiente".

Después descubrí que esa asociación civil no estaba cimentada en la beneficencia de los mexicanos, sino en las recaudaciones y aportaciones de funcionarios, empresarios, líderes de partidos y de todos los que estaban obligados a aportar en el "pase de charola". Me preguntaba entonces cómo era posible que el gobierno federal no investigara nada respecto a Honestidad Valiente, máxime cuando López Obrador se había convertido en un auténtico opositor al sistema, al cual día y noche acusaba de robarse el patrimonio de los mexicanos.

No volví a ver a Gabriel García Hernández, pero me enteré de que empezó a crecer como la espuma en las operaciones para llevar al tabasqueño a la presidencia. No era solamente la cara de Honestidad Valiente, sino el estratega en la creación de la estructura humana para mover gente en los actos públicos del candidato a lo largo del país.

"Gaby", así lo llamaba César, creó, con la anuencia del candidato, su propio equipo de trabajo con la condición de sumar, sumar y sumar cada vez más adeptos al movimiento. No le fue tan difícil lograrlo, con el desafuero, primero, y luego con el plantón de Reforma, miles de mexicanos veían a López Obrador como víctima del gobierno panista y lo abrazaron en su lucha política sin imaginarse el monstruo destructor que estaban creando.

* * *

No fue sorpresa para mí enterarme de que en 2018 el fantasmal Gabriel estuvo en las listas de candidatos plurinominales a senadores por Morena. Aquella era una medida preventiva en caso de no ganar la presidencia. No obstante, las encuestas y los acercamientos entre miembros del candidato de Morena e integrantes del gabinete de Enrique Peña Nieto daban por hecho que la tercera sería la vencida para López Obrador. Tampoco me sorprendió que en lugar de llegar al Senado, el presidente electo lo nombrara coordinador general de Programas de Desarrollo de la Oficina de la Presidencia, un puestazo ante la vista de todos, pues Gabriel sería el encargado de mover a los *superdelegados*. La fortuna le sonreía, es más, se carcajeaba en su honor, y el introvertido chico maravilla ocupó en Palacio Nacional una oficina arribita de donde despacha el presidente.

Un par de años después fue tal vez la soberbia, que contagió a todos los cercanos al presidente, la culpable de la estrepitosa y humillante caída del manejador de Honestidad Valiente.

Sus superdelegados no hicieron bien su trabajo y le hicieron perder a López Obrador y a la jefa de gobierno, Claudia Sheinbaum, las posiciones que creían que estaban aseguradas para ellos. La Ciudad de México, el bastión de las luchas obradoristas, les volteó la espalda, y en las intermedias de 2021 perdieron la mayoría de las alcaldías, así como varios municipios del Estado de México. Para justificar su mal gobierno, Sheinbaum culpó a Gabriel de no haber operado bien con sus muchachos, dejar que Ricardo Monreal se metiera en la elección y hasta apoyar a los candidatos de oposición, como Sandra Cuevas, para quitarles la alcaldía Cuauhtémoc de la Ciudad de México, demarcación en la que se asienta el palacio donde vive el presidente, donde despacha Sheinbaum y donde se corre mucho, pero mucho dinero.

A diferencia de los que han cometido errores, Gabriel García Hernández se rebeló ante el fuertísimo regaño del presidente y solito salió a anunciar a los medios su renuncia al cargo de coordinador de los Programas de Desarrollo para incorporarse al Senado. Cuatro meses después de ocupar el escaño en la Cámara Alta, Gabriel volvió a su estado espectral y fue enviado lo más lejos de Palacio Nacional, a la región de La Laguna, como encargado del programa Agua Saludable.

Otro desterrado. Uno más al ostracismo después de haber movido muchos millones de pesos en Honestidad Valiente. Gabriel, me dijeron amigos suyos, trae sobre los hombros el resentimiento. Además de haber administrado el cash como lo quería el presidente, le ayudó a construir su estructura de beneficiarios de programas sociales con la cual chantajea cuando necesita hacer consultas a modo para justificar sus decisiones autoritarias. Lo corrompieron muy joven y cuando hubo un error lo patearon como acostumbra a hacer el presidente.

Al igual que otros que viven en el destierro, Gabriel sabe mucho, y eso lo condena a vivir en silencio, porque también conoce el lado violento y rencoroso de su jefe, el inquilino de Palacio Nacional, donde pasó sus primeros tres años como el hombre poderoso que movía gente y mucho, pero mucho dinero.

6

De la primera campaña a la noche triste

En la primera campaña presidencial en la que se enroló AMLO, la dirigencia nacional del PRD veía grandes posibilidades de alzarse con la victoria de la mano del carismático candidato.

Los mexicanos, sobre todo las mujeres, idolatraban al tabasqueño por "guapo" y chistoso en su manera de hablar, pero especialmente lo veían como el viudo que cuidaba de sus tres hijos varones: José Ramón, Andrés Manuel y Gonzalo López Beltrán. Para la clientela femenina, era el hombre ideal para gobernar México. Esa imagen no podía romperla con una novia a la que además no querían los hijos. Por esa razón escondía la relación sentimental con su hoy esposa, Beatriz Gutiérrez Müller. Con bajo perfil, la señora estuvo ausente, pero no sufriente, en la campaña: mientras el tabasqueño arrancó una gira nacional con su grupo compacto de colaboradores, ella viajaba.

* * *

Durante la campaña presidencial de 2005-2006 se estableció el *modus operandi* que usarían durante las dos siguientes, sobre todo en la tercera, cuando finalmente conseguiría el triunfo, entre otras razones, gracias a que ya les sobraba dinero, tanto por lo recaudado en efectivo como por lo otorgado por el INE, al constituirse Morena como partido político. Además, tuvieron que hacer un cambio drástico: dejar de lado sus valores morales para aceptar sentarse a negociar con lo peor que hay en la política mexicana.

Una tarde en la que César no había salido de gira me contó que Manuel Camacho Solís había llegado hasta la casona de la Roma para pedirle al candidato López Obrador que se reuniera con una de las mujeres más poderosas y corruptas del país, la maestra Elba Esther Gordillo, quien quería ponerse a sus órdenes y comprometerse a que todo el magisterio votaría por él. La oferta era tentadora, eran millones de votos de los maestros, pero López Obrador estaba tan seguro de que su estructura alterna al PRD le daría el gane que despreció a Gordillo, quien le pedía a cambio impunidad, mantenerse al frente del Sindicato Nacional de Trabajadores de la Educación (SNTE) y obtener más prebendas de las que le había dado su partido, el PRI.

Desde la primera campaña presidencial, el secretario particular del tabasqueño, Alejandro Esquer, se encargó de pagar los salarios tanto de López Obrador como de su familia y sus colaboradores cercanos: César Yáñez, como encargado de los medios de comunicación, aunque en realidad era un "mil usos"; Nicolás Mollinedo, jefe de seguridad; Laura Nieto, secretaria personal; Gabriel García Hernández, encargado de la asociación Honestidad Valiente, y de empleados de menor rango, como escoltas, recepcionistas, fotógrafos, redactores. Esquer también era el responsable de pagar la renta de la casona de San Luis Potosí y los servicios de luz, agua y gas.

Los sobres grandes o pequeños se convirtieron en un símbolo de Andrés Manuel López Obrador, entre ellos, los chiquitos amarillos, donde Esquer metía los pagos. Recuerdo que en aquella época, entre 2005 y 2006, el salario de César era de 20 mil pesos mensuales, al igual que todos los que tenían su nivel; los de bajo rango recibían desde 5 mil hasta 10 mil pesos al mes. Ni qué decir de los viáticos: era tan poco que se hospedaban en hoteles casi de paso. No les importaba compartir cuarto en parejas y hasta con alguna que otra cucaracha.

Durante ese año, con Encinas al frente del Distrito Federal, continuó el moche a los trabajadores de confianza, según me cuentan funcionarios titulares de las secretarías que debían pasar su mensualidad en efectivo, haciendo malabares en sus presupuestos. Con ese dinero y el financiamiento que daba el PRD, López Obrador empezó a tejer redes y estructuras en todos los estados. La mayor parte de los recursos se iba en los eventos públicos donde el candidato daba sus discursos en contra de la clase gobernante y la cómica figura de Vicente Fox. Llevar acarreados era lo más caro, pues debían movilizarlos en autobuses desde sus pueblos hasta donde estaría el candidato presidencial.

¿Cómo crear una estructura a nivel nacional? El PRI y el PAN la tenían, pero el PRD contaba solo con la Ciudad de México, Michoacán, Guerrero y Baja California, así como algunos municipios del Estado de México. López Obrador y su grupo compacto voltearon a ver a los secretarios y secretarias, directores y directoras generales y legisladores, y, sin pedirles su opinión, los enviaron a diferentes estados a crearla. El principal responsable de esa operación fue otro tabasqueño ya fallecido, Alberto Pérez Mendoza, titular del Registro Público de la Propiedad en el Distrito Federal, quien llegó a conocer la ira de su paisano cuando perdió la elección presidencial.

Los servidores públicos debían ver de dónde sacaban recursos humanos y económicos para crear una estructura nacional para el candidato y seguir apoyándolo para sus propios gastos, los de su familia y los de su equipo cercano. Ya saben: "Si te descubren, te echas la culpa y te quedas callado".

Viene a mi mente una ocasión en la que César me invitó a un evento privado con su jefe al departamento de Copilco, donde vivía con sus hijos. Era cumpleaños, si no mal recuerdo, de Andrés júnior. Fue una cena tabasqueña, con la comida que le gusta a López Obrador. Cuando llegamos ya estaban algunos de los invitados: Octavio Romero, Nicolás Mollinedo, Florencia Serranía y su también comadre periodista y directora del periódico *La Jornada*, Carmen Lira, además de Pérez Mendoza. Era un apartamento grande, pero modesto.

Ahí, López Obrador se explayó como jamás lo había visto, hasta simpático me pareció. El tema de la cena obviamente fue la campaña y la expectativa real de ganar la presidencia, pero también había incertidumbre y creían que Fox y los aliados que lo habían tratado de desaforar podrían intentar alguna otra artimaña para tirarlo. Su mirada se dirigió a Pérez Mendoza, que estaba sentado a mi lado, y le dijo que tuviera mucho cuidado y supervisara bien a los funcionarios del gobierno que había enviado a crear la estructura para el día de la elección, es decir, para el cuidado de casillas y el conteo de votos.

Con la derrota en la elección, se dañó la amistad con Pérez Mendoza, a quien López Obrador acusó directamente del fracaso, pues no logró llevar a la gente necesaria para votar, cuidar las casillas y vigilar que se contaran bien los votos. Se olvidó de que el "¡cállate, chachalaca!" fue el ingrediente principal para espantar al electorado, pero prefirió culpar a su gran amigo. Después de 2006 no se supo nada de Pérez Mendoza; decían que había regresado a Tabasco a seguir su vida familiar. Fue hasta el 13 de marzo de 2013 cuando por César me enteré de que había fallecido en un hospital de la Ciudad de México. López Obrador quiso visitarlo cuando estaba internado, pero cuando llegó, el otro "hermano", de los muchos que ha tenido el tabasqueño, ya había muerto. Fue la única vez, me contaría después César, que vio llorar a López Obrador y pedirle perdón a un hombre que ya no podía escucharlo ni responder sus agravios.

Ese mismo día a las 7:05 López Obrador le dictó a César un tuit: "Falleció Alberto Pérez Mendoza, amigo y compañero de 36 años de lucha. Hizo de su vida una línea recta. Lo recordaremos con admiración". Aunque mi trato con Pérez Mendoza fue mínimo, recuerdo su amabilidad y sentido del humor. Del grupo de tabasqueños cercanos a Andrés Manuel López Obrador, el más sencillo, ubicado y, sin temor a equivocarme, menos ambicioso fue él.

Cuando regresamos de aquella cena en Copilco me dediqué a hacer la maleta de César, que partiría de gira a la mañana siguiente. La mayoría de las veces preparaba desde una noche antes dos lonches, uno para mi pareja y otro para el hoy presidente: galletas, alguna fruta, agua y semillas para aguantar el hambre debido a los recorridos a pie tan largos y pesados.

Durante la campaña, López Obrador tenía una fijación: relacionarse directamente con la gente, ser uno más de ellos sin tener barreras de por medio, y no por amor sincero a los pobres, sino porque ya había calculado que le servirían para sus fines políticos. Recuerdo que entre cientos de fotografías que César le tomaba a su jefe, hubo una que me llamó la atención: López Obrador estaba sentado sobre unas tablas junto a un señor de la tercera edad en algún pueblo de los tantos que visitaba. Llevaba puesto un pantalón gris, camisa verde, chamarra café y sus inseparables zapatos de goma negros. Alguien alguna vez comentó que el tabasqueño parecía arbolito de Navidad porque nunca combinaba su ropa. La fotografía mostraba a un candidato descansando muy cerca de un campesino que parecía no saber quién era el hombre sentado a su lado. Es clara la diferencia de personalidades entre el López Obrador de aquella campaña y el actual, que viste trajes de marca y zapatos caros. En ese entonces cargaba en la bolsa de su camisa un peine y al usarlo esparcía sobre sus hombros y espalda una fina capa de caspa que César le sacudía constantemente con la mano mientras con un lustrador les quitaba el polvo a los zapatos del candidato.

* * *

Desde el primer día que López Obrador inició su campaña por la presidencia, y hasta 2012, fui "monitorista" de César. A mi cargo tenía una tarea pesada y agotadora: darles seguimiento a los spots televisivos y radiofónicos de los contrincantes de su jefe. Aun cuando tenía mi propia responsabilidad como servidora pública, debía monitorear día y noche todas las campañas. Primero la de Felipe Calderón y después la de Enrique Peña Nieto. La que resultó peor para mi salud emocional fue la del panista: ver y escuchar televisión y radio todos los días se convirtió en una obsesión que me llevó a una crisis de ansiedad, pánico y depresión.

Por aquel entonces, 2005-2006, con el apoyo del publicista Antonio Solá, Felipe Calderón consiguió introducir en la mente de millones de mexicanos la frase "AMLO, un peligro para

México", la cual se usó hasta en comerciales de comida. Mi labor consistía en informar a César qué imágenes usaban con aquella frase. De alguna manera, suministrar a César esos datos sirvió para que en el cuarto de guerra del tabasqueño se respondiera a los ataques panistas, aunque no con la eficacia requerida.

César me decía que a nadie podía confiar esa tarea, aun cuando contaban con un pequeño grupo de reporteros internos. No fue mi elección, fue la de él, pero acepté porque me metía miedo asegurándome que el foxismo tramaba lo peor en las giras del tabasqueño, como, por ejemplo, un magnicidio como el de Luis Donaldo Colosio. Dudosa, a veces le preguntaba a mi jefe, el titular de la policía capitalina, si Vicente Fox después del desafuero sería capaz de mandar matar a López Obrador durante sus giras, y su respuesta siempre era una: "En política todo es posible".

Sentía temor de que en cualquier momento me llamaran para decirme que César estaba herido por andar al lado del candidato presidencial de la izquierda. Así que cumplí al pie de la letra con la encomienda de enterarlo de todo, hasta del más mínimo detalle que se comentara en los medios de comunicación o entre los propios reporteros. Me despertaba a las cinco de la mañana para ver los noticieros, de los de Televisa le cambiaba a los de Azteca, a los del Canal 40, a los del IPN y, al mismo tiempo, escuchaba los radiofónicos. Era un tsunami de información que mermaba mi salud emocional.

"Hijos de puta", decía César cuando llegaba de gira, al darse cuenta de la penetración tan fuerte de la frase "AMLO, un peligro para México". Ya desde entonces lo comparaban con el venezolano Hugo Chávez, quien tenía sumido a su país en una brutal y cruel dictadura.

López Obrador despreciaba a la prensa, le huía, la ignoraba, la maldecía por culpa de los videoescándalos, aunque también la usaba para sus fines políticos. De cualquier forma, el candidato presidencial no tuvo más remedio que acudir a todas las entrevistas televisivas para desmentir a sus adversarios: "No lo soy, no soy un peligro para México", aseguraba una y otra vez a todos los conductores de los noticieros más importantes, entre ellos Carlos Loret de Mola y Víctor Trujillo en su personaje de Brozo. Siempre salía enojado, pero César le insistía en la necesidad de asistir para revertir la fuerza de esa frase que hoy muy probablemente tenga otro sentido para los mexicanos.

* * *

Por fin, después de varios meses de campaña, llegó el domingo de la elección. César y yo nos levantamos muy temprano para ir a votar. Luego él se fue a Copilco para acompañar al candidato perredista a hacer lo propio. Sí, fue mucha la gente que participó en 2006, y sí, existía la ilusión de ganar. Según las encuestas, López Obrador estaba por encima de Felipe Calderón, el candidato rebelde que se le impuso a Fox, quien habría preferido a Santiago Creel en las boletas.

La elección transcurrió nutrida y en calma. César estaba con su jefe en la casa de campaña, y yo, en el último piso de la Secretaría de Seguridad Pública, donde trabajaba con Joel Ortega. Desde ahí estuve atenta a los resultados que iba dando el IFE. Todo indicaba que el tabasqueño sería el ganador. Tanto en la oficina del candidato como en la nuestra se sentía un ambiente de fiesta, de júbilo. Pero algo pasó. En segundos, el sistema de resultados preliminares cambió el porcentaje de votos y Calderón se puso por encima de López Obrador. Finalmente, con un mínimo 0.56%, le levantaron la mano al panista y lo declararon ganador de la contienda.

En Seguridad Pública estábamos atónitos. En la casa de campaña del candidato del PRD se había congregado un gentío, principalmente los operadores de la estrategia, los funcionarios que hicieron aparecer dinero de la nada para crear la estructura, el equipo compacto del abanderado y sus hijos. De un minuto a otro el ambiente se volvió trágico, se esfumó la alegría y los presentes salieron "patitas para qué te quiero" ante el semblante de López Obrador.

Si un rayo hubiera partido la casa de campaña no habría sido tan letal como el enojo del tabasqueño, que daba vueltas enardecido en su oficina. Esa noche triste en la que perdió, nació en su alma el peor de los sentimientos humanos: el odio y la venganza. Si ya había resentimiento por el desafuero —que al final lo convirtió en víctima y casi lo hizo ganar la presidencia—, el odio fue el motor para crear estrategias como el plantón de Reforma, el "voto por voto, casilla por casilla", la presidencia legítima y la toma de la Cámara de Diputados el día que Calderón llegó hasta el recinto legislativo por la puerta trasera para recibir la banda presidencial y salir de inmediato ante la furia desatada por los perredistas que lo querían crucificar.

El hijo de Tepetitán, Tabasco, el hombre que por un golpe de suerte se había convertido en jefe de gobierno del Distrito Federal sin cumplir los requisitos, creyó y creerá siempre, como lo sigue repitiendo hoy en día, que la elección se la robó la "mafia del poder", creada por el maquiavélico Carlos Salinas de Gortari y por los empresarios más ricos del país, a quienes les guardó un profundo rencor y de quienes juró vengarse.

7

El montaje de Reforma

Al perder la elección presidencial de 2006 frente a Felipe Calderón, con una diferencia mínima de 0.56% de votos, López Obrador tomó como rehenes Paseo de la Reforma y las calles que conducen hasta el Zócalo. Montó toda una ciudad perdida en protesta por el supuesto fraude electoral que tanto le amargó el corazón y envenenó su alma. El rey sin corona se dejó arropar por miles de seguidores. Unos llegaron por voluntad propia y a otros los llevaron los funcionarios de gobierno. Aquella acción costaría pérdidas por alrededor de 3 mil millones de pesos a empresarios de diversos giros.

Muy cerca de Palacio Nacional, sus colaboradores, que fungían al mismo tiempo como guardaespaldas, instalaron una tienda de campaña al estilo de un jeque árabe, y no porque tuviera un harem, sino por las comodidades de las que gozaba: comida típica de Tabasco, como el famoso y pobre pejelagarto metido en una pecera, que ya empezaba a aprenderse el "voto por voto, casilla por casilla" cuando se lo cocinaron al jefe. También le llevaron lámparas, un radio, un televisor y una cama con colchón, nada de cartones en el piso como las de sus aguerridos seguidores. A unos cuantos metros estaba la tienda de César, un poco más modesta. Nunca le llevé comida colimense.

López Obrador era tan amado por el pueblo que no importaba la lluvia o el calor. ¿El pueblo era correspondido? Creo que no. Nelson Mandela, el líder sudafricano con quien tantas veces se ha comparado el hoy presidente, jamás puso una valla que lo separara de su gente. A López Obrador no solo le pusieron decenas de vallas, también le instalaron un espectacular y gigantesco escenario donde todos los días daba sus asambleas informativas. Ahí, como cuidadora de vallas, conocí a Ariadna Montiel Reyes, hoy secretaria de Bienestar.

En aquella época César y yo vivíamos en la calle de Sevilla 15, muy cerca de la Diana Cazadora. Un día de julio de 2006, tras las elecciones, llegó a mi departamento el hoy presidente para tener un encuentro con Joel Ortega. César le había ofrecido a su jefe mi hogar para plantearle al jefe policiaco su proyecto de tomar Reforma.

Recuerdo que de desayuno les preparé unas cremosas enfrijoladas rellenas de huevo revuelto, salpicadas con chorizo, queso y crema, y una salsa roja de molcajete. Mientras desayunaban, escuché cuando López Obrador le soltó a Ortega su propósito de hacer un plantón en Reforma para presionar al gobierno foxista al recuento de votos. Ahí nació justo la frase célebre de "voto por voto, casilla por casilla".

Me quedé paralizada. De reojo observé cómo el titular de Seguridad Pública palidecía. Casi se le cayó el café ante un involuntario temblor de manos por la magnitud de la propuesta. Él, encargado de cuidar y preservar la seguridad de la gran urbe, ahora debía proteger al rey sin corona y a sus simpatizantes ante el malestar de los ciudadanos. Con voz débil, casi en susurro, Ortega le explicó al jefe, al que nadie se atrevía a contradecir, lo riesgoso que podría resultar el plantón, pero terminó aceptando, como todos, hacer la voluntad del tabasqueño.

El bloqueo inició el 30 de julio de 2006, tras haber solicitado a mano alzada a los inconformes quedarse a vivir en las calles.

Yo estaba acostumbrada a mirar los toros desde la barrera, como sugiere el dicho, es decir, solo iba por las tardes después de mi horario de trabajo a llevarle ropa limpia a César. Entraba por el "área VIP" donde estaba la carpa del tabasqueño, muy cerca de la puerta Mariana de Palacio Nacional. En dos o tres ocasiones subí al escenario en plena asamblea informativa. Mientras miraba los cientos de casitas de campaña de todos colores y tamaños, me preguntaba si era tanto el amor por el tabasqueño como para aguantar las incomodidades, el frío por las noches, el calor, las lluvias y el terrible hedor de cuando el cuerpo deja de bañarse.

Curiosa, como siempre he sido, un día que iba de regreso a mi domicilio luego de cumplir con los deberes de una "sumisa" esposa, me encontré en un Vips a dos secretarias del gobierno y a un par de diputadas tomando café con pastel. Me senté con ellas y escuché todo lo que yo no sabía.

Con la novedad de que los cientos de acampantes, desde la plancha del Zócalo hasta Paseo de la Reforma, donde el Ángel de la Independencia casi se tapaba la nariz y los oídos por el fétido olor y el escándalo de radios sintonizados con música guapachosa, no eran todos voluntarios de corazón, sino vendedores ambulantes, trabajadores de limpia, sindicalizados del gobierno que fueron llevados por altos funcionarios del gobierno del Distrito Federal. Eran los mismos que entregaban dinero mensualmente a Alejandro Esquer los que también tenían la responsabilidad de sostener el plantón, y que años después se encargarían de viajar por todo el país para crear las bases de Morena.

A cada uno se le asignó un tramo de la ciudad perdida y con recursos de sus áreas compraron tiendas de campaña, comida y aportaron el "apoyo monetario" para los que gustosamente permanecieron en el plantón de Reforma. En una entrevista, Guadalupe Acosta Naranjo me contó que fue Alberto Anaya, el dueño del Partido del Trabajo, el de la gran idea del plantón, mientras la dirigencia nacional perredista lo desaprobaba y proponía una huelga de hambre por parte del tabasqueño. Al final, se impuso la propuesta de Anaya, López Obrador rechazó ponerse en huelga de hambre.

Los funcionarios de gobierno, delegados, diputados y dirigentes del PRD se encargaron de tener siempre personas en las tiendas de campaña para evitar que saliera a la luz pública que todo era un montaje, de esos que tanto le desagradan a López Obrador cuando no son hechos por él y su gente. Las y los perredistas estaban obligados a darles de comer a todos aquellos que se prestaron a vivir durante más de un mes en una de las avenidas más emblemáticas de la capital.

Finalmente, después de 47 días, el 15 de septiembre de 2006 se levantó el plantón. López Obrador siguió moviendo a sus seguidores sin soltar jamás la cantaleta del fraude electoral. Dos meses después, el 21 de noviembre, entre lágrimas que escurrían por sus mejillas, se declaró presidente legítimo de México el Zócalo capitalino.

Rosario Ibarra de Piedra le colocó la banda presidencial y él, con la vista perdida entre la multitud, nombró a sus 12 apóstoles, los 12 miembros de su gabinete alterno, todo bajo el auspicio del jefe de gobierno del Distrito Federal, el noble Alejandro Encinas, y del propio PRD. Muchos de ellos, incluyendo a Encinas, fueron enviados a diferentes estados a llevar dinero para impulsar el movimiento o apoyar a los candidatos a las gubernaturas. En 2007, en un retén del estado de Tamaulipas, Encinas fue detenido con una fuerte cantidad de dinero en efectivo, pero una llamada al poderoso Nicolás Mollinedo evitó que pasara a mayores y se hiciera público en los medios. Sería sensacional que, en honor a la memoria histórica, el hoy subsecretario de Derechos Humanos de la Secretaría de Gobernación contara a los mexicanos de esa experiencia, y deje de mantener su gris actuación de defensor de los derechos humanos, que son vulnerados todos los días por el gobierno de la 4T, incluyendo los de mi oficio, los periodistas.

Como presidente legítimo, López Obrador nombró a su gabinetazo: José Agustín Ortiz Pinchetti, secretario de Gobernación; Mario Di Costanzo, secretario de Hacienda; Gustavo Iruegas, secretario de Relaciones Exteriores; Raquel Sosa Elízaga, secretaria de Educación Pública; Martha Pérez Bejarano, secretaria de Desarrollo Social; Luis Linares, secretario de Economía; Bertha Luján, secretaria del Trabajo; Asa Cristina Laurell, secretaria de Salud; Laura Itzel Castillo, secretaria de Desarrollo Agrario, Territorial y Urbano; Bernardo Bátiz Vázquez, secretario de Seguridad Pública; Claudia Sheinbaum, secretaria de Medio Ambiente. El líder tabasqueño decidió que todos, sin excepción, merecían un sueldo de 50 mil pesos mensuales, y cada uno tenía un subsecretario con el mismo salario. Ninguno trabajó como para devengar ese salario que fue pagado a disgusto por el PRD.

8

Aportaciones para el jefe

Si en un año que duró la primera campaña presidencial de López Obrador pasé por todo esto, imagínense durante la segunda. Fueron seis años de giras, de no tener con quién desayunar, comer o cenar. No tener con quién pasar los fines de semana, y dormir con el celular prendido hasta no escuchar la voz del hombre con quien compartes tu vida diciendo: "Ya estamos en el hotel".

Por fortuna, tenía mi trabajo como asesora del secretario de Seguridad, Joel Ortega, quien me dio la oportunidad de crecer profesionalmente. Ortega me nombró directora ejecutiva de Seguridad Privada, cargo que desempeñé con lealtad y, puedo decir, con resultados. Fui la primera titular de esa área en clausurar por incumplimiento una de las empresas más grandes y fuertes que brindaban seguridad privada al Aeropuerto Internacional Benito Juárez, la española Eulen de México.

En esa época fue cuando conocí al verdadero López Obrador, el del mantra "si te descubren, te echas la culpa y te quedas callado", no el de "no robar, no engañar y no traicionar". Fueron seis años en los cuales comencé a perder la autoestima, permitiendo que un hombre decidiera dónde y con quién debía trabajar, me alejara del periodismo, me aislara de mis amistades y me encerrara en cuatro paredes para evitar que me diera cuenta de las infidelidades y la perversidad que los consumía, así como de la ambición desmedida por obtener el poder.

Ellos mismos robaron, se engañaron y traicionaron, y se llevaron entre las patas al país y a los mexicanos. Hoy gobiernan como lo soñaron, lo anhelaron, lo pidieron, pero jamás pasó por mi mente cómo lo harían, por lo cual decidí romper el silencio. Me siento obligada moralmente a romper el pacto de impunidad que rodea a López Obrador, con el riesgo que esto conlleva, y contar cómo se construyó la historia del presidente más popular en las últimas décadas.

Todo empezó con Marcelo.

Cuando López Obrador perdió la presidencia en 2006, su protegido Marcelo Ebrard ganó la jefatura de gobierno del Distrito Federal con el arrastre que tenía el tabasqueño. AMLO le dio el espaldarazo para sucederlo en el cargo con todas las de la ley y con el interés monetario.

Ya al frente del todavía Distrito Federal, Marcelo cumplió lealmente con el acuerdo de proporcionar al tabasqueño los recursos económicos necesarios para mantener sus giras a lo largo y ancho de la República. Aunque también había un compromiso a largo plazo de someterse a una consulta interna perredista y decidir quién sería el abanderado presidencial del partido del sol azteca para 2012.

Para entonces se habían sumado al PRD otros dos partidos advenedizos que se decían de izquierda, el PT, con Alberto Anaya en calidad de dueño, y Movimiento Ciudadano, de Dante Delgado. Ambos, con muy poco capital político, deseaban agrandar sus prebendas en la Asamblea Legislativa y conservar su registro ante el IFE. La "chiquillada", como llamaban a esos partidos, no contaba con un presupuesto como el que necesitaba López Obrador para recorrer el país. Sin embargo, tenían algo de estructura humana en Monterrey, donde Anaya había montado todo un negocio con la educación, y en Veracruz, donde Dante había sido gobernador por el PRI. Además de unos cuantos legisladores con quienes negociaban para aprobar iniciativas.

La situación para el líder perredista dio un giro de 180 grados. Ya no dormían en hoteles de paso ni había necesidad de ponerles lunch, pues los recursos económicos fluían como agua de manantial. Por supuesto, lo primero que hizo Alejandro Esquer, quien controlaba los dineros, fue subirles el salario a 50 mil pesos mensuales, y los viáticos, que seguían recibiendo en los sobrecitos amarillos con el nombre de pila de cada uno y la cantidad entregada. También cambiaron sus vehículos por camionetas más grandes, cómodas y pesadas para aguantar los recorridos por tierra.

Recuerdo que estando en mi oficina de la Secretaría de Seguridad me mandó llamar mi jefe, Joel Ortega, quien sostenía en la mano derecha la llave de un automóvil. Me encargó que se la entregara a César junto con la factura donde se leía su nombre completo: César Yáñez Centeno Cabrera. Lo miré a los ojos. Sonriente me pidió que le informara al jefe de prensa del tabasqueño que le daban una Suburban del año para que la ocupara durante la campaña, y al terminar podía quedársela. Era un superregalo para el candidato presidencial. Complacido, César le llamó a Ortega para agradecerle el gesto: "Gracias, comandante, te luciste, el licenciado se va a poner muy contento". Entonces fue por el vehículo para llevárselo a Alejandro Esquer, quien controlaba absolutamente todo. El regalo para la campaña, aun cuando la factura estaba a nombre de César, duró muy poco. Quien la manejaba la chocó, no recuerdo bien si entre Puebla y

Tlaxcala y con varias personas a bordo. Por fortuna, no hubo desgracias personales que lamentar, pero la camioneta fue pérdida total, según me platicó César de regreso de la gira.

Como era mi deber, le informé a Ortega lo que había pasado con el vehículo. Su principal preocupación fue saber si les había ocurrido algo a los ocupantes. Al enterarse de que no hubo lastimados, me comentó que la Suburban, aun con el diagnóstico de pérdida total, tenía un valor por estar asegurada, así que el dinero correspondiente se le debía entregar a César por ser el dueño. No fue así. Lo que se obtuvo de la camioneta chocada se lo quedó de nuevo el secretario particular de López Obrador, Alejandro Esquer. Aquella camioneta nunca la vi, solo fui emisaria para entregar las llaves y darle el mensaje a César.

Otro día fui a la casa de campaña de San Luis Potosí a buscar a César porque habíamos quedado de comer juntos. Lo hicimos de manera muy rápida porque más tarde el "licenciado" había citado a funcionarios del gobierno de Ebrard a una reunión para que rindieran informe de su responsabilidad en la construcción de la estructura electoral que no había logrado el fallecido Alberto Pérez Mendoza.

Fui a recoger mi saco a la oficina donde despachaba César y me encontré de frente al secretario de Finanzas de Ebrard, Mario Delgado, quien había sido mi compañero en la fila de atrás durante las reuniones del gabinete de seguridad que presidía el tabasqueño como jefe de gobierno. El saludo fue breve. A medio pasillo lo esperaba Alejandro Esquer con una sonrisa y esa mirada escudriñadora que todos temían. Mario llevaba su "maleta" en la mano y eso le valió algunos golpecitos de aprobación en la espalda por parte de Esquer. Enseguida ambos se perdieron en la sala de juntas donde aún no llegaban los políticos convocados.

En otra ocasión vi a la entonces directora general de la Red de Transporte de Pasajeros, Ariadna Montiel, quien de cuidar vallas había pasado a ocupar un cargo importante en un órgano desconcentrado donde se manejaba mucho dinero. Al igual que Mario, era puntual a los llamados de misa del señor donde se entregaban los dineros. Solo los de más confianza entraban en la oficina de López Obrador, donde había símbolos significativos como la bandera mexicana, un águila y un busto de bronce de su héroe favorito: Benito Juárez. Ariadna no llevaba maleta como Mario, sino un sobre tamaño oficio bien gordito. Mi instinto me decía que era dinero en efectivo, y me lo confirmó César cuando se lo pregunté: "Es la aportación para el jefe", me respondió.

La casa de campaña era un hervidero de gente, tanto de los funcionarios de Ebrard como de otros perredistas, petistas y emecistas en busca del aval para ser candidatas y candidatos a algún puesto de elección popular. Hasta ese momento no tenía la menor idea de cómo se seleccionaba a los suspirantes y lo que debían hacer para ser diputadas, diputados, delegadas o delegados. Lo supe en varias pláticas que tuve con Ariadna porque ella también debió hacer camino dando efectivo para llegar hasta donde está actualmente, la Secretaría de Bienestar, encargada de manejar casi todos los programas clientelares del tabasqueño. En pocas palabras, ella tiene en sus manos miles de millones de pesos y datos personales de los mexicanos. Ariadna fue una eficaz recaudadora y ahora es una de las principales operadoras del señor que vive en Palacio Nacional.

9

Muerte en el News Divine

Poco antes de la tragedia ocurrida en la discoteca News Divine, el jefe de gobierno, Marcelo Ebrard, convocó a funcionarios de la Procuraduría de Justicia y de la Secretaría de Seguridad Pública. La cita era para comunicarles la fusión de sus dos instancias policiacas, las cuales, decían, siempre trabajaban con rivalidad, por lo que a Ebrard se le había ocurrido crear un solo grupo al que llamó Unipol.

El nacimiento de este equipo policiaco se dio a través de un decreto y se organizó un gran evento para darlo a conocer. Ahí mismo Ebrard anunció un operativo especial del que no dio mayor detalle, pero dijo que sería muy importante para la ciudadanía y para el propio grupo de élite, pues terminaría con los rumores de división y envidia entre policías y judiciales. Todo era felicidad, abrazos, felicitaciones y augurios de éxito que llevarían al jefe de gobierno a crecer en la aceptación ciudadana.

Casi un mes después del nacimiento de la Unipol, la desgracia se hizo presente. La noche del 20 de junio de 2008 el flamante cuerpo de élite murió junto con nueve adolescentes, tres oficiales y varias decenas de heridos que dejó el mal montado operativo.

Ese viernes por la noche César y yo estábamos en el cine cuando una insistente llamada telefónica de una de mis asistentes me llevó a preguntarle por mensaje qué se le ofrecía. Su respuesta fue breve: "Hay muertos en la discoteca News Divine". La sangre se me congeló, y en medio de la oscuridad y a la mitad de la película le mostré el mensaje a César. Sin pensarlo, salimos del cine y buscamos un lugar donde no hubiera gente para llamarle a mi compañera de trabajo y que nos explicara los detalles. Puse el altavoz para que César escuchara. Nos narró que se había llevado a cabo el primer operativo del famoso grupo Unipol en una discoteca de la delegación Gustavo A. Madero, la cual servía como centro de tardeadas para jóvenes que buscaban divertirse. Según varias denuncias ciudadanas recibidas, en el sitio también había venta de droga.

El operativo lo había organizado el propio Marcelo Ebrard, quien en los hechos seguía actuando como jefe policiaco. Él quería llevarse las fanfarrias atrapando a los distribuidores de droga. Aquella noche de muerte hubo mucha confusión. El operativo causó pánico entre los adolescentes, hombres y mujeres, quienes ante el temor de ser detenidos corrieron en desbandada hacia la única puerta del local. Eso originó un cuello de botella donde murieron asfixiados y aplastados jóvenes y oficiales.

La tragedia fue un duro golpe para el gobierno de Ebrard, pero también para el líder perredista López Obrador, que continuaba manejando los hilos del gobierno. César sabía que la muerte de los adolescentes le pegaría a su jefe y de inmediato le llamó para notificarle los hechos. Lo que escuché me dejó en shock: "Dile a Joel que ya sabe lo que tiene que hacer, echarse la culpa y quedarse callado". César, incapaz de contrariar a su jefe, solo atinó a decir: "Sí, señor".

Preocupados y en silencio nos dirigimos a la Zona Rosa, a la Secretaría de Seguridad Pública, donde en el último piso estaba mi jefe, Joel Ortega, tan pálido como la cera. Su gesto era de un real sentimiento de aflicción. Sobre una banqueta de la avenida Eduardo Molina, donde se hallaba la discoteca, se habían colocado en fila los cadáveres, y las ambulancias salían una tras otra trasladando a los heridos.

La muerte de los jóvenes le traspasó el corazón. No se imaginaba que una daga envenenada con traición se le clavaría en la espalda al día siguiente de la tragedia.

"¿Ya está enterado el jefe?", le preguntó Joel a César refiriéndose a López Obrador. César asintió con la cabeza sin decir nada. No le dijo que el tabasqueño le había ordenado que se echara la culpa y se quedara callado. En su oficina de la calle de Liverpool, escuchábamos atentos los informes que los subalternos del jefe policiaco le daban sobre lo ocurrido en la discoteca. Durante la administración anterior, el negocio había sido clausurado precisamente por los rumores de venta de droga a adolescentes, pero al llegar Francisco Chíguil como delegado otorgó el permiso al dueño para volverla a abrir. Fue una noche larga, pesada. Yo sentía un doble dolor en mi corazón: la muerte de esos jovencitos y de los oficiales y la sentencia de querer culpar directamente a Ortega para salvar, una vez más, la reputación de Marcelo Ebrard.

De regreso a casa el silencio nos volvió a acompañar. No había mucho que decir: los muertos tenían rostro y nombre, y los padres lloraban y clamaban justicia para sus hijos. Recuerdo haber roto el silencio al decirle a César que no podían sacrificar políticamente a Joel para salvar a Marcelo. Ebrard había creado la Unipol y él había decidido dónde y cuándo se llevaría a cabo el fallido operativo. No tuve respuesta. César conocía mucho mejor que yo al tabasqueño y después de los hechos de 2004 en Tláhuac, donde murieron linchados tres federales, López Obrador había dado una orden similar: "Hay que cuidar a Marcelo". Había que buscar quién se echara la culpa y se quedara callado.

César y yo acordamos con Joel vernos el sábado a la hora de la comida. Dormimos un par de horas. César no había hablado con López Obrador cuando acudimos a la cita con Joel; obviamente el jefe de gobierno sí, como lo supimos en un pequeño restaurante de la Zona Rosa donde nos esperaba el jefe policiaco.

"El jefe no me va a dejar solo, ¿verdad?", le preguntó Joel a César tan pronto nos sentamos a la mesa. No hubo necesidad de que contestara. El celular de Joel comenzó a sonar. Era Marcelo Ebrard, a quien Joel le llamaba "hermano". Puso el altavoz confiado en que escucharía palabras de apoyo, pero fue todo lo contrario: "Joel, ya hablé con el jefe, lo siento mucho, pero como voy a ser el candidato presidencial, no puedo ir con esta mancha". ¿Qué más íbamos a decir? En ese momento cayó el velo de mis ojos, supe de golpe y porrazo de qué estaba hecho Andrés Manuel López Obrador. No era el hombre justo y bueno que creí: era igual a todos los políticos que durante años hemos detestado los ciudadanos: frío, calculador, malagradecido, soberbio, falso.

Por primera vez observé en la cara de César un gesto de molestia. Quizá él hubiera esperado que su amado jefe no hiciera lo mismo como cuando defendió a Ebrard y lo protegió de las garras de Vicente Fox. Cuán ingenuos nos vimos los tres, pienso ahora: era Joel o Marcelo, y no podía descobijar a quien le aportaba muchos millones de pesos del erario para sus giras y la manutención de él y de su familia. Con un susurro, Joel todavía le pidió a César que le dijera al tabasqueño que le diera la oportunidad de hablar con él, de escucharlo, de contarle la verdad detrás del News Divine, pero nunca lo recibió.

Días después de aguantar acusaciones y de ser estigmatizado, Joel Ortega entregó su renuncia como titular de Seguridad Pública del Distrito Federal y durante muchos meses no se supo nada de él. Yo renuncié el mismo día que lo hizo Joel ante el enviado de Marcelo Ebrard, el doctor Manuel Mondragón y Kalb, el sustituto del sustituto. Sin embargo, hay algo que se llama karma y que se mueve sigilosamente por todos lados cobrando las malas acciones, y Marcelo Ebrard tuvo su dosis.

10

Marcelo y su carnal Mario Delgado

Con Marcelo Ebrard tuve muy poco acercamiento. Una vez asistí a una comida en la casa del doctor Fernando Guisa, quien durante la gestión de López Obrador al frente del gobierno del Distrito Federal impulsó uno de los hospitales más importantes en la Ciudad de México que atiende a mujeres con cáncer: Fucam. César y yo llegamos en representación de su jefe, quien era enemigo de convivios y pachangas. Los anfitriones, el doctor Guisa y su esposa, estaban en el asador volteando la carne de alguna pobre vaca, y a unos metros de distancia se encontraba Marcelo, en ese momento secretario de Seguridad Pública de la capital, tomado de la mano de su novia, la actriz Mariagna Prats.

El motivo del convivio era festejar el éxito de la clínica y la promesa de que la administración del tabasqueño contribuiría económicamente a su crecimiento. Siendo periodista, me dediqué a observar y a escuchar a los anfitriones e invitados. El doctor Guisa y su esposa se portaron diligentes, amables, simpáticos y con un sentido del humor increíble. Ebrard en cambio fue petulante y creído. No ocultaba su ambición de poder. No se conformaba con ser jefe de la policía. Ya durante la regencia de Manuel Camacho Solís, en 1992, había probado las mieles de mandar y ser obedecido como secretario de Gobierno, por lo que su siguiente paso sería ocupar el mismo cargo de su padrino político. Sin tapujos y sin soltar la mano de Prats, quien solo sonreía, futurizó asegurando que sucedería en la jefatura de gobierno a López Obrador. En un par de horas que compartimos la comida, me di cuenta de que el expriista era sumamente codicioso y para lograr sus objetivos no le importaría sacrificar a su propia familia.

César, como siempre acostumbró mientras vivimos juntos, fue un oyente más mientras disfrutaba de su copa de vino moviéndola de cuando en cuando con el dedo índice. De regreso a casa le externé mi opinión sobre Marcelo. Coincidió, pero me dejó en claro que la última palabra la tendría siempre su jefe, quien finalmente puso el cargo de jefe de gobierno en las manos ensangrentadas de Ebrard.

Después de esa comida en la casa de los Guisa vi a Marcelo Ebrard muchas veces en las reuniones del gabinete de seguridad, donde tanto él como el procurador Bernardo Bátiz le rendían informes a López Obrador de cómo estaban combatiendo la delincuencia en las 16 delegaciones políticas. En esas tareas asignaron como responsables a 70 mujeres y crearon igual número de secciones territoriales. A mi lado, muy de mañana, como ya dije, siempre estaba Mario Delgado. Tanto él como yo pasábamos documentos y anotábamos las dudas y peticiones del tabasqueño. Mario, como su jefe Marcelo, tenía la misma ambición de poder, a tal grado de haber pretendido ser jefe de gobierno en 2012. Solo que él no tuvo el padrinazgo del tabasqueño ni el carisma o la labia para convencer al electorado.

Economista de profesión, Delgado ocupó la Secretaría de Finanzas durante la administración de Ebrard, quien lo movió un año antes de concluir a la Secretaría de Educación, para quitarle el sello de ser quien nos cobraba y aumentaba los impuestos. Le cambiaron la imagen con un corte de cabello diferente al acostumbrado y hasta tomó clases de dicción y empatía para conectar con los ciudadanos. Ni así logró entusiasmar al electorado. Finalmente la candidatura recayó en otro subalterno de Marcelo: Miguel Ángel Mancera, un joven abogado que muy dentro de su alma traía tatuado el pecado original que mueve a los priistas, panistas, perredistas y, con gran fuerza, a los morenistas: la traición.

* * *

¡Cash, cash y más cash! Andrés Manuel López Obrador había hecho de Marcelo Ebrard la mejor elección para dejarle encargado el changarro, donde el dinero corría como agua: desde los impuestos que odiamos los mexicanos, pasando por el Metro, exprimido por muchas manos, y la Red de Transporte de Pasajeros, hasta las secretarías, los órganos descentralizados y la Asamblea Legislativa, desde donde se aprueban los presupuestos de las dependencias. Además, estaban los recursos otorgados por los órganos electorales a los partidos, en este caso al PRD, y la desinteresada contribución de empresarios beneficiados con contratos durante el gobierno del tabasqueño en la Ciudad de México. Había también cash de los gobernadores perredistas y presidentes municipales.

Por dinero ya no sufrirían. Los aliados empeñados en ganar la presidencia con López Obrador pactaron la entrega de miles de millones de pesos para la campaña de 2006 a 2012. Al estilo de los cárteles de la droga, todo era en cash que caía en las manos del Alejandro Esquer y su ayudante, Gabriel García Hernández, quien varios años más tarde se volvería jefe de los delegados de Bienestar, y después, por perder la elección de 2021 en la Ciudad de México, fue cesado y enviado a probar si el agua de La Laguna era saludable. ¿Qué pensará ahora?

Nunca le faltó dinero al presidente durante ese sexenio. Bueno, sí, durante unos meses, cuando Marcelo se enojó con su tutor. Las giras del tabasqueño por el país nunca pararon después de haber perdido la elección en 2006. Quiso convertirse en candidato eterno mientras el jefe de gobierno hacía su propia apuesta desde la oficina del Zócalo capitalino. Ebrard pensó que siendo el Distrito Federal sede de los poderes le daba para ganarle al tabasqueño la candidatura del PRD a la presidencia, pero ignoraba que el destino le tenía preparada una desgracia con 12 muertos, y tampoco imaginaba la jugarreta que haría el tabasqueño para dejarlo fuera de la contienda.

Zalamero como siempre fue con López Obrador, Ebrard proveyó dinero en efectivo al licenciado para que se entretuviera viajando por el país para olvidar su frustración y rencor contra Calderón por haberle arrebatado la presidencia. Semanas después de ver al panista con la banda presidencial sobre su pecho, López Obrador reunió a su grupo compacto de colaboradores y les dijo que emprenderían una campaña no legal electoralmente por todo México, según me contó César cuando me anunció que seguiría de gira. No me gustó la noticia.

"¿Y con qué dinero van a andar de gira?", le pregunté a sabiendas de que ninguno, ni el propio López Obrador, tenía trabajo ni salario. "Eso ya está resuelto —me dijo—, Marcelo va a financiar los viajes y el sueldo de los que acompañemos al licenciado. No te preocupes, solo te pido comprensión y apoyo para irme con él." Obviamente no necesitaba mi comprensión, mi apoyo o mi bendición. Aunque me hubiera negado, igual se habría ido porque para él no había nadie más importante, ni yo, ni sus hijos, que eran pequeños.

Así, en un abrir y cerrar de ojos, César pasó de un sueldo de 20 mil pesos (eso me dijo) durante la primera campaña presidencial, a 50 mil mensuales en la segunda, y 90 días de aguinaldo como si trabajara para un patrón que cumple con la ley laboral. Alejandro Esquer debió haber guardado muchos sobrecitos amarillos para ocuparlos de nuevo en los salarios de cada colaborador. Y esa cantidad fue la que se les dio durante los seis años de campaña, más sus viáticos para dormir en mejores hoteles y, al menos César, ya no compartir habitación con los que iban en la gira. Como era en efectivo, nunca pagaron impuestos; solo el PRD, cuando legalmente arrancaba la campaña, reportaba gastos por el financiamiento recibido.

Quizá la prueba más contundente del apoyo económico de Marcelo Ebrard se dio un año antes de la elección presidencial, para ser exacta, el 15 de noviembre de 2011, cuando acordaron someterse a una encuesta entre militantes de los partidos que los apoyaban, para definir la candidatura. El tabasqueño, como siempre, contrató a su encuestadora de cabecera, Covarrubias, y por parte del PRD una denominada Nodo.

Estas fueron las preguntas que realizaron Nodo y Covarrubias en la elección del candidato de la izquierda a la presidencia en 2012:

1. *¿Cuál es su opinión hacia los personajes mostrados?*
   Nodo dio un diferencial de 8.97 puntos a favor de Ebrard; Covarrubias 4.6 a favor de Ebrard, por lo que el ganador resultó ser el jefe de gobierno del DF.

2. *¿Por quién o por quiénes nunca votaría?*

Marcelo Ebrard resultó con el menor porcentaje de rechazo en ambas encuestadoras.

3. *Si los candidatos a la presidencia en 2012 fueran los siguientes, ¿usted por quién votaría?*

Ganó López Obrador.

4. *De un grupo de cinco, ¿por quién votaría?*

La mayoría de las encuestas prefirió a AMLO.

5. *¿A quién de los personajes en la tarjeta preferiría usted como presidente?*

El 2.54% de los encuestados por Nodo favoreció a AMLO y 0.07 de ellos, en Covarrubias, también eligió a López Obrador.

Claramente, la información que dieron a los medios sobre el resultado de la encuesta fue tramposa, solo dijeron lo que le convenía a AMLO, pero nunca transparentaron porcentajes ni nombres de candidatos de otros partidos.

Ese mismo día Ebrard aceptó el triunfo de Andrés Manuel López Obrador en las preguntas realizadas a 6 mil ciudadanos para definir al mejor aspirante. "Reconozco que la intención de voto favorece ahorita a Andrés Manuel López Obrador. Sería un error argumentar que estamos en posiciones igualitarias. El día de los resultados definen al candidato. De no reconocerlos, en mi caso sería preguntarme dónde quedó la congruencia de lo que habíamos afirmado", dijo el jefe de gobierno ante los medios de comunicación con una expresión que no era de felicidad, pero no podía argumentar fraude. ¿Quién en ese tiempo, e incluso ahora, se atrevería a desafiar al autoritario y vengativo López Obrador?

La noche del 15 de noviembre, cuando se dio a conocer el resultado de las encuestas, César llegó a casa con un semblante muy distinto al de un ganador. Se notaba molesto, cansado y harto. "¿Qué pasó?", le pregunté. "Ganó el licenciado", fue su única respuesta y se puso a ver la televisión. La expresión en su cara no desapareció con la película que escogió y podría decir que noté en él un sentimiento de preocupación.

Días después, cuando se acercaba la fecha de la "mesada", César parecía león enjaulado, daba vueltas de un lado a otro de la habitación y me puso nerviosa porque no sabía qué ocurría. Me enteré del motivo el día que Mario Delgado debía hacer la entrega del cash. El flamante exsecretario de Finanzas no llegó a la cita con Alejandro Esquer. Marcelo estaba inconforme con los resultados de la encuesta y para demostrarlo les cortó el oxígeno económico durante varios meses, por lo que debieron conformarse con lo aportado por el dueño del PT, Alberto Anaya.

"Este güey no sabe cumplir su palabra, nos quitó el apoyo", me dijo César. No obstante, el enojo del jefe de gobierno desapareció meses después, porque tuvo la promesa del tabasqueño que, de no ganar en 2012, se retiraría a su rancho La Chingada en Palenque, Chiapas, y él, Marcelo, sería el candidato presidencial. No cumplió ninguna de las dos: perdió la elección, no se fue a La Chingada y, con el pretexto de que los perredistas habían apoyado el Pacto por México, inició la estrategia de construir su propio partido y destruir al PRD que lo hizo jefe de gobierno y dos veces candidato a la presidencia.

* * *

Durante su gobierno en la capital Marcelo Ebrard estaba seguro de que la Línea 12 del Metro lo catapultaría a la candidatura presidencial en 2012, pero en el camino, como ya vimos, se atravesó el tabasqueño con una encuesta y su sueño quedó hecho añicos. Sin embargo, no todo era frustración para Marcelo: aquella obra del Metro no solo le dio imagen, sino mucho dinero, como se ha consignado en reportajes y más recientemente en el libro de Icela Lagunas, *Línea 12, crónica de una tragedia anunciada*, con los sobreprecios y los moches.

Casi al final de su gestión, el 30 de octubre de 2012, Ebrard inauguró la llamada Línea Dorada. Al acto asistió Felipe Calderón, el odiado rival de López Obrador. Marcelo no imaginaba que su obra maestra se convertiría tiempo después en su peor pesadilla. Se trataba de un enorme Frankenstein que lo llevaría a autoexiliarse durante varios años, primero en Francia y luego en Estados Unidos, ante el temor de ser aprehendido por las fallas que presentaba la obra.

La línea que transportaba a los más pobres del poniente de la Ciudad de México y del Estado de México le había dado muchas satisfacciones políticas y económicas a la pareja Ebrard-Delgado y, por supuesto, en mucho salpicaba al eterno candidato presidencial. Cuando su hijo pródigo, Miguel Ángel Mancera, ganó la jefatura de gobierno, Marcelo creyó que habría un pacto de impunidad como los que había construido con Alejandro Encinas y con el propio López Obrador. Cuán equivocado estaba. Mancera no solo no tapó las fechorías de la Línea Dorada, sino que el 12 de marzo de 2014 ordenó cerrar un el tramo que va de la estación Tláhuac a Atlalilco.

El cierre parcial de la Línea 12 detonó el rompimiento entre Ebrard y Mancera, pero no fue el único motivo. Marcelo se opuso rotundamente a que Joel Ortega, quien fungió como jefe de campaña de Mancera, ocupara la dirección general del Metro. Tal vez porque sabía que a Ortega le había echado sobre los hombros la muerte de 13 personas en el News Divine y podría vengarse si le encontraba basura bajo la alfombra naranja. Durante los años en que trabajé al lado de Joel Ortega nunca le advertí ese tipo de sentimientos. Joel decidió cargar con su cruz, y sus razones tendrá. Nunca se lo pregunté. Lo que sí fue cierto es el basural de corrupción que dejó la pareja Ebrard-Delgado.

Cuando Joel asumió la dirección general del Metro regresé a colaborar con él de manera externa debido a una enfermedad que no me permitía estar encerrada en una oficina. Mi trabajo como servidora pública jamás me anuló el instinto periodístico. Fue así como me enteré de que la pareja que hoy ocupa altos cargos —Marcelo como canciller y Mario Delgado como dirigente de Morena— no solo había inflado el presupuesto para la construcción de la Línea 12, sino que por medio de Delgado se había creado una empresa fantasma de limpieza, según los rumores que se ventilaban entre los funcionarios del Metro.

Este asunto me vino a la memoria al escuchar la entrevista que la periodista Carmen Aristegui le hizo el 24 de junio de 2021 al gobernador de Michoacán, Silvano Aureoles,[1] quien aseguró categórico que en un corto plazo aparecería información sobre el moche de alrededor de mil 200 millones de pesos que recibieron Marcelo Ebrard y Mario Delgado por la construcción

---

[1] "Ebrard y Delgado recibieron 'moche' de 1,200 millones por Línea 12 del Metro, asegura Silvano Aureoles", Aristegui Noticias, 24 de junio de 2021, https://aristeguinoticias.com/2406/mexico/ebrard-y-delgado-recibieron-moche-de-1200-millones-por-construccion-de-linea-12-del-metro-asegura-silvano-aureoles.

de la Línea 12, el cual fue transferido a bancos europeos. Entonces me pregunté: ¿alguien sabe verdaderamente dónde reside el dirigente de Morena? Cuando éramos simples empleados de gobierno, vivía en el sur de la ciudad, luego fue candidato a diputado por Iztacalco, donde jamás habitó, y su dirección para votar corresponde a su estado natal, Colima. La rendición de cuentas y la transparencia no se le da a ningún servidor público del gobierno federal, ni tampoco a sus legisladores.

Unas semanas después de estallar el escándalo por la mala construcción de la Línea 12, con los rumores políticos de que Mancera solicitaría una orden de aprehensión en su contra, Marcelo salió a los medios de comunicación a decir lo que siempre se dice: "El que nada debe nada teme", pero sí debió "deber y temer mucho" porque se fue de México sin avisarle a nadie. Se autoexilió pobremente en París durante varios años en compañía de su esposa Rosalinda Bueso, y vivió y disfrutó de los placeres de la ciudad del amor sin trabajar.

Ya no había un Andrés Manuel López Obrador que diera la cara por él. Como candidato oficial del Movimiento Progresista (PRD, PT y Movimiento Ciudadano), el tabasqueño no lo necesitaba más. Para entonces Marcelo ya no estaba en posibilidades de seguirle aportando económicamente a su campaña presidencial, pues había dejado de ser jefe de gobierno para convertirse en un político moralmente criminal por una línea del Metro que ponía en grave riesgo a millones de usuarios, en particular a los más pobres.

* * *

Cada vez veía menos a César. En los últimos años de la segunda campaña presidencial llegaba casi siempre la noche del domingo y se volvía a ir el martes. El lunes, que era su día de descanso, despertaba hasta muy tarde, desayunaba, y por la tarde se iba a la casa de campaña a rendirle cuentas a Alejandro Esquer. En ese lapso le contaba de los aconteceres políticos en la capital, de las reacciones en los medios de comunicación y de quienes me buscaban para pedirme que le pasara un mensaje sobre sus aspiraciones políticas. Obviamente no podía dejar fuera la huida de Marcelo Ebrard, el gran benefactor de su jefe, y de su grupo compacto.

Cuando César tenía motivos para reírse, lo hacía con ganas, a carcajada abierta. Esa fue su reacción cuando le conté que Marcelo había salido muy valiente a decir que "el que nada debe nada teme", y esa misma noche, en mayo de 2015, tomó el avión que lo llevaría a París. No paraba de reír, hasta las lágrimas brotaron de sus ojos cuando ya más relajado me dijo: "El que la debe la paga", en alusión a lo ocurrido en el News Divine, y me aseguró que su querido jefe no se metería en ese asunto. Así, Ebrard se quedó solo, vulnerable y muy dolido con el candidato presidencial al que había apoyado con mucho dinero y le había levantado la mano, aceptando que fuera por segunda ocasión abanderado del PRD a la presidencia.

Antes de huir, Ebrard trató de esconderse, como lo hizo su mano derecha, Mario Delgado, detrás del fuero de diputado federal, por el partido naranja, Movimiento Ciudadano. Por intervención de Luis Walton Aburto, quien era alcalde de Acapulco e integrante del partido de Dante Delgado, se le ofreció una salida regalándole una diputación plurinominal, pero también se le fue de las manos. El karma no lo dejaba en paz, así que *me voici, Paris* mientras se calmaba la fiera.

Pero, insisto: ¿de qué manera se autoliquidaría como jefe de gobierno para vivir en una de las ciudades más caras del mundo?

Por ahí, su gente cercana lanzó un buscapié argumentando que se había convertido en todo un conferencista que cobraba en euros, pero la realidad es demasiado cruel, pues hasta París llegó el asunto de la Línea 12. ¿Sobre qué tema podría dictar conferencias el hombre al que se le dio el título del mejor alcalde del mundo en 2010, que no fuera la corrupción en la Línea Dorada o su autoexilio?

Marcelo encargó a su muchacho, al colimense de ojos saltones y leal colaborador, hacer todo para operar a su favor y regresar a México a buscar, de nuevo, el cobijo de López Obrador. Finalmente, meses antes de la elección presidencial de 2018, el tabasqueño le abrió la puerta enviándolo como coordinador de la primera circunscripción, estando bajo su responsabilidad el triunfo de Morena en Jalisco, Nayarit, Sinaloa, Sonora, Baja California, Baja California Sur, Chihuahua y Durango. El temor de ser aprehendido por la Línea 12 había pasado y, sin recato ni remordimiento, Marcelo aceptó el cargo diciendo a la prensa que regresaba al país a trabajar y a vivir del sueldo que le pagaría el abanderado presidencial de la coalición Juntos Haremos Historia. Nunca enseñó su cartera y mucho menos dijo tener solo 200 pesos, como consistentemente lo hace el presidente, pero sí insistió, ante la presión de los medios, en ser un político pobre. ¿Y, entonces, sus conferencias pagadas?

11

Ariadna: recaudadora, operadora y beneficiaria

A Ariadna la conocí precisamente en una de las asambleas informativas de Andrés Manuel López Obrador durante el plantón de Reforma. Fui a llevarle comida a César a una de las tiendas de campaña VIP construidas detrás del escenario. Ella cuidaba que no entrara ninguna persona ajena a los amigos del presidente legítimo, por lo que trató de impedirme el paso poniendo como escudo su propio cuerpo. Cuando le dije que era la esposa del vocero del "licenciado", aún renuente, me dejó entrar. Cómo será la vida, un par de años después, César y yo nos convertiríamos en sus padrinos de boda. Diez años han pasado de esa boda civil y religiosa y me doy cuenta de que la petición de ser padrinos de velación de los novios no fue por cariño ni porque les cayéramos bien; fue por puro interés, pues César era el hombre más cercano al candidato presidencial y podía influir en la designación de candidatos.

¡Ah, qué boda la de Ariadna! Un derroche de dinero que salió de la entonces Red de Transporte de Pasajeros (RTP), a donde la había enviado el jefe de gobierno Marcelo Ebrard, por acuerdo con el profesor René Bejarano, mentor de quien actualmente es la secretaria de Bienestar.

Si bien la boda no estuvo al nivel de la que realizó César en Puebla en 2018, sí se notó que los novios tenían mucho dinero para hacer una gran fiesta en el hermoso pueblo mágico de Te-poztlán, en Morelos. Rentaron el hotel más lujoso, con habita-ciones coloniales de gran tamaño que daban hacia un hermoso jardín. La de nosotros, por ser los padrinos principales, tuvo además un regalo extra: masaje relajante y facial con aromatera-pia, arreglo de peinado y maquillaje, así como bebidas y comida gratis.

La ceremonia fue un sábado. No recuerdo el nombre del sa-lón, pero se quedaron en mi mente todos los detalles que la em-presa encargada de organizar la boda puso para cobrar, dicen, unos cuantos millones de pesos. Desde arreglos de floreros con rosas blancas para las mesas, mantelería fina y candelabros con lar-gas velas, hasta música en vivo con diferentes grupos, regalos para los invitados y un espectáculo de luces y pirotecnia. Ade-más, rentaron camionetas con choferes para transportar a los asistentes. César calificó la boda como "grosera en el gasto", no en el gusto. Todo estuvo perfecto, a la altura de lo que se podría esperar para la funcionaria que repartía dinero a manos llenas y tenía en la nómina de la RTP a varios tabasqueños enviados ahí por Alejandro Esquer, por instrucciones del jefe mayor, el licen-ciado López Obrador.

* * *

Montiel fue directora general de la RTP de 2006 a 2012. Este or-ganismo creado por Rosario Robles en el año 2000 movía, en tiempos de Ariadna, a millones de pasajeros diariamente, y se estimaba una recaudación anual de mil millones de pesos. Con-taba además con un subsidio de mil 600 millones de pesos. De modo que Montiel manejaba 2 mil 600 millones de pesos anuales para felicidad del presidente legítimo, del jefe de gobierno, del profesor Bejarano y de ella misma.

Cuando renuncié a mi cargo como directora ejecutiva de Seguridad Privada de la ssp a la salida de Joel Ortega, el 8 de julio de 2008, entré en un estado de depresión y ansiedad por todo lo vivido durante la primera campaña y luego por la tragedia del News Divine. Entonces decidí crear una pequeña empresa de *fitness* para obtener ingresos, pues una buena parte del sueldo de César se iba en la pensión de sus hijos y otra en sus gastos personales. Aún no era madrina de Ariadna, pero teníamos una relación de amistad, si cabe decirlo así, por ello la busqué para ofrecerle mis servicios de ejercicio a empresas.

La RTP tenía choferes obesos y enfermos, y con ejercicio y una alimentación sana su vida cambiaría mucho. Se lo planteé así a la titular del organismo y me dio un sí por respuesta. Reuní a varios maestros de *fitness* y nos pusimos a dar clases en los módulos de RTP, incluso en las propias instalaciones de la empresa. Nunca hicimos ningún contrato, el pago era mensual, como un salario de funcionario.

Ariadna había despertado resentimiento entre el personal que no pertenecía a su equipo cercano, por la forma en que los trataba. La acusaban de déspota y soberbia. Humillaba a todo el que se le ponía enfrente si en ese momento estaba de malas o si no habían salido las cosas como ella quería. Al principio los rumores me parecieron exagerados, pero después pude comprobar por mí misma que efectivamente usaba la estrategia del grito y el miedo para controlar a sus subalternos.

Un día los maestros de acondicionamiento físico escucharon que el personal administrativo y operativo hablaba de las "transas" de la directora Montiel. Decían que con el apoyo del líder del sindicato se hacía creer que las autopartes de la flota de camiones estaban descompuestas o de plano inservibles, para después cobrarlas como nuevas. Cambiaban llantas de un camión a otro y las hacían pasar como nuevas. Nunca se preocuparon por no ventilar esos detalles delante de los ejercitadores. El rumor era que debían cubrir la cuota mensual para el candidato presidencial de la ya constituida alianza electoral PRD-PT-Movimiento Ciudadano, así como para el profesor René Bejarano, a quien vieron en distintas ocasiones en la oficina principal de RTP, donde despachaba la directora.

La relación de Ariadna con nosotros se fortaleció. Varias veces nos visitó en nuestra casa para saber de voz de César si el licenciado López Obrador estaba contento con su desempeño. ¡Cómo no estarlo! Era una fuente de cash impresionante.

Con los recursos que llevaba a la casa de campaña de la colonia Roma, Ariadna empezó a tejer su estrategia para seguir creciendo políticamente. Primero se mudó de Iztapalapa a la colonia Del Valle, a la calle de Sacramento, donde rentó una residencia en más de 60 mil pesos mensuales. Tenía chofer, varias camionetas y tres personas encargadas de las tareas domésticas. Pero ella ambicionaba más que aquella dirección general. Su sueño, nos lo contó varias veces a César y a mí, era ser legisladora. Pero no cualquier legisladora, quería ser coordinadora de los diputados del PRD y formar parte de la Comisión de Gobierno de la Asamblea Legislativa. Además, aspiraba a ser delegada de Coyoacán. Lo primero sí lo logró, lo segundo nunca porque las peleas internas entre candidatos del PRD se lo impidieron, y en esos asuntos no se metía López Obrador.

Conforme pasó el tiempo, Ariadna fue adquiriendo más experiencia en el arte de operar, es decir, de conseguir votos para el partido y entregar fuertes cantidades de dinero, sobre todo para el tabasqueño. Se había convertido en una obsesión quedar bien con el señor. Él, con su personalidad voluble, algunas veces la tomaba en cuenta y otras como si no la conociera.

Cuando César se iba de gira, Ariadna me convertía en su confidente. Luego me volví su intercesora. Siempre me dejaba mensajes para César. Le pedía que le dijera al "licenciado" que le diera la oportunidad de crecer. En algunos momentos me confesó sentirse decepcionada por el trato que le daba López Obrador. Más cuando ya no solo fue benefactora, sino que se le encomendó ir al interior del país, con recursos propios, a darle el triunfo electoral al tabasqueño en alguna presidencia municipal. Conservo conversaciones donde la secretaria de Bienestar me habla de su labor en Veracruz.

Se me hacía injusto que la trataran así porque en realidad se desvivía por darle gusto al líder perredista. Mucho más porque sabía que no era un candidato pobre. Tenía dinero suficiente para apoyar a sus enviados y no propiciar que recurrieran a la corrupción para ganar espacios que le dieran estructura humana a la hora de votar por él o por sus aspirantes a diputados locales y federales y senadores.

Todo el dinero que le llegaba al candidato presidencial lo ocupaban en él. Primero en la manutención de su familia y luego en su imagen. El objetivo era crear al hombre sencillo y humilde que come con campesinos, duerme en hamaca, sin un peso en sus bolsillos, honesto y transparente. Al hombre cruelmente perseguido por el Estado; al que le robaron descaradamente la presidencia. Al hombre empático con los más pobres; el incorruptible, el justiciero. Al hombre que México necesitaba con urgencia para evitar que siguieran saqueando al país. Nada más falso. López

Obrador supo construir un personaje capaz de llegar al corazón del pueblo, pero lo traicionó como cualquier priista.

Ariadna contribuyó en mucho a lograr ese prototipo de hombre-héroe, pero también fue muy inteligente. Como me contó un día en que la fui a ver a la Asamblea Legislativa, a pesar de todos los recursos propios que tuvo que poner para andar de un lado para otro, le alcanzó para seguir pagando la costosa renta de Sacramento, y comprar una residencia de alrededor de 18 millones de pesos en la calle de Rivera 67, en la colonia Insurgentes Cuicuilco, atrás de Perisur. En esta casa viviría en su etapa de casada; al mismo tiempo, puso un negocio de eventos para fiestas, con la compra de camiones Mereces Benz, donde transportaban muebles y equipos de sonido, y actualizó sus camionetas personales. ¿Con su salario de diputada, y quizá con alguna compensación por ser integrante de la Comisión de Gobierno, pudo hacer tanto?

Como empresaria de banquetes, varias veces le organizó a López Obrador las reuniones que su esposa Beatriz hacía en su casa de Tlalpan con la crema y nata de los intelectuales, hoy muchos de ellos arrepentidos de haberle creído. También le organizaba fiestas al hijo mayor del tabasqueño, José Ramón López Beltrán, adicto a pachangones a los que invitaba a todos sus amigos. "Nunca nos pagaron ni un solo servicio, ya sabes, madrina, están acostumbrados a que se les ponga la mesa completa", me dijo una vez.

Y no solo estaban habituados a que les sirvieran como si fueran emperadores, sino a que les pagaran todo. En sus giras, el eterno candidato presidencial nunca llevaba un peso en la bolsa, y ya fuera César o los miembros de su seguridad pagaban los antojos del jefe y hasta los productos que sus seguidores le ofrecían al término de sus eventos. La gente pobre le daba de todo, desde guayaberas, que convirtió en una de sus prendas favoritas, hasta el controvertido frijol con "gorgojo", del cual se mofaba el todavía perredista. Tanto López Obrador como César llegaron a casa varias veces con ese frijol que, efectivamente, traía como huéspedes en los bultos regalados todo tipo de insectos.

* * *

En 2012 a Ariadna por fin le llegó su pago por el servicio prestado al candidato presidencial del PRD en coalición con la "chiquillada". Con su aval y el de Marcelo Ebrard, además del empuje desde su escondite del profesor René Bejarano, el partido le dio la diputación local que tanto anhelaba, la coordinación del grupo parlamentario y, por derecho, la secretaría de la Comisión de Gobierno que presidía Manuel Granados Covarrubias, uno de los hombres cercanos a Miguel Ángel Mancera. Con ellos en la Comisión estaba el panista Federico Döring, recordado por entregarle a Brozo los videos de Bejarano con Ahumada. Pero como suele suceder entre políticos, todas las afrentas se olvidan cuando hay poder y dinero de por medio, y esa no fue la excepción. Döring no solo era un compañero legislador, sino que en poco tiempo formalizaron una amistad y la afrenta quedó perdonada.

Ariadna ocupaba una de las oficinas reservadas para los jefes de los legisladores, con vista al Zócalo capitalino. Desde ahí se apreciaba en toda su magnitud la gran plaza de concreto donde inició su carrera política cuidando que nadie ajeno traspasara el cerco donde le habían montado su tienda de campaña tipo jeque al presidente legítimo.

A finales de septiembre de 2015 fui a ver a Ariadna a la oficina donde despachan los diputados locales. Yo había escrito un libro de crónicas sobre animales maltratados por humanos. Con la venta de esa obra, mi objetivo era construir una casa-hogar para hembras y sus cachorros. Con las constantes giras de César, prácticamente vivía sola, por lo cual decidí adoptar a un perro de la raza pastor inglés que en vida llevó el nombre de Lucas, y por destino me convertí en activista por los derechos de los animales.

Recuerdo cómo llegué cargando los libros que tanto Ariadna como Manuel Granados me habían hecho el favor de comprarme. Su secretaria me permitió entrar en su oficina, pues ya no era cualquier mortal, sino la madrina de la secretaria de la Comisión de Gobierno. Esperé unos minutos y apareció Ariadna con esa estatura que la hacía sobresalir de la mayoría de los diputados. La sentí molesta y presionada cuando tomó asiento para verme directamente a la cara y reventar: "Ay, madrina, ya no aguanto. Tengo problemas con [su esposo], porque el licenciado me encargó la presidencia municipal de Valladolid [Yucatán], y estamos gastando todo nuestro dinero. Ya sabes que nos mandan sin darnos nada de recursos y ya me estoy cansando", me dijo al borde de las lágrimas. Guardé silencio porque sabía de las prácticas del tabasqueño para ganar entidades.

Por mi mente pasaron muchos pensamientos, principalmente el gasto que representaba darle el triunfo electoral en la tercera ciudad más poblada de Yucatán a López Obrador. Entonces me pregunté cuánto dinero tendrían Ariadna y su esposo como para encargarse de que la candidata a la presidencia municipal ganara. Me lo sigo preguntando. Es un hecho que no son 100 mil, 200 mil, 300 mil o un millón de pesos, sino muchísimo más. No le pregunté sobre cantidades porque me sentí incómoda ante su enojo y no tenía respuesta para su molestia, que consideraba justificada.

Cuando César regresó de gira, le conté de mi encuentro con Ariadna, de su molestia y sentimiento, y me dijo que si quería ser candidata a delegada "debía aportar" para ganar la elección. El 9 de junio de 2015 recibí un mensaje de mi ahijada que aún conservo: "¡Ganamos Valladolid!" En pocas palabras, se había ganado el derecho a competir por Coyoacán. Sin embargo, cometió un error que le costó, primero, que el tabasqueño se enojara con ella, y segundo, que la sacaran de la contienda. Al final tuvo que conformarse con ser diputada federal independiente. Para que Ariadna consiguiera la candidatura por Coyoacán, debía renunciar como diputada, pero no quiso hacerlo hasta responder a Miguel Ángel Mancera su informe anual de 2015. Ariadna olvidó que los tiempos del señor son sagrados y nadie, absolutamente nadie, puede alterarlos. En otro mensaje me dijo: "Creo que AMLO ya no me quiere", porque no quiso recibirla, con todo y el triunfo millonario en Valladolid.

Dolida por la actitud soberbia del tabasqueño, me mandó otros mensajes: "Pues sí, AMLO siempre pone a figuras, y aunque yo he hecho más que muchos, a mí siempre me dejará trabajo y a otros los espacios importantes y los reflectores". Yo le respondí que al señor le importaba solo andar de gira con miras al 2018. "No sé, madrina, estoy muy decepcionada de todo y de todos."

Y en ese cúmulo de decepción incluyó nada más y nada menos que a Claudia Sheinbaum, quien había ganado la delegación Tlalpan. Sheinbaum no quiso ayudar a Ariadna a limar asperezas con López Obrador para que el grupo parlamentario de Morena en la Cámara de Diputados federal la aceptara como integrante.

Fue entonces cuando estuvo varios meses como independiente, aunque votaba como lo hacían los morenistas. "No sabes cómo la apoyé [a Claudia], y cuando le dije que no me aceptaron en Morena me dijo: 'pues adelante ves' (*sic*), y luego me envió a una persona para que le ayude a gestionar mil millones de pesos, hazme el recanijo favor. Y nada de decir en qué ayudo o algo así." Nunca supe si Ariadna le hizo el favor a Claudia Sheinbaum de gestionarle esos mil millones de pesos que, me contó, usaría para su proyecto de escuelas. Quizá no, porque ya no tenía el poder de cuando era asambleísta; en la Cámara Baja era tan solo una diputada más de las comandadas por la hoy todopoderosa secretaria de Energía, Rocío Nahle García, también alumna de la pareja Bejarano-Padierna.

Conservo capturas de pantalla de todos los mensajes, aquí reproduzco un par de ellos:

12

"No fuimos nosotros, fue César"

De 2006 a 2018 transcurrió uno de los periodos más turbulentos en las aguas de la corrupción para los personajes que hoy nos gobiernan. No solo despilfarraron millones de pesos del erario para apuntalar la campaña del candidato de las izquierdas, Andrés Manuel López Obrador, sino que muchos de ellos se sirvieron con la cuchara grande. Hubo de todo, desvío de recursos públicos, aportaciones de empresarios, de legisladores que buscaban brincar a presidencias municipales, a gubernaturas, liderar partidos y financiar proyectos de imagen.

Uno de esos proyectos lo llevaron a cabo el cineasta mexicano Luis Mandoki y el publicista uruguayo Luis Costa Bonino, dos personajes muy diferentes entre sí. La historia ocurrió en una casona de Lomas de Chapultepec el 24 de mayo de 2012, meses antes de que López Obrador participara en su segunda contienda presidencial. La reunión en la que estuvieron Mandoki y Costa Bonino con empresarios tenía el carácter de *top secret*, pero alguno de los presentes no lo aceptó así y filtró el encuentro al diario *El Universal*,[1] donde la nota se publicó en primera

[1] Andrea Merlos, "Detalles de una cena en favor de López Obrador", *El Universal*, 3 de junio de 2012, https://archivo.eluniversal.com.mx/nacion/197159.html.

plana, informando que además de la cena habrían hecho un "pase de charola" para que el abanderado perredista ganara la elección presidencial contra Enrique Peña Nieto.

No era mucho lo que debían reunir: 6 millones de dólares. ¿Qué eran 6 millones de dólares para empresarios como Luis Orvañanos, presidente de Casas Geo; Elena Achar, representante de grupo Comex; Luis del Valle Gurría, vinculado a la red financiera de Raúl Salinas de Gortari, o Rogelio Jiménez Pons, entonces benefactor del PRI? El anfitrión fue Luis Creel, primo del panista Santiago Creel. La nota periodística señalaba que Luis Costa Bonino había sido el encargado de darles la noticia de que a la campaña de López Obrador le faltaba esa pequeña cantidad para ganar. "Necesitamos conseguir 6 millones de dólares para ganar la campaña presidencial, los demás temas los tenemos bajo control [...]. Esta elección la vamos a ganar [...]. Quería pedir en esta ocasión que le pudieran dar a la campaña sabiendo que es un apoyo no a la esperanza, sino al triunfo."

Al parecer el anfitrión se confió, y quien no estuvo de acuerdo con la millonaria recolección grabó la petición del uruguayo para filtrarla. Leí la nota con sobresalto y angustia. César, como siempre, estaba de gira con su jefe, en esa ocasión por la Riviera Maya, desde donde el candidato del partido del sol azteca negó saber algo del encuentro entre su gente y empresarios. Ante la fuente que cubría su campaña y reporteros locales dijo no ser como el priista Enrique Peña Nieto, "quien está financiado por algunos medios de comunicación y derrocha dinero en su campaña". Aseguró que él no mandaba a nadie a pedir dinero y que su campaña se estaba financiando "con el apoyo de la gente" (*sic*) y con lo que recibían de los partidos. Es más, dijo que en su campaña había limitaciones económicas: "No hay derroches y por eso hago una campaña austera, a ras de tierra. No es como Peña Nieto, que tiene hasta para moverse en avión o helicóptero particular, eso es otro asunto, no somos iguales". Por su parte, Mandoki y Costa Bonino negaron en redes sociales el "pase de charola", aunque aceptaron haber estado en esa casa de Lomas de Chapultepec.

El incidente lo recuerdo bien porque al regresar de la gira vi a César sumamente enojado, un estado emocional poco frecuente en él. Vociferaba enardecido y profería insultos al par de amigos que habían exhibido al candidato presidencial.

"No supieron hacer las cosas", decía César. "¡Pendejo! ¡Hijo de la chingada! ¡Pinche traidor!", gritaba para referirse a Mandoki, con quien hasta ese día había tenido una sólida amistad. Entendía su molestia, es más, creía sinceramente que ambos hombres habían actuado por su cuenta, como me lo aseguró, sin avisarle a nadie y menos pedir autorización para ir a una cena con empresarios a solicitar 6 millones de dólares.

César dejó de hablarle a Mandoki. Todas las veces que el director trató de comunicarse con él jamás atendió su llamada. Esto me parecía que no tenía lógica, sobre todo si él mismo me había dicho que no había delito de por medio. Se me venía a la mente la frase de "no supieron hacer las cosas" y la duda quedó en mi cabeza.

Luis Mandoki, a quien siempre admiré por su calidad cinematográfica, fue castigado con el desprecio del candidato. Ya no entraba en la casa de campaña, las recepcionistas tenían órdenes de no dejarlo pasar. Durante un tiempo no se le volvió a ver hasta que personalmente lo encontré cuando Claudia Sheinbaum ganó como delegada en Tlalpan. Ahí estuvo entre un montón de invitados eufóricos por el triunfo de la secretaria de Medio Ambiente de la Ciudad de México.

Un día, pasado el tiempo, charlé en Twitter con Luis Costa Bonino y en la plática salió el tema de esa cena maldita. Lo que me dijo me hizo pensar seriamente en las advertencias que me hacían algunos de los compañeros periodistas que cubrían la campaña del tabasqueño: "Tú eres la única que no sabe con quién vive". Y sí, viví muchos años engañada, porque no fue López Obrador quien le pidió directamente a Mandoki y a Costa Bonino que asistieran a esa reunión; fue el propio César.

"Sí, quien nos propuso ir a la cena fue justamente César, no pasó nada que él no hubiera sabido que iba a pasar. Pero de ahí no salió dinero para nadie, que yo sepa", me confirmó Costa Bonino.

No sé cuántas cosas me ocultó César, pero puedo asegurar que no tenía el carácter para moverse sin la anuencia de su jefe. Al igual que todos los demás, le temía y le tiene miedo, pero al mismo tiempo un amor ciego capaz de llevarlo al abismo si López Obrador se lo hubiera pedido. No se aventó al abismo, pero sí hizo de la corrupción su acompañante.

13

Regalos, muchos regalos

A lo largo de los seis años de la segunda campaña presidencial, López Obrador acumuló en su oficina una cantidad impresionante de regalos que le daban en las giras. Alejandro Esquer ordenaba que los de gran valor económico se enviaran al domicilio del tabasqueño, y los más corrientitos, esos del pueblo bueno, los ponía a la venta en el garaje.

Un día que fui a la casa de campaña para comer con César me encontré con la sorpresa poco agradable de ver el garaje de la casona convertido en un puesto de artículos para vender. Había de todo: libros, sarapes artesanales, cinturones, playeras, camisas, muñecos, peluches, vasos, platos, paraguas y hasta zapatos duros de suela de cuero, que nadie quería. ¡No podía creerlo! Los modestos obsequios que recibía el abanderado presidencial estaban a la venta de nueve de la mañana a seis de la tarde, y como gancho decían que eran artículos pertenecientes al popular político tabasqueño.

Cuánta miseria interior había en el secretario particular de AMLO que hasta los más humildes regalos los vendía como si no tuvieran ni un peso para la campaña. Estacionadas sobre la calle cuando no iba de gira, prácticamente todos los lunes, ponían las camionetas "machuchonas" de medio millón de pesos que compraban con las aportaciones o que eran obsequios de los muchos "quedabién" para acercarse al líder perredista y salir con la promesa de convertirse en candidatos a presidentes municipales, legisladores o gobernadores.

De entre los buenos regalos que recibió López Obrador, algunos se los dieron a César, sobre todo guayaberas que no le quedaban al candidato por estar pasado de peso. Así que "padre e hijo adoptivo" o "hermano mayor y menor" se vestían casi igual: zapatos de goma, pantalones tipo cazador con bolsas a los lados y sus hermosas guayaberas blancas bordadas por manos de artistas indígenas: esas nunca estuvieron a la venta. Las que le regalaban a César eran de manga larga y cuello Mao, porque ese estilo no le gustaba al candidato presidencial, él siempre llevaba de cuello en V.

En temporada decembrina, la casa de campaña se convertía en un *mall* gringo, con enormes canastas llenas de los vinos más finos, atunes, semillas o mermeladas. También llegaban relojes de marca o chamarras de piel de ternera (algo que me irritaba mucho por ser defensora de los animales) con los "atentos saludos" de funcionarios, diputados, empresarios o legisladores, dueños de televisoras y radiodifusoras deseándole todo el éxito del mundo por ser tan "buen ser humano" con los jodidos del pueblo bueno. Las camionetas de la gira se convertían en taxis particulares para transportar los obsequios. Primero al departamento de la colonia Del Valle, donde López Obrador vivía con Beatriz, y luego a la casa de Tlalpan, cuando decidieron que con el nacimiento de Jesús Ernesto debían tener por lo menos una recámara más.

Siempre me pregunté cuánto dinero podía obtener Alejandro Esquer de la venta de garaje. Sinceramente, por los objetos exhibidos, no creo que mucho, pero era tal su avaricia que si la gente no los compraba, lo debían hacer los propios empleados contratados para la campaña, algo así como los moches que nos quitaban cuando el tabasqueño fue jefe de gobierno de la Ciudad de México.

Entonces me cuestionaba cómo un candidato a la presidencia, con su discurso de abatir la pobreza y la desigualdad, aceptaba tantos y tan finos obsequios. Pero cuando pruebas las comodidades y mieles que deja el dinero, la percepción cambia, los valores se aniquilan y la moral simplemente se convierte en un estorbo. ¿O hay mayor prueba de lo que digo que vivir en un palacio donde el oro brilla hasta en las sillas?

14

Un hombre voluble

Fueron muchas las razones por las cuales decidí ir cada vez menos a la casa de campaña. César siempre estaba atiborrado de trabajo y reuniones en la "sala de juntas", que servía a la vez como banco. También quería evitar encontrarme con el ingeniero Esquer, un hombre con una energía oscura y siempre malencarado. Además, debo decirlo, no era ningún placer coincidir con el candidato presidencial; se había ganado mi desconfianza con lo del News Divine y sus desplantes groseros. He aquí uno de ellos ocurrido años atrás.

Para la izquierda mexicana Samuel del Villar fue un personaje importantísimo, junto con el ingeniero Cuauhtémoc Cárdenas, Heberto Castillo e Ifigenia Martínez, fundadores del PRD e impulsores de la democracia. En estas líneas no hablaré de la trayectoria de don Samuel, sino de mi desagradable experiencia durante su funeral el 20 de marzo de 2005.

Los restos mortales de quien fuera procurador de Justicia en la administración de Cárdenas fueron llevados a la agencia funeraria Gayosso Sullivan, donde se congregaron innumerables figuras de la política mexicana, tanto del PRD como del PAN y el PRI, para darle el último adiós. Yo estuve ahí no como una figura merecedora de reflectores, sino como acompañante de César

Yáñez, quien al término de su labor como director de prensa de López Obrador en la dirigencia nacional del PRD fue invitado por el jurista a trabajar en la Procuraduría de la Ciudad de México.

Me coloqué en una esquina discreta del salón donde se velaba a Del Villar y vi pasar a políticos verdaderamente consternados por el deceso del izquierdista, quien falleció a consecuencia de una muerte cerebral después de batallar con problemas pulmonares y renales.

Observaba a los políticos que llegaban a despedirlo, no solo el gesto en sus rostros, sino su manera de pararse, la cual dice mucho de una persona cuando pasa por un duelo. Ahí vi a un Cuauhtémoc Cárdenas devastado, con las manos entrelazadas montando guardia de honor y casi a punto de las lágrimas. De pocas palabras como siempre ha sido, el también tres veces candidato presidencial del PRD recibía las condolencias agradeciendo con un leve movimiento de cabeza.

El salón estaba a reventar, no cabía un alma más en donde estaba el féretro con el cuerpo de don Samuel, por lo que muchos ocuparon otras salas cercanas a la principal. De pronto vi a Nicolás Mollinedo abrirle camino a López Obrador, jefe de gobierno del Distrito Federal, quien se había presentado ya cercana la noche. Al igual que los demás, dio el pésame a la familia del político y montó una breve guardia de honor.

Cruzó algunas palabras con el propio Cárdenas y con Ifigenia Martínez, y después de unos minutos se retiró sin ofrecer ningún comentario a la prensa que lo aguardaba impaciente. César, quien ya fungía como director general de Comunicación Social del gobernante, me pidió que saliéramos antes de que lo hiciera su jefe. Nos dirigimos al elevador, entramos y cuando la puerta estaba por cerrarse una mano lo evitó. Era el jefe de gobierno que se introducía en el elevador donde estábamos. Nos miró, y sin decir una palabra, ni un mínimo saludo, nos dio la espalda como si le molestara nuestra presencia, o al menos la mía.

Aclaro que la grosería de López Obrador ni me frustró ni me generó mayor conflicto; más bien su actitud me confirmó su carácter voluble o bipolar, pues no era yo una desconocida, cubrí como reportera su gestión como líder nacional del partido del sol azteca, y luego en el gobierno de la Ciudad de México me encargaba de organizarle reuniones con caricaturistas. También me había visto cientos de veces en el gabinete de seguridad.

* * *

De esas visitas a mi domicilio recuerdo una en particular porque ocurrieron dos situaciones incómodas. Por la mañana me llamó César para decirme que había invitado a su jefe a comer porque les quedaba de camino Tláhuac, donde tendría un evento proselitista. Él sabía perfectamente que López Obrador había acumulado muchos puntos negativos conmigo, yo ya sabía qué clase de hombre era, sabía que usaba a su conveniencia a todos y dejaba en el desamparo y el desprestigio a quienes cometían un error, ya sea por causas fortuitas o por cuestiones personales. Conocía de su soberbia y de su falsa humildad, y aun así se arriesgó a traerlo pidiéndome que fuera amable con quien no conoce esa palabra. Accedí por César y me puse a cocinarles una crema de frijol, arroz blanco con chícharos y adobo.

Conmigo vivía el amor de mi vida, no César, sino un perro que había rescatado del bazar de Pericoapa, donde venden a los cachorros en pésimas condiciones de salud. Era un viejo pastor inglés precioso, educado, limpio, sumamente obediente y amiguero con los humanos. Se llamaba Lucas, quien ante las ausencias cada vez más prolongadas de César se había convertido en mi compañero, en mi protector, en el ser a quien yo podía contarle y confiarle mis tristezas y con quien compartí momentos de alegría y muchísimo amor. La nuestra era casa de Lucas.

Sonó el timbre de la puerta más o menos a las 2:30 de la tarde, con ellos también venía el general Audomaro Martínez Zapata, también originario de Tabasco. Los recibí acompañada de Lucas, y cuál fue mi sorpresa que al candidato presidencial no le agradó ver a mi perrito ahí, parado a mi lado dándoles la bienvenida. Vi su cara de enfado y desaprobación y dudó algunos instantes en entrar. Quería que Lucas se saliera al patio, lo cual obviamente no sucedió porque al darse cuenta César de que estallaría la bomba atómica si se atrevía a sacarlo lo sentó en el lobby durante la hora y media que comieron en espera de partir hacia Tláhuac.

Aproveché un receso durante la comida para preguntarle por qué no le gustaban los perros y me dijo que uno lo había mordido de niño porque en ese entonces en su pueblo, como suele suceder en muchos sitios del país, agreden a los animales con resorteras. "Con razón lo mordió —le dije—, eso se llama maltrato, sus papás estaban obligados a quitarle el miedo y a respetar la vida de los animales."

Mi comentario no le gustó nada, no estaba acostumbrado a que le respondieran o contradijeran, así que se levantó y dio la orden al general y a César de marcharse. Afuera, en la camioneta, los esperaba Rojas, el chofer de confianza del candidato. En el preciso momento en que salían de la casa pasaba un señor de la tercera edad, un abuelo que trabajaba con su carrito móvil arreglando zapatos. Al verlo se sorprendió y se emocionó mucho; para los ancianos, López Obrador se había convertido en su ídolo. El zapatero se atrevió a pedirle una foto con él, el candidato presidencial aceptó y le pasó el brazo por encima de los hombros. "Que la señora te dé la foto", le dijo al viejito señalándome. Se subieron a la camioneta mientras Lucas y yo los veíamos perderse entre una de las avenidas que salen al Periférico.

* * *

Durante esa comida —la última, por cierto, en mi casa—, me sucedió lo mismo que en aquel desayuno cuando vivíamos en la calle de Sevilla, en la colonia Juárez: mientras servía los alimentos, López Obrador, el general Audomaro y César, se pusieron a hablar del tema que alimentaba su ambición, la política, la sucesión, la campaña y quiénes serían los candidatos en la Ciudad de México. Sin pedirlo, me convertí en oyente. Se acercaban las elecciones para renovar jefes delegacionales en la Ciudad de México, donde Monreal y Sheinbaum terminarían llevándose Cuauhtémoc y Tlalpan, respectivamente. Estábamos en 2015, pero la sucesión en la capital ya era un tema que estaba en el aire. El general Audomaro comentó sobre la promesa que se habría hecho a Ricardo Monreal para ser el abanderado de Morena a jefe de gobierno. El tabasqueño, que en ese tiempo reía pocas veces, lo hizo para decirles a sus compañeros que Monreal se iba a quedar con las ganas porque la seleccionada sería Claudia Sheinbaum.

"No, bueno —pensé metiéndome a la cocina—, este señor no cambia. Promete candidaturas a quienes le sirven y operan eficazmente y no les cumple." Y regresó a mi mente la cantaleta de toda su vida: "No robar, no engañar, no traicionar". Pues a Ricardo Monreal le estaba aplicando dos de ellas, el engaño y la traición. Por la noche, cuando César llegó de Tláhuac, se lo eché en cara, aunque estaba consciente de que él no era culpable de la acción descarada de López Obrador para favorecer a su subordinada favorita, a quien había hecho delegada en Tlalpan, y ahora, ya con las siglas de Morena, sería jefa de gobierno.

Esa noche le dije a César que se abstuviera de volver a traer a mi casa a su jefe. No era el hombre honesto, bueno y empático que pregonaba y, para colmo, empezaba a advertir cambios negativos en su conducta y carácter. Con tantas giras y la convivencia día y noche con el licenciado, se estaba mimetizando, copiándole todo lo malo que cargaba sobre su alma el hoy presidente.

Esa noche tuvimos una fuerte discusión en torno a las traiciones sistemáticas del tabasqueño a sus colaboradores. César se convertía en una fiera cuando le decía lo malvado que era su jefe, lo defendía con todo su ser, le brillaban los ojos por el enojo y le temblaba la voz de la indignación. A mí no me importaba, no podía quedarme callada ante las injusticias que cometía el candidato presidencial con la gente que lo apoyaba. Ricardo Monreal siempre había sido fiel y leal al movimiento de López Obrador quizá porque le debía haber sido gobernador de su estado, Zacatecas, pues cuando el tabasqueño fue dirigente nacional del PRD, lo sacó del PRI para convertirlo en abanderado perredista a la gubernatura de esa entidad.

Le advertí que esa imposición iba a tener consecuencias y no me equivoqué. Ricardo Monreal se rebeló y hasta acusó de fraude a quienes organizaron la encuesta para evaluarlo a él, a Mario Delgado y a Claudia Sheinbaum. Coqueteó con la idea de irse a la oposición en franco chantaje al poderoso López Obrador que andaba de gira por la República sin tribulación de por medio.

Él sabía sus momentos y tiempos para tranquilizar a la bestia herida y ofrecerle otro tipo de prebendas para no enturbiar la campaña a jefa de gobierno de su favorita, Claudia Sheinbaum, la mujer que actualmente podría ser la sucesora del presidente en 2024.

En aquel momento Monreal dobló las manos y se tragó su orgullo aceptando ser senador y coordinador de la bancada morenista. Ahora sabe, aunque no lo acepte públicamente, que jamás será candidato del presidente para ocupar la silla maldita.

15

Infarto: simulación o realidad

El 3 de diciembre de 2013 México casi se paralizó cuando trascendió el infarto al corazón de López Obrador. Eran las tres de la madrugada cuando en la profundidad de mi sueño escuché varias veces que le gritaban a César. Primero creí estar soñando, pero la insistencia de "¡César, César!" me despertó. Me levanté y me asomé a la ventana. En la oscuridad de la noche vi una camioneta blanca que manejaba el leal chofer Rojas y al susodicho al pie de la ventana. Me alarmé, no era hora para visitas, así que bajé a toda prisa, acompañada de Lucas, a ver cuál era la urgencia.

"¿Está César?", me preguntó Rojas. "Sí, está dormido —le respondí—. ¿Sucede algo?" "El licenciado se infartó y la señora Beatriz quiere que César vaya al hospital." De inmediato subí a la recámara y desperté a César. Le conté lo dicho por Rojas y disparado aventó las cobijas, se puso el pantalón, una camisa y su chamarra. Salió corriendo a Médica Sur, uno de los hospitales más caros en la Ciudad de México, donde estaban atendiendo a su jefe.

Obviamente ya no pude conciliar de nuevo el sueño, no sabía qué tan grave era la salud del candidato presidencial, por lo que esperé impaciente la llamada de César. A las nueve de la mañana la noticia ya se había regado como pólvora: el líder opositor había sufrido un infarto al corazón e increíblemente había llegado a pie al hospital, aunque su estado de salud era un enigma para los medios.

Mi teléfono no dejaba de sonar. Por ser la pareja de César, muchos creían que yo tenía información de primera mano sobre lo sucedido a López Obrador, lo cual era falso, no me había llamado ni respondía mis mensajes. Seguí el asunto a través de los reportes de los periodistas que cubrían su campaña. Andrés Manuel López Obrador, informaron los medios electrónicos, ingresó a las 2:30 de la madrugada de este martes a un hospital de la Ciudad de México debido a un infarto agudo de miocardio.

Fue hasta entrada la noche cuando por fin pude ver a César, quien llegó a casa para bañarse y cambiarse, cenar algo rápidamente y volver a irse a Médica Sur.

"¿Qué pasó, ¿cómo está tu jefe?", le pregunté. "Está estable, pero preocupado por el evento", me respondió. Ya estaba todo listo para que seguidores y acarreados cercaran el Senado de la República en protesta por la reforma energética peñista, donde el tabasqueño sería el principal orador. Por instrucciones médicas, el perredista debía permanecer en reposo de tres a cinco días, así que en su lugar fue Andrés López Beltrán, el hijo de en medio del tabasqueño, quien desde el hospital convocó a conferencia de prensa para pedir a los simpatizantes de su padre que fueran el miércoles 4 al Senado para realizar un cerco al edificio legislativo en contra de la reforma energética.

Sin la presencia de López Obrador, el acto lució gris, apagado y aburrido, porque por más arengas que hacía, el júnior nunca prendió a los asistentes. Una perredista diría: "Nos hicieron gastar cientos de miles de pesos para nada, Andy no tiene la estatura política para azuzar ni a las moscas". Las y los acarreados al evento subieron cabizbajos a los camiones para regresar a sus lugares de origen.

Posteriormente, cuando pasó la crisis, César me contó que su jefe estuvo internado en una de las suites más caras del hospital. Sin embargo, no sabía si el seguro de gastos médicos mayores que Alejandro Esquer le había comprado a López Obrador y al propio César cubriría los gastos de la operación, el internamiento y todo lo que en los hospitales acumulan para hacer una cuenta impagable. Efectivamente, con los recursos públicos de los mexicanos, el secretario particular de AMLO compró seguros de vida para él y su grupo compacto: los demás, los de baja jerarquía, jamás se habrían parado en Médica Sur, sino en algún hospital del IMSS o del gobierno del Distrito Federal pidiendo el favor de la atención.

Con el paso del tiempo surgió la duda entre morenistas y perredistas de si verdaderamente López Obrador había sufrido un infarto o si había sido tan solo un pretexto para no presidir el cerco al Senado de la República. Puedo asegurar que el evento de salud sí sucedió porque fui la primera en enterarme por medio del chofer Rojas, y segundo, porque César se encargaba de comprarle los medicamentos al licenciado, quien cargaba con un botiquín en las giras, durante las cuales, por instrucciones médicas, el presidente debía hacer ejercicio. Por este mandato, César debía levantarse muy temprano para subirse a la caminadora y acompañar al tabasqueño mientras se ejercitaba. Por el infarto, la rutina de AMLO cambió radicalmente: su alimentación fue más sana y con el ejercicio bajó de peso. Otra recomendación médica fue no viajar en avión de ida y vuelta el mismo día.

Tiempo después, con el infarto encima y el constante riesgo de enfrentar un segundo evento al corazón, el político tabasqueño solicitó la atención de médicos traídos desde Cuba. No comprendo por qué trataron de ocultarlo, quizá para no despertar suspicacias en cuanto al gasto y de dónde salían los recursos para atenderse.

Durante todos esos años de campaña llegaba a mi casa una noche antes la maleta del candidato, y mi tarea, sin pedirla, era levantarme para entregársela a Rojas mientras César se bañaba. No dejaban que López Obrador moviera un dedo, era como un monarca con un montón de súbditos dispuestos a convertirse en mozos, en limpiazapatos y quitacaspa.

Una vez que asumió el poder, López Obrador dijo que ninguno de sus funcionarios se atendería en hospitales privados donde solo van los "machuchones", "los riquillos", "los conservadores", "los neoliberales, quienes con dinero del erario se cuidan hasta de gripitas". El que iba a predicar con el ejemplo no puede exigir a sus subordinados acudir a hospitales públicos cuando él mismo tiene a su servicio lo mejor de lo mejor en médicos, medicamentos y hospitales, pagados con dinero de todos los mexicanos.

16

"¡Ni el celular sabes usar!"

Alrededor del presidente se han tejido infinidad de mitos. Uno de ellos es acerca de si tiene o no teléfono celular privado. Hasta el último día en que César y yo compartimos el mismo techo puedo asegurar que no. Si alguien quería comunicarse con él, así fuera la propia Beatriz, debía marcarle a su vocero, quien le informaba sobre la persona y el tema a tratar, y el tabasqueño decidía si tomaba o no la llamada. El poco tiempo que César estaba en casa vivía, comía, cenaba y dormía con el celular casi pegado al oído porque tenía "horarios pico" para escribir los mensajes que le dictaba su jefe para las redes sociales. Ya dictados me los pasaba con el fin de que yo revisara que no se fueran con alguna falta de ortografía. Además, me decía César, en su celular lo buscaba una gran cantidad de mujeres para enviarle recados amorosos al candidato presidencial. Parecerá increíble, pero el tabasqueño no sabía y creo que aún no sabe usar el celular. Estaba acostumbrado a que todo le hicieran.

Un domingo, no recuerdo el motivo por el cual César estaba en casa durmiendo, aproveché para ir a la iglesia donde reposan las cenizas de mis padres. Decidí irme caminando a pesar de que la parroquia no estaba cerca de la casa. Casi llegaba a misa cuando sonó mi celular, lo saqué de mi bolsa y con asombro vi el nombre de Beatriz Gutiérrez. Me extrañó mucho que la esposa del candidato presidencial me estuviera marcando a las nueve de la mañana. No éramos cercanas y mucho menos amigas, así que la curiosidad fue bastante grande como para detenerme y contestar:

"Hola, Betty, ¿cómo estás?", la saludé, pero la voz al otro lado de la línea no era la de Beatriz, era el mismo candidato presidencial quien llamaba.

"¿Cómo estás?", me preguntó, y sin darme tiempo a responder continuó: "¿Está César por ahí? ¿Me lo pasas?" "No, señor —le dije—, César está en casa dormido y usted está hablando a mi celular y yo estoy a punto de entrar a misa."

De pronto, escucho la voz de Beatriz reclamándole al hoy presidente por haber tomado su teléfono: "¿A quién le estás marcando? Ya te he dicho que no me gusta que uses mi teléfono, ni siquiera sabes usarlo".

¡Ups! Me quedé fría de la sorpresa. Beatriz estaba muy molesta porque su esposo había tomado su celular.

"Quiero hablar con César", le explicó. "Pues no me gusta que uses mi celular, te lo he dicho mil veces y no entiendes", lo reprendió sin percatarse de que su marido ya había marcado, y no era César, sino yo quien estaba al otro lado de la línea escuchando. Cuando Beatriz se dio cuenta era demasiado tarde para enmendar su actitud, por lo cual colgó de inmediato.

"¡Uf, pero él no tiene la culpa!", pensé en ese momento. No era responsable de no saber usar un celular si todo le hacían. Los culpables eran toda la bola de súbditos que no lo enseñaron a valerse por sí mismo. No puedo mentir, la misa se me hizo eterna: esa llamada, el enojo de Beatriz y la manera como colgó me desconcentraron. Quería salir lo más pronto posible para irle a contar al durmiente el suceso mañanero con su jefe.

Al llegar a casa, pasadas de las 10:30 a. m., la recámara seguía como la dejé antes de salir, con las cortinas corridas y sobre la cama César durmiendo plácidamente. Me senté a su lado y lo moví, le dije: "¿Qué crees?, ni te imaginas lo que acaba de pasar". Cuando le conté lo ocurrido no paraba de reírse. Tomó su celular, que por primera vez tenía apagado, y lo prendió de inmediato para comunicarse con su "santo jefe", así lo nombraba en ocasiones, no sin antes pedirme que echara a la basura de la memoria el regaño de Beatriz, pero como mi memoria es casi infalible nunca lo olvidé. Créanle al presidente cuando dice que no sabe usar el celular…

La urgencia de López Obrador era dictarle a César un mensaje para sus redes sociales. Ah, benditas redes sociales, adoradas entonces por el candidato; hoy, el arma mortal que no puede controlar y que lo tiene al borde del desquiciamiento, pues nada ni nadie puede salir de su control. Bueno, sí, su esposa Beatriz.

17

Cárdenas, arrojado a la jauría

Durante las dos últimas campañas presidenciales de López Obrador se dieron muchas vilezas. Una de las más memorables fue contra quien encumbró al tabasqueño en la política mexicana. Me refiero al líder moral y fundador del PRD, Cuauhtémoc Cárdenas Solórzano, quien invitó al tabasqueño a formar parte de su grupo, en el cual estaban Porfirio Muñoz Ledo, Heberto Castillo y otros prestigiosos políticos de la izquierda, para iniciar la lucha por quitarle la hegemonía al PRI.

Esa historia todo mundo la conoce, por lo menos las viejas generaciones. Pero lo que no olvidamos y no conocen las nuevas generaciones de mexicanos es la traición de la que fue víctima Cuauhtémoc Cárdenas por parte del hoy presidente. Durante la gestión de AMLO al frente del gobierno del Distrito Federal, el líder moral del PRD sufrió de lo mismo que hoy padecemos millones de mexicanos: del odio de los seguidores del presidente, de esa horda de personas violentas e iracundas, cerradas de mente y subyugadas por la cantaleta de honestidad con la cual se revistió el tabasqueño.

Recuerdo que entre tantos actos masivos y públicos organizados por el PRD en la Ciudad de México hubo uno en particular que me pareció innecesariamente cruel e injusto. El 24

133

de abril de 2005 convocaron a militantes y simpatizantes del partido del sol azteca a congregarse en la entrada del Bosque de Chapultepec para marchar por Paseo de la Reforma hasta la plancha del Zócalo, en protesta contra el intento de Vicente Fox por desaforar a López Obrador y así sacarlo de la contienda por la presidencia.

Esa época era cuando César y yo vivíamos en la calle de Sevilla, muy cerca de ahí. El júbilo y el griterío se escuchaban hasta mi recámara. Me imaginaba la gran cantidad de simpatizantes marchando por Paseo de la Reforma para apoyar al tabasqueño. A esa marcha fui sola, como solía hacerlo, dado que César siempre estaba al lado de su jefe, ya fuera para tomarle fotos o para hablar con los reporteros que lo seguían. Ese día se juntaron los que cubrían la fuente del gobierno del Distrito Federal, que acompañaban a López Obrador a todos lados, y los acreditados en el PRD. Estaban todos, políticos, medios y simpatizantes.

Cuando llegué a Reforma vi un río de personas —muchas convencidas, otras acarreadas— caminando en sus dos sentidos con pancartas, manifestando su rechazo al desafuero. La multitud venía de Chapultepec y avanzaba rápidamente sobre Paseo de la Reforma, donde se le había dicho a la muchedumbre que asistiría el tabasqueño. Me aposté sobre la acera en dirección al Zócalo y a lo lejos observé que entre las figuras del perredismo sobresalía Cuauhtémoc Cárdenas. Lo acompañaban Jesús Ortega, Guadalupe Acosta Naranjo, Jesús Zambrano, Leonel Godoy, entre otros.

Se dieron cita personalidades del ámbito artístico e intelectual que en entrevistas cuestionaban duramente la actitud del presidente Fox. Era una tarde calurosa y con muchas emociones encontradas. Al contingente se le sumaban políticos perredistas conforme avanzaban. Ya habían alcanzado la fuente de la Diana Cazadora, y el que no aparecía por ningún lado era López Obrador.

"¿Y Andrés Manuel?", se preguntaban unos a otros, incluyéndome. César me había dicho que su jefe asistiría a la marcha contra su desafuero, pero no fue así, nunca llegó. El hoy presidente se encontraba en el Zócalo viendo cómo la gente entraba por las calles para ir llenando poco a poco la gran plancha de cemento.

En Reforma el ánimo por defender una causa injusta se convirtió en un circo romano. Entre los miles de personas se empezaron a escuchar insultos contra Cárdenas. El ingeniero, erguido y con el rostro en alto, escuchaba a su paso la acusación de "traidor". Sin inmutarse y sin ninguna expresión que mostrara sus emociones, continuó la marcha.

"¡Cárdenas, traidor! ¡Cárdenas, traidor!", se escuchaba con insistencia. La furia de cientos de seguidores de AMLO se desató y con puño en alto amenazaban al líder moral del perredismo. Los rostros de los acompañantes del ingeniero se descompusieron y uno de ellos intuyó que los provocadores habían sido enviados a propósito para insultar a Cárdenas, pues se sabía del distanciamiento que tenía con López Obrador.

No comprendía cómo nadie era capaz de poner orden en la marcha, parar los insultos contra el ingeniero, quien finalmente dijo: "Yo ya cumplí", y se fue del lugar. Los líderes perredistas lo ayudaron y enseguida se enfilaron hacia el Zócalo, metiéndose por las calles circundantes a Paseo de la Reforma. A pesar de su malestar, no podían abandonar al tabasqueño a su suerte. El desafuero era un acto no solo injusto contra el gobernante de la capital, era un atropello al PRD y a los derechos de los ciudadanos de elegir democráticamente a quién querían como candidato presidencial de la naciente izquierda.

En ese entonces no me imaginaba, ni en sueños, que generar encono, odio y desprecio, como lo hizo con Cuauhtémoc Cárdenas, sería el arma perfecta de AMLO como presidente para dividir a los mexicanos y tener siempre una horda de fanáticos defendiéndolo todo el tiempo.

Me regresé al departamento con un mal sabor de boca, me dolía la cabeza y sentía mucha indignación por lo sucedido. No se trataba de hacer linchamientos políticos contra nadie, menos contra un hombre que había abierto la posibilidad a la izquierda de empoderarse y que había sido, les guste o no, el precursor del movimiento que llevó a López Obrador a Palacio Nacional. Azuzar a una muchedumbre para agredir a Cárdenas era un vil parricidio, una traición imperdonable.

Esa noche César me encontró con el sentimiento de indignación reflejado en mi rostro. Llegó después de dejar a su jefe en su casa. Ya sabía que el abucheo al líder moral del PRD no me había gustado, y adelantándose a mi crítica dijo: "No exageres, muerto el rey, viva el rey". ¡Casi lo ahorco! No podía creer que César consintiera el atropello a la dignidad de un hombre con la trayectoria de Cárdenas, mucho menos porque antes de ser colaborador de López Obrador había trabajado con el ingeniero. Junto con Porfirio Muñoz Ledo —en ese entonces cuñado de César, pues estaba casado con su hermana Bertha—, Cárdenas lo había impulsado a ingresar en la política. No quería traidores en mi casa y se lo escupí en la cara, dando por terminada la discusión que amenazaba con convertirse en una tormenta.

Días después me enteré por perredistas de renombre que ante la noticia del linchamiento verbal contra Cuauhtémoc el tabasqueño habría dicho: "Déjenlo, la plaza purifica", aprobando el comportamiento de aquella jauría enfurecida a la cual había convencido de que el líder moral del PRD era traidor a su causa.

Por otra parte, algo que nunca me he explicado es el motivo por el cual el hijo de Cuauhtémoc Cárdenas, Lázaro, no defendió a su padre de esa turba peligrosa, mucho menos cómo es que en la actualidad aceptó el cargo de coordinador de asesores del presidente, cuando en la realidad no coordina nada. López Obrador no escucha a nadie, más bien todos los que lo rodean lo escuchan siempre peleándose e insultando a medio mundo.

18

Morena: "Nos vamos a llevar a todos"

Los buenos oficios del ejército de funcionarios, legisladores, delegados y demás perredistas benefactores de López Obrador rindieron fruto de manera tan maravillosa que durante la segunda campaña sus giras se sofisticaron más. Ya no viajaban tanto por tierra, tenían dinero para irse en avión. Al llegar a su destino alguien los esperaba para conducirlos a los poblados más alejados. Eso sí hay que reconocerlo, ninguno como López Obrador, y por supuesto César, conocieron todas las caras, bonitas y feas, de México.

Para no variar, el ingeniero Alejandro Esquer era el encargado de la logística. Desde la casa de campaña decidía en qué aerolínea volaban, qué asientos ocupaban, dónde se hospedarían, la habitación, quién o quiénes los iban a recoger al aeropuerto.

Junto al sobre amarillo venían los boletos de avión: pasajero Andrés Manuel López Obrador, asiento 10F; pasajero César Yáñez Centeno Cabrera, asiento 11F. Los colocaba sobre el buró porque salía al aeropuerto mucho antes que el candidato presidencial para documentar. El tabasqueño llegaba unos minutos antes de despegar. Seguían haciéndole todo, absolutamente todo.

"¿No consideras que sería bueno para tu jefe que se responsabilizara por lo menos de su boleto de avión?", le pregunté una noche en la que llegó cargando, además, la maleta del tabasqueño. "No, él no sabe de estas cosas", me respondió. "Por eso, déjenlo que aprenda", le insistí, pero jamás hubo manera de hacerlo cambiar de opinión. Tal vez disfrutaba ser el encargado de documentar, llevar su maleta, comprarle sus medicamentos, bolearle los zapatos, lavarle el peine y, en broma, cuando me hablaba para decirme que ya estaba en su cuarto de hotel, ponerle la pijama y darle su beso de las buenas noches.

Jamás podría desconocer el trabajo y servicio que César prestaba al hoy presidente de la República. López Obrador no necesitaba llevar dinero en su cartera, eso es cierto, solo pedía y todo se le daba. Era César quien pagaba la cuenta del hotel, quien rendía cuentas de los viáticos de su jefe a Alejandro Esquer, quien lo despertaba y acompañaba a su cuarto a la hora de dormir. Él, César, le hacía todo, y yo le hacía todo a César. Él sobreprotegía a López Obrador y yo lo sobreprotegía a él pensando que lo merecía por su entrega al trabajo, pero olvidando que yo también era una persona con necesidades de atención, cariño, de ser escuchada y valorada. El mal ya estaba hecho y no había forma de deshacerlo, ser el eterno acompañante de López Obrador fue una maldición. César, quien era apreciado por muchos, había cambiado de piel.

Una de las pocas noches que llegaba a dormir a casa, César se acostó con el celular en la mano en espera de que López Obrador lo llamara para dictarle un mensaje para sus redes sociales. Eran alrededor de las 11 de la noche. Esperé que terminara de escribir el mensaje, le revisé la ortografía y después de subirlo a las redes se me hizo lo más natural acercarme para persignarlo.

Como si estuviera endemoniado, se incorporó de la cama con gritos, como si mi acción fuera una gravísima ofensa. Me quedé petrificada, mirándolo sin entender qué le pasaba. Si bien César no era un católico de golpe de pecho, sí me acompañó varias veces a misa, por lo cual no entendía su irritación. Vi la furia en sus ojos, sacudía las manos como si fuera un ave aleteando espantada. El labio superior le temblaba de furia mientras me gritaba que no lo persignara. Me alejé y me metí en la cama asustada. ¿Qué le estaba pasando?

Entre penumbras se me vino a la mente un comentario del periodista Ciro Gómez Leyva: "Lo mejor que tiene Andrés Manuel se llama César Yáñez". Entonces me di cuenta de que el hombre acostado a mi lado ya no era el mismo que conocí cubriendo el PRD. Se negaba sistemáticamente a tomarle la llamada a algún reportero si lo buscaban a través de mí porque él no les contestaba el teléfono, como hacía su jefe con todas las personas que le servían política y económicamente.

Otro motivo de alarma en el cambio de comportamiento de César fue en 2011, un año antes de la elección presidencial. Si no mal recuerdo, fue en abril de ese año cuando durante uno de sus días de descanso me comentó que López Obrador no seguiría adelante con el PRD, quería su propio partido político, y obtener, mediante el registro del INE, los miles de millones de pesos que necesitaría para su campaña. El pretexto para traicionar al PRD fue el supuesto apoyo que su dirigencia nacional daba a algunas iniciativas del gobierno en turno a través de sus legisladores en las cámaras de Diputados y Senadores. Siempre se refería a los líderes del partido del sol azteca como "traidores" y veía en todos ellos, incluso a los que ahora están en Morena, enemigos a vencer.

En aquella conversación le pregunté a César cómo harían su partido, con qué dinero, con qué gente, y su respuesta fue corta y breve: "Nos vamos a llevar a todos los militantes del PRD a nuestro movimiento, y el licenciado será el presidente nacional, al mismo tiempo que el candidato presidencial". De hecho, López Obrador nunca dejó de ser el candidato durante esos años, lo cual se oficializó cuando el INE dio el banderazo de salida para poner en marcha legalmente y de acuerdo con los tiempos electorales la campaña por la presidencia.

Robarse a la militancia del partido que lo encumbró no me gustó, mucho menos al escuchar que el actual presidente quería tener y manejar a su antojo el presupuesto otorgado por el INE a los partidos políticos. Ya no se conformaba con pedir para que todo se le diera, su ambición iba en aumento. Y en esa vorágine arrastró a César, quien ya se sentía superior a muchos de sus compañeros porque, como una maldición, López Obrador le llamaba "hermano" y lo reconocía públicamente. Solo que los "hermanos" por elección del tabasqueño ahora están desprestigiados y en el ostracismo, haciendo vida *socialité*, como aviadores del sistema, con cargos solo de nombre porque operativamente están alejados de la mano de su mesías.

* * *

Viene a mi mente otra anécdota de los días en que se creó Morena, cuando en una gira por Ixtapa Zihuatanejo, en Guerrero, López Obrador recibió la noticia de que su abanderado para gobernador del estado, Pablo Amílcar Sandoval, hermano de Irma Eréndira Sandoval, no prendía entre los guerrerenses por más porras y publicidad que le metían. "Señor, Pablo no jala gente, no tiene la casta para ganar la gubernatura", le avisaron.

López Obrador respondió molesto que no le importaba en absoluto si ganaba o perdía: lo que él quería era el registro de Morena ante el INE. Y sus benefactores y súbditos desde 2005 se dieron a la tarea de cumplir el deseo de su rey. Se enfocaron en organizar las asambleas solicitadas por el instituto electoral en casi todos los estados del país, y a López Obrador le dejaron la tarea de convencer, a través de sus discursos bien aprendidos, a los militantes del PRD, para convertirlos en seguidores del partido guinda.

Como periodista, a pesar de mi ideología de izquierda y de creer en la justicia, nunca milité en ningún partido, pero sin darme cuenta me fui perdiendo en los deseos de César. Cuando dejé el servicio público decidí escribir una columna política en un periódico digital de un amigo, "De poder". No obstante, más tardaría en aceptar que en renunciar. Un buen día, cuando el fantasma de César se aparecía en la casa, me informó que a su jefe no le gustaba mi colaboración periodística, que todos le decían: "¿Ya viste lo que escribió la esposa de César?" Y equivocadamente dejé de hacerlo, por lo cual me concentré más en mi activismo por los derechos de los animales.

En tanto, López Obrador presionaba a sus operadores para obtener el registro del INE. El anhelo de tener su propio partido dio frutos el 9 de julio de 2014, cuando el órgano electoral lo reconoció como tal dejando en agonía y casi en los huesos al PRD, con unos cuantos cientos de militantes que hasta el día de hoy lo sostienen con alfileres y apoyándose en el partido más fuerte de oposición al actual régimen, el PAN.

El día que Morena se convirtió en partido reconocido por el INE César llegó a casa feliz. A partir del 1 de agosto de 2014 Morena tendría efectos constitutivos, y en 2015 por fin comenzaría a recibir las millonarias prerrogativas, 120 millones 874 mil 315 pesos por parte del INE, cuando alcanzó 8% de la votación en su primera elección popular, en la cual volvería a la vida política Claudia Sheinbaum, quien ganó la delegación Tlalpan, la misma que una década atrás había gobernado su esposo Carlos Ímaz.

19

"El espurio debe de estar gozándola"

Definitivamente el de 2006 a 2012 fue un sexenio de claros-curos para López Obrador. Tal vez más de oscuros por todo lo que se tejió ilegalmente en torno a su candidatura. El abuso contra funcionarios de gobierno, legisladores y hasta empresarios fue el marco del retrato. Lo imperdonable fue el certero robo a los mexicanos más pobres, a quienes les quitaron presupuesto y les dieron a cambio una tarjeta que jamás los sacaría de la pobreza.

Lo más doloroso fue sembrar en el corazón de los mexicanos que lo siguieron desde el desafuero la esperanza de encontrar al hombre idealista, humanista y demócrata que pintó en su rostro. Los ciudadanos estaban ávidos de un ídolo al cual seguir, algo así como el superhéroe de las películas que vence al malo y restaura la alegría después de haber padecido del terror de un gobierno cínico y corrupto.

López Obrador se construyó como la víctima de una cruel pandilla de políticos ladrones, y más temprano que tarde debían subirlo al altar. Así, muchos jóvenes votaron por él porque sus padres les transmitieron ese sentimiento manipulador del tabasqueño. El día que López Obrador ganó la presidencia recuerdo haber escuchado decir a mis sobrinos que ellos habían votado por él porque sus papás también lo habían hecho. ¿Y el derecho a decidir por sí mismos?

Algunas veces acompañé a César a comer con los encuestadores más connotados del país. Un día uno de ellos, Roy Campos, le explicó las tendencias del voto: a finales de 2012 no le eran favorables al tabasqueño, por más giras que realizaba a lo largo del país y, por extraño que parezca, ni por haber perdido con 0.56% frente a Felipe Calderón.

El candidato aventajado era el gobernador mexiquense Enrique Peña Nieto. La historia es bien conocida: al priista bien parecido le crearon toda una trama de amor con una de las actrices del momento, Angélica Rivera. Al final, como somos los mexicanos, los votantes prefirieron al protagonista de la novela que al victimizado López Obrador.

El domingo 1 de julio de 2012, en el cuarto de guerra del tabasqueño, todos eran conscientes de que la elección no les era favorable. De modo que echaron a andar su estrategia preferida: desconocer el triunfo del adversario y volver a culpar a la "mafia del poder" y al IFE de su derrota.

"No hubo la equidad que establece la Constitución en este proceso, es de dominio público el uso de dinero a raudales, la falta de equidad también en los medios de comunicación", aseguró el candidato perdedor. Y ya desde ahí se podía entrever ese odio contra los periodistas que no ha hecho más que exacerbarse.

Sin lugar a dudas, el PRI gastó más que el PRD, pero ya sabemos que tampoco estaban tan pobres.

"¿Y ahora qué sigue?", le pregunté a César cuando llegó desvelado a casa. "Vamos por la tercera, sí, la tercera es la vencida", respondió. Así que a aventarse otros seis años de giras por todo el país derrochando miles de millones de pesos, pero esta vez metiendo a la granja a todo personaje nefasto que levantara la mano, total, el "fin justifica los medios".

* * *

Sin estar presente, sabía que la estaban pasando muy mal en el hotel donde se había concentrado el candidato presidencial tabasqueño esa noche de su segunda derrota. César no respondía mis mensajes y me abstuve de enviarle más. Sería una noche larga para ellos, y seguramente su jefe tendría un humor de los mil diablos. Me acosté con la idea de que César no llegaría, pero me equivoqué. Ya muy de madrugada, casi a las cinco, escuché cómo abría el portón y prendí la lámpara de mi buró. Lo vi entrar cabizbajo en la recámara, como si en un solo día se le hubieran venido los años. Su gesto denotaba cansancio, pero también molestia y frustración, perder una presidencial o, mejor dicho, dos presidenciales no era cualquier cosa.

"¿Cómo está tu jefe?", fue lo primero que se me vino a la cabeza. "De la chingada, otra vez le hicieron trampa", respondió como dando por terminada la conversación. Sin embargo, mantuve mi papel de inquisidora diciéndole que lo sabía perfectamente, pues varios encuestadores de renombre habían vaticinado la derrota. Si el triunfo del mexiquense se debía a que el PRI le había inyectado más recursos y los medios lo habían arropado para suceder a Felipe Calderón, ya no era momento de culpas, sino de reflexión.

"Me imagino a los priistas celebrando a lo grande el triunfo de su candidato", le reiteré a César. Su respuesta me dejó atónita: no era el festejo de Peña Nieto lo que los tenía molestos, sino imaginar la risa de Felipe Calderón venciendo por segunda ocasión a López Obrador. "El espurio debe de estar gozándola", me aseguró César sentado en la cama con las manos entrelazadas y el ceño fruncido. "Debe estarse burlando del licenciado…"

En ese instante y en plena madrugada comprendí el odio tan profundo que le tenían al michoacano. No pensaban en que su sexenio había sido muy corto y sus errores le habían hecho regresarle al PRI la máxima responsabilidad, pero ¿por qué los mexicanos no habían confiado en el tabasqueño? López Obrador incluso llegó a pedir a los electores que recibieran las dádivas del PRI, pero que a la hora de votar lo hicieran por él. La diferencia entre el primero y el segundo lugar fue clara.

¡Pero resultaba increíble! La paz interior no se la había arrebatado el neoliberal corrupto del Estado de México, sino el saliente Felipe Calderón, quien se iba por la puerta de atrás con un montón de fallas, la principal, la inseguridad que ha aquejado a todos los mexicanos durante ya muchos años.

Después de escuchar a César, quien ya se había acostado, apagué la luz y se me vino a la mente la cara ovalada de Calderón riéndose maliciosamente por haberle ganado de nuevo al popular candidato de la izquierda mexicana. ¡Uf! Sabía que la animadversión del tabasqueño por el michoacano no había pasado, ni pasará nunca al olvido, pero creer que el panista le había ganado y que se reía de él era demencial.

20

Entre cuates con el narco

Como dice el dicho, ni el amor ni el dinero se pueden ocultar. Crear un movimiento político que aglutine a más de 10 millones de personas no solo se logra con carisma y labia, se requieren muchas otras cosas más; lo principal, dinero. Camionetas nuevas, relojes costosos, vuelos de ida y vuelta, el mismo día o en ocasiones hasta dos veces en 24 horas, se me hacía demasiado. Ya había perdido López Obrador su segunda campaña presidencial frente a Peña Nieto, y decidió lanzarse a una tercera, un tiempo con el sello del PRD y aliados, y posteriormente con su marca propia: Morena.

En agosto de 2014 le pregunté a César por qué a ellos el narco les permitía moverse sin ningún problema por todo el país. Mi pregunta surgió cuando en un trayecto por carretera a Valle de Bravo un retén del Ejército detuvo al tabasqueño y a su comitiva para catear las camionetas en las que viajaban. Lo escuché en las noticias y el recurrente miedo con el que viví todos esos años hizo presa a mi corazón. De inmediato llamé a César, pero como siempre, el buzón se burlaba de mí. Entonces recurrí a los mensajes, tenía dos celulares en aquellos años y a los dos le envié la misma pregunta: "¿Están bien?" Silencio. Ninguna respuesta durante horas. Solo sabía lo que informaban los noticieros. En la televisión logré ver a López Obrador fuera de su camioneta y de pasadita, por el movimiento del camarógrafo, no sé cuál, porque iban varios medios acompañándolos, le dio un breve chispazo a César que me dio tranquilidad.

Escuché cómo el abanderado presidencial les decía a los soldados que fueran a Los Pinos a buscar lo que ellos no tenían. Me conformé con saber que estaban bien y pasé horas esperando a que César se comunicara conmigo. Él vivía pegado al celular cuando estaban en la Ciudad de México para los dictados de mensajes para las redes sociales, y yo dormía con el mío encendido toda la noche hasta escuchar su voz diciéndome que estaban bien y en el hotel donde pernoctarían. Sí, fue un suplicio.

Ya entrada la noche, cuando por fin me llamó para decirme que todo estaba bien y que a su regreso me contaría con detalle lo ocurrido en ese retén militar, no quedé satisfecha, mi intuición me decía otra cosa. Sí, era cierto, López Obrador era conocido a nivel nacional por tantos años de recorrer el país, así que para tranquilizarme me dije: "Es normal que lo vean y los dejen irse". Y con ese pensamiento me quedé dormida.

Dos días después de aquel incidente César llegó a casa con la maleta cargada de guayaberas nuevas. Mientras la deshacía para sacar la ropa sucia me contó que los militares los habían detenido, pidiéndoles que se bajaran de las camionetas para la revisión de rutina en todos los retenes. "No pasó nada —me dijo—, cuando vieron quién viajaba en la camioneta los militares hasta le pidieron permiso para tomarse una fotografía, se le cuadraron."

Eso me dio pauta para cuestionarle por qué los narcos no los detenían en sus largos trayectos por carretera. César se encogió de hombros sin darle mucha importancia a mi pregunta y me contestó: "Tenemos acuerdos, no nos metemos con ellos, ellos no se meten con nosotros". Su respuesta no me tranquilizó, al contrario, sentí un piquete en el corazón donde se agolpan todas las emociones. ¿Qué tipo de acuerdo? ¿Con quién habían hecho ese acuerdo? ¿Qué implicaba? No recibí mayor respuesta. Como acostumbraba, César se dejó caer sobre la cama cruzando las piernas.

De alguna manera, la respuesta me la ha dado el propio López Obrador. El 17 de octubre de 2019 integrantes del Ejército arrestaron en el fraccionamiento Tres Ríos, en Culiacán, al primogénito del Chapo Guzmán, Ovidio, en una acción donde los disparos de ambas partes aterrorizaron a los ciudadanos de aquella ciudad durante horas. Ovidio se entregó sin oponer resistencia, sabía que lo soltarían unos minutos después. Primero, porque, según dijo el secretario de Seguridad federal, Alfonso Durazo, había sido una orden suya, y días después López Obrador se responsabilizaría de la libertad del narcojúnior, a pesar de que antes había asegurado que no lo habían informado sobre la detención del hijo del Chapo.

Desde aquel incidente han circulado infinidad de especulaciones en torno a posibles acuerdos entre el gobierno y el crimen organizado. Lo cierto es que en política las coincidencias no existen. Desde su campaña, AMLO le envió a la delincuencia el mensaje de "abrazos y no balazos" para supuestamente serenar al país y devolvernos la paz. Ha ocurrido todo lo contrario, pareciera que el narco cogobierna con esta administración, ayuda en elecciones y pone recursos económicos y humanos para imponer gobernadores, como sucedió en Michoacán en 2021. El pleito por las plazas se ha intensificado y las masacres han sido notorias y constantes. ¿Ese fue el acuerdo del que me habló César esa noche? ¿A cambio de qué?

151

En estos tres años y medio de gobernar nuestro país, el presidente ha sido enfático en señalar que no perseguirá al crimen organizado. No obstante, fue mucho más allá cuando el 12 de mayo de 2022, en su conferencia mañanera, López Obrador dijo en cadena nacional que cuida a los militares, esto porque habían sido expulsados literalmente a punta de metralletas del poblado de Nueva Italia, Michoacán, por delincuentes bien armados, pero dijo que también cuida a los integrantes de las mafias del narcotráfico porque son "seres humanos".

Por si quedaba duda de sus declaraciones, un día después, desde Nuevo León, AMLO reiteró que no fue un desliz de su parte decir que "cuidaba al crimen organizado". "¿Cómo vamos a querer que alguien pierda la vida? ¿Cómo vamos a estar en el fondo a favor de la ley del talión, de que el que a hierro mata a hierro muere?", cuestionó. Más allá de los discursos, queda claro que la violencia y la inseguridad están desbordadas, y los mexicanos tenemos derecho a saber cuál fue el acuerdo, si existe, al que llegó con el crimen organizado y qué le dieron a cambio.

César Yáñez Centeno ha caminado de la mano de AMLO desde que se conocieron a finales de los noventa. Como una de las personas más cercanas al presidente ha sido testigo de todo lo que ha hecho para llegar al poder.

César acompañó a López Obrador como funcionario durante su gobierno en el Distrito Federal, luego como coordinador de comunicación de su campaña en 2006 y 2012, y vocero en 2018.

Alejandro Esquer Verdugo, secretario particular de AMLO. Muchos toman su segundo apellido como un adjetivo real por su influencia y poder sobre decisiones importantes. Ha sido el gran administrador del cash obradorista.

Octavio Romero Oropeza, paisano de López Obrador, es el actual director general de Pemex. Desde su posición como oficial mayor, fue quien inauguró el "moche" durante la jefatura de gobierno de AMLO.

Marcelo era el protegido de AMLO. El actual secretario de Relaciones Exteriores le correspondió al tabasqueño con los recursos económicos necesarios para sus giras a lo largo del país.

Mario Delgado, actual dirigente de Morena, acompañó a su carnal Marcelo cuando éste fue jefe de gobierno. Fue su secretario de Finanzas, de Educación Pública y su cómplice en la construcción malhecha de la Línea Dorada.

Beatriz Gutiérrez Müller fue muy paciente. Pasó de un bajo perfil en la primera campaña de AMLO a ser una de las personas que más influyen en las acciones del presidente, pese a que afirmó que "por convicción propia" su figura en el gobierno sería gris.

"No seas provocador […] de veras, te lo digo, ¡sinceramente cállate!" le contestó enojado AMLO al padre de uno de los normalistas de Ayotzinapa desaparecidos, quien durante gira en Nueva York en 2017 le reclamó su cercanía con el entonces gobernador de Guerrero, Ángel Aguirre.

Ariadna Montiel fue una eficaz recaudadora en los inicios de su trayectoria política, ahora es una de las principales operadoras de AMLO. Pasó de cuidar vallas en el plantón de Reforma a cargos públicos donde se maneja mucho dinero.

La maestra Delfi fue multada por retener hasta 10% del sueldo de los funcionarios públicos para apoyar la campaña de AMLO cuando fue presidenta municipal de Texcoco. Pese a eso, hoy es la elegida de López Obrador para contender por la gubernatura del Edomex por Morena.

Agencia ©El Universal

César y Claudia Sheinbaum han trabajado juntos desde hace mucho tiempo; siempre han tenido una fuerte amistad.

Agencia ©El Universal

Claudia se ha mantenido entre las más leales a AMLO durante casi 20 años. En la actualidad se dice que es la "corcholata" preferida del tabasqueño de cara a las elecciones del 2024.

La fidelidad pese a ser premiada no necesariamente es una virtud. La foto corresponde al nombramiento de la Oficina de la Presidencia de la República en 2018, en ella aparecen hombres como Gabriel García Hernández, Alejandro Esquer Verdugo y César Yáñez. Los tres han sido constantes entre la gente cercana a López Obrador durante muchos años, pero también son señalados entre los principales orquestadores del cash de AMLO.

21

Las aportaciones de José Luis Abarca

En 2014 López Obrador era un candidato que llenaba las plazas públicas, con ciudadanos convencidos y con el acarreo obligatorio por parte de sus subordinados. Como sucede en la actualidad, le fascinaba sentirse adorado por la muchedumbre, y que a su paso le gritaran "¡presidente, presidente!", mientras se abrazaba a sí mismo en respuesta a la entrega de los cientos de miles de mexicanos que le aplaudían al escuchar tan solo la palabra "corruptos".

Recuerdo un discurso memorable, no por lo reiterativo en sus acusaciones, sino porque habló de los 43 normalistas de Ayotzinapa desaparecidos entre la noche del 26 y la madrugada del 27 de septiembre de 2014. Como en otras ocasiones, leí el texto antes para revisarle la ortografía y la sintaxis, tarea encomendada por el tabasqueño a César, quien veía la televisión mientras yo le hacía su trabajo.

La asamblea, como el candidato llamaba a sus mítines, tuvo lugar en el Zócalo la tarde del 26 de octubre de 2014, un mes después de la desaparición de los estudiantes. En la enorme plancha de concreto, López Obrador inició diciendo:

Nunca ha funcionado una política económica si se sustenta en el sufrimiento de muchos, sobre todo de los más pobres. Ojalá ahora sí se llegue a la conclusión de que en México no hay democracia, porque la democracia es del pueblo y para el pueblo. En nuestro país todas las instituciones están tomadas, secuestradas: el gobierno está convertido en un comité al servicio de una minoría. Lo que hay en México es una dictadura encubierta que se ejerce a través del control casi absoluto de los medios de comunicación.

Qué paradoja. Nadie sabía, ni yo, que esas palabras serían proféticas del actual obradorismo, pues inmediatamente después de asumir el poder el presidente se dio a la tarea de asaltar a diversas instituciones mediante amenazas, persecuciones y acusaciones no demostradas de corrupción, para convertirlas en un comité, no al servicio del pueblo, como exigía, sino a su servicio.

En aquel discurso López Obrador redundaba y aseguraba:

Nada ha dañado más a México que la corrupción y la desigualdad política, lo que ha dado al traste con todo. Un Estado que no procura la justicia no es más que una banda de malhechores y eso es lo que hay en nuestro país: ladrones, políticos corruptos. Quienes mandan en este país utilizan a un partido o a otro de acuerdo con lo que les conviene […].

Hemos dicho muchas veces que la violencia surgió por el abandono de las actividades productivas y del campo, por la falta de empleo y desatención de los jóvenes y por la pérdida de valores, culturales, morales y espirituales. No se puede enfrentar la violencia con la violencia; la paz y la tranquilidad son fruto de la justicia. También hemos llegado a la conclusión de que la única salida a la crisis pasa por cambiar a este régimen de corrupción, de privilegios. Solo el pueblo puede salvar al pueblo, y el pueblo organizado puede salvar a la nación.

Nunca en mi vida como dirigente he establecido complicidad con nadie, pero nunca van a poder acusarme ni de deshonesto ni de incongruente. En el caso de Iguala no conozco a [José Luis] Abarca. Durante ese tiempo fui como tres veces a Iguala y nunca jamás lo vi, porque cuando ya estos políticos tradicionales andan en malos pasos se alejan de nosotros. No establecí relación de complicidad con el exgobernador de Guerrero; se postuló como candidato a [Ángel] Aguirre Rivero a finales de 2010, y ya desde entonces estábamos pensando en deslindarnos lo más posible del PRD.

¿Qué sucedió en esa campaña? Teníamos que decidir si lo apoyábamos o no. Estuve como dos días escribiendo un texto, como un convenio, en una asamblea de Morena, y les dije a los miembros de Morena en Guerrero que se podía apoyar a Aguirre siempre y cuando firmara un convenio que incluía [que] se ayudara al pueblo, a madres solteras; se cancelara el proyecto de construir una eléctrica en La Parota, y se tenían que entregar becas a los jóvenes, y a los normalistas de Ayotzinapa garantizarles su base [laboral]. No quiso firmar el convenio y nunca fui a la campaña de Aguirre Rivero. Siempre he hecho de mi vida una línea recta: cuando actúe de manera deshonesta no solo pido [que] se me juzgue de conformidad con las leyes, porque eso en un país de impunidad se puede arreglar; que me juzgue[n] el pueblo y la historia. Estamos aquí para exigir [que] aparezcan con vida los 43 jóvenes de Ayotzinapa.

López Obrador siguió adelante, mezclando varios asuntos, como la necesidad de dejar sin efecto las reformas fiscal, hacendaria y educativa. Sobre aquel discurso podría decirse mucho, pero aquí me voy a referir solo a la situación que se vivía en Guerrero.

En una ocasión César llegó a casa después de haber estado en Iguala. En la maleta siempre traía de regreso un montón de papelitos que la gente le daba al candidato, donde se referían a él como "presidente". Cuando abrí la maleta para sacar la ropa sucia cayeron al piso varios papeles con peticiones, entre ellos un escrito a mano de una persona que advertía a López Obrador sobre las relaciones peligrosas del presidente municipal de Iguala; le aseguraba que Abarca tenía trato con narcotraficantes y juntos estaban gobernando la ciudad guerrerense.

A mí me pareció importante y se la comenté a César porque sabía que todos los recados de la gente para el tabasqueño eran destruidos con la guillotina que tenían en la casa de campaña. Nunca, jamás, López Obrador se tomó la molestia de leer las solicitudes, peticiones, buenos deseos o lo que le escribieran los ciudadanos. Los echaban a la maleta de César para luego destruirlos.

La trágica noche del 26 de septiembre de 2014 López Obrador se encontraba de gira en alguna ciudad del interior del país. A través de un mensaje le informé a César de lo ocurrido. En un primer momento, el alcalde José Luis Abarca, promovido por los partidos que respaldaban la candidatura del tabasqueño bajo el eslogan "Juntos por Iguala", PRD, PT y MC, fue acusado como uno de los personajes supuestamente involucrados en la tragedia. De manera indirecta, también se señaló al doctor Lázaro Mazón Alonso, quien era abanderado a la gubernatura de Guerrero por la misma coalición.

Mazón Alonso había sido alcalde de Iguala y decían que por su recomendación el partido mayoritario, es decir el PRD, había decidido optar por Abarca, quien presumía de ser empresario joyero y tener mucho dinero —música para los oídos de los perredistas—. Abarca era su candidato ideal porque podía ganar la elección con dinero propio, y al mismo tiempo aportar a la candidatura presidencial.

Recuerdo que Lázaro Mazón Alonso cumplía eficientemente con los requisitos de entregar dinero a las campañas. Era un hombre espléndido con el candidato presidencial, se encargaba de pagarle todos los gastos cuando iba de gira por Guerrero y lo hospedaba en hoteles de gran turismo. Lázaro se hizo muy amigo de César. En algunas ocasiones se vieron en la Ciudad de México, sobre todo después de esa trágica noche, en la que para salvarse decidieron culparlo por apoyar a Abarca, y lo dejaron a la suerte de las autoridades federales, que hacían el cuento de buscar a los responsables.

Varias veces escuché las llamadas telefónicas que Lázaro Mazón Alonso le hizo a César para pedirle que cumplieran con el apoyo prometido al aguantar ser "chivo expiatorio" de la desaparición de los normalistas. Estaba desesperado porque le habían abierto expedientes judiciales responsabilizándolo de decenas de cosas. La respuesta fue el más absoluto silencio por parte de López Obrador, igual que pasó con el News Divine.

Desde mi punto de vista, César sentía aprecio por el doctor Mazón, y contrario de lo que siempre hacía, en una llamada le dijo al inculpado que el "licenciado era un malagradecido". Lo vio en la Ciudad de México dos o tres veces más y luego limitó las contestaciones a las llamadas del guerrerense. No volví a saber nada de él durante 2015, año en el cual César y yo nos separamos a finales de diciembre.

* * *

El 14 de marzo de 2017 López Obrador viajó a Nueva York para supuestamente interponer una denuncia contra Donald Trump ante la ONU. En la ciudad se reunió con un grupo de mexicanos en el auditorio de Nuestra Señora de Guadalupe. El candidato de izquierda jamás imaginó que ahí dos hombres le echarían en cara acordarse de los migrantes solo en campaña y compartir el "pan y la sal" con los involucrados en la desaparición de los normalistas de Ayotzinapa. López Obrador trató de ser tolerante, algo que no se le da muy bien. Ante la insistencia, suspendió abruptamente la asamblea y salió del auditorio para dirigirse a su camioneta. Al paso le salió un hombre bajito de estatura, Antonio Tizapa, padre de uno de los normalistas, que sin ningún temor le espetó en la cara su apoyo al gobernador Ángel Aguirre y al alcalde de Iguala, José Luis Abarca. Descompuesto, López Obrador explotó acusándolo de ser un "provocador". Textualmente le dijo, ya arriba de la camioneta: "No seas provocador […] de veras, te lo digo, ¡sinceramente cállate!" Y para la historia quedó esa fotografía que muestra la furia del tabasqueño.

Ya como presidente, López Obrador les prometió a los padres de los 43 normalistas que en su gobierno se sabría la verdad y hasta se podría localizar con vida a los estudiantes. Al mismo tiempo, como en la política todo es reciclable, el exdiputado perredista Fernando Belaunzarán informó en sus redes sociales el 26 de mayo de 2018 que implicados en la desaparición de los 43 de Ayotzinapa ya estaban en Morena, para ser precisos, Sebastián de la Rosa, a quien se le responsabilizó de ser uno de los orquestadores de la candidatura de José Luis Abarca.

¿Y los "Chuchos", Jesús Ortega y Jesús Zambrano, cuándo dirán la verdad? ¿Cuánto dinero recibieron de Abarca para las candidaturas? Aún hay mucho que responder. ¿Por qué nunca dijeron que José Luis Abarca, siendo presidente municipal de Iguala, le entregaba efectivo a César Núñez, quien durante esa terrible época fungía como delegado federal en Acapulco para los eventos del entonces candidato presidencial.

22

La maestra Delfi

"La tercera es la vencida" se asentó como mantra. Por su edad, López Obrador era consciente de que 2018 sería la última oportunidad para sentarse en la "silla embrujada". Y así continuó la eterna campaña. Consciente o inconscientemente, me metí en una burbuja para soportar otros años de intensas giras, de noches sin dormir, de miedo, incertidumbre, engaños, traiciones e infidelidades. De vivir en la más completa soledad, afortunadamente solo debí soportarlo tres años más, de 2012 a 2015.

La cuestión es que nunca guardé la maleta de César, la llenaba en ocasiones hasta por 15 días o más, según los recorridos programados por el candidato de Morena. Por ser el dueño del partido y de los dineros públicos que le daban como prerrogativas, así como de donativos y recaudaciones, López Obrador comenzó a llevarse a las giras a Beatriz y a sus hijos, para dar la imagen de hombre de familia que había rechazado en anteriores campañas. En las plazas públicas hacía su triunfal aparición con su esposa de la mano, creando así un nuevo personaje: el ilusionista, con un enfermizo culto a la personalidad. Al mismo tiempo, echó a andar la estrategia de odio entre buenos y malos, entre ricos y pobres, dividiendo a los mexicanos. Por mi parte, yo seguía escribiendo frases, hechos y acciones que me parecían peligrosas sin pensar que algún día Dios me daría la oportunidad de compartir este testimonio de vida.

* * *

Entre esas acciones, no puedo dejar de lado a la exsecretaria de Educación Pública, Delfina Gómez Álvarez, a quien conocí como presidenta municipal de Texcoco a finales de 2014. La fui a ver porque ese municipio era un campo de concentración para perros y gatos en situación de calle. Los agarraban como si fueran los peores delincuentes para matarlos mediante electrocución.

Como parte de mi activismo por los animales, mi intención era sensibilizar a la maestra Delfina. Pese a que me escuchó amablemente, no pudo hacer gran cosa porque quien mandaba detrás de la silla desde donde ella gobernaba Texcoco era Higinio Martínez, un experredista y ahora morenista de los más corruptos —dicen los texcocanos—, que se mantiene dentro del movimiento del presidente. La maestra Delfi, como la conocían en la presidencia municipal, me dijo "acá entre nos" que buscara a Higinio, entonces coordinador de los diputados perredistas en el Congreso del Estado de México, para que ordenara la detención de los sacrificios de los animales de compañía.

Higinio Martínez jamás me inspiró confianza, con todo y su gran amistad con César, quien siempre era invitado de honor a la Feria de Texcoco. La única ocasión que fui a la feria me di cuenta de que Higinio era personalmente quien repartía y cobraba los lugares a quienes querían vender dentro del recinto ferial. Me sentí decepcionada al ver cómo Delfina Gómez no era más que un títere de Martínez.

Ahí no paró la cosa. Muchos empleados del municipio sabían de mi relación con César. Ese día, al subirme a la camioneta para regresar a la Ciudad de México, me alcanzó un señor —del cual guardo su nombre por su seguridad— para contarme que varios texcocanos aficionados a la astronomía le habían propuesto a la presidenta municipal la realización de una Feria de la Astronomía. A la maestra le gustó mucho la idea, pero de inmediato les hizo una contrapropuesta: "Se lo voy a comentar al licenciado Higinio: si lo autoriza, también podemos traer a productores de nopal, maíz y semillas, y sirve que a todos les pedimos su cooperación para el movimiento del licenciado López Obrador".

Obviamente la contrapropuesta de la maestra Delfi no les gustó y se negaron a que su proyecto se convirtiera en un mercado nocturno. Esa persona me pidió intervenir para que César evitara ese tipo de extorsión. Se lo conté cuando lo vi y se comprometió a hablar ya no con Delfina, sino con Higinio. Sin embargo, pude saber que sí hubo entrega de recursos a Delfina para el movimiento del entonces candidato presidencial. No solo eran moches a los trabajadores, también les sacaban dinero a productores y pequeños y medianos empresarios, e intentaron hacerlo con astrónomos aficionados.

Recientemente me enteré de que la hasta hace poco encargada de la educación de millones de niños en el país tiene ciertas extravagancias. Esto no tendría nada de malo si la maestra Delfi no saliera de su humilde casa de Texcoco con su bolsa tipo morral para simular sencillez y austeridad, cuando en una de sus habitaciones guarda bolsas de diseñadores y acumula peluches.

Me pregunto con quién estará la lealtad de la maestra Delfina en realidad. Higinio Martínez siempre ha sido su jefe y promotor, pero su entrega monetaria al presidente —la cual sancionó el Tribunal Electoral de la Federación— le valió ser candidata de Morena a la gubernatura del Estado de México, luego coordinadora de los programas de desarrollo en la entidad y senadora plurinominal, para finalmente ser elevada a secretaria de Educación Pública, donde estaba "requetebién". Los dichos, sabios amigos y enemigos de los humanos, son aplicables al presidente y a muchos integrantes de su gabinete. En el caso de la maestra Delfi podríamos decir que "el que a dos amos sirve, con alguno queda mal". ¿Qué estaba ganando Higinio Martínez con su pupila dirigiendo la SEP?

Al escribir este testimonio los rumores en torno a la maestra Delfi eran que más tardó en sentarse en la silla que llenara José Vasconcelos con su sabiduría que en ser removida para irse de nuevo a hacer campaña como candidata de Morena al gobierno del Estado de México. La anticipación, dado que la elección es el 4 de junio de 2023, tendría una razón: recaudar cash porque ya es ampliamente conocida por los mexiquenses. Lástima, porque para esa candidatura ya estaba apuntado Higinio Martínez, pero por decisión presidencial será Gómez quien intente gobernar ese estado que, junto con la Ciudad de México, tiene un porcentaje muy importante de electores para la presidencial de 2024.

23

Alfaro y Núñez: traidores del mesías

La tercera campaña de López Obrador fue la más asediada por personajes que querían "agarrar hueso". Muchos consiguieron secretarías de Estado o direcciones generales de paraestatales, como Pemex y la Comisión Federal de Electricidad (CFE), en pago a sus contribuciones económicas. Sin embargo, también hubo quienes se le rebelaron al tabasqueño: uno de ellos fue el actual gobernador de Jalisco, Enrique Alfaro.

No sé si Alfaro fue aportador de López Obrador, lo que sí sé es que durante muchos años caminaron juntos políticamente. En 2012 ambos candidatos compitieron, cada uno en su elección, abanderados por la coalición conformada por el PRD, el PT y Movimiento Ciudadano. César me contó que López Obrador y Alfaro eran amiguísimos, que cada vez que Andrés iba a Guadalajara almorzaban o comían juntos para checar cómo iban en sus respectivas campañas, la presidencial y la de la gubernatura del estado. Dante Delgado, líder de Movimiento Ciudadano, era quien movía la voluntad del joven político jalisciense, y también —él mismo lo ha reconocido— cooperó para el movimiento del presidente.

Cuando regresaba de Guadalajara, César llegaba con obsequios que Alfaro le daba por ser el eterno acompañante del tabasqueño

163

y no había más que frases de simpatía para él: "Es un político joven, pero muy echado pa'delante, va a ser nuestro candidato a gobernador", me decía. Se enviaban mensajes vía WhatsApp y, ya saben, salió un "hermano" más en toda la banda que rodeaba a López Obrador. Yo solo escuchaba, sin decir una sola palabra, de ese enamoramiento y luna de miel con Alfaro.

Un buen día, me parece que ya estaban en la tercera campaña presidencial, llegó César recién desempacado de Guadalajara y resultó que el extraordinario Enrique Alfaro se había convertido en un traidor a la causa del mesías tabasqueño. El jalisciense se había negado a irse a las filas de Morena, para quedarse en las de Movimiento Ciudadano. No entendía por qué tanto enojo de César. Le sugerí tranquilizarse y le solté, como bomba atómica, que Alfaro era un ser humano con libertad de elegir dónde le convenía quedarse, y si Movimiento Ciudadano era lo mejor para los jaliscienses y para él, debían respetar su decisión.

¡Qué atrevimiento! Resultó que no solo Enrique Alfaro era un traidor, sino ¡yo también! Nadie, me dijo, podía decirle "no" al tabasqueño, que para entonces crecía en egolatría y autoritarismo. César estaba desquiciado con la decisión de Alfaro de permanecer en el partido naranja de Dante Delgado. De la noche a la mañana se rompió el encanto, la camaradería, los halagos, la amistad y la hermandad entre el candidato presidencial y el aspirante a gobernar Jalisco.

Luego me enteré de que entre los posibles candidatos a ocupar el lugar de Alfaro en las querencias de Morena, para ser precisa, en las del presidente en turno, estaba un empresario farmacéutico, Carlos Lomelí, quien había sido diputado plurinominal por MC de 2015 a 2018. Este personaje contaba con los recursos suficientes para ponerle en charola de plata la "cabeza" de Alfaro a

López Obrador a cambio de la gubernatura por Morena. Además, tenía tanto poder económico que al mismo tiempo financiaría al movimiento guinda y la candidatura del tabasqueño.

Las cosas no salieron como esperaban, con todo y la campaña de desprestigio que salió de la boca de López Obrador, al grado de asegurar ante los medios que el "traidor" de Alfaro sostenía pactos políticos a espaldas de los habitantes de la entidad con los peores demonios del PRI, incluyendo al gobernador Aristóteles Sandoval y el villano favorito y creador del neoliberalismo: Carlos Salinas de Gortari.

Enrique Alfaro obtuvo la gubernatura el 1 de julio de 2018. Por su parte, Carlos Lomelí se convirtió en superdelegado de Morena en Jalisco, y recuperó mucho más de lo invertido en las campañas morenistas mediante contratos adjudicados de manera directa, fuera de la ley, una práctica cotidiana de la 4T.

* * *

Un caso similar al de Enrique Alfaro fue el de Arturo Núñez Jiménez, cuya historia política, al igual que la del presidente, tiene los colores no de nuestra bandera, sino los del PRI, de donde salió para buscar la gubernatura de su natal Tabasco en 2012. Ese edén vio nacer la amistad entre AMLO y Núñez, quienes lucharon codo a codo para hacerse del poder, empujándose mutuamente para arrebatarle el estado al Revolucionario Institucional.

Es de justicia reconocer que sin el respaldo social de López Obrador difícilmente Núñez habría ganado la gubernatura. Su amplia trayectoria, casi 40 años en el PRI, con puestos de servidor público y en el Legislativo, incluido el IFE, no le era suficiente para gobernar Tabasco, por lo que gustoso accedió a que su paisano hiciera campaña a su lado.

Para López Obrador ir a Tabasco a arengar a sus paisanos era como respirar. Siempre que me anunciaba César la gira por el sureste era obligado parar en la tierra natal de su jefe. Por recomendación de López Obrador, el PRD, junto con el PT y MC accedieron a darle la candidatura a quien siendo coordinador de la bancada priista en la LVII Legislatura aprobó el Fobaproa, acción reprobada, denunciada y machacada por el hoy presidente cuando este dirigía al partido del sol azteca a nivel nacional.

"¿No tienen otros personajes para la gubernatura?", le pregunté a César cuando me enteré de la decisión de su jefe por apoyar al expriista. "Pues sí, pero el licenciado quiere que sea Arturo", respondió. Y las órdenes del líder y candidato presidencial no se discutían, se asumían.

En los mítines en Tabasco, López Obrador insistía, una y otra vez, en que su paisano era el hombre ideal para gobernarlos, no solo por su experiencia en el servicio público obtenida como militante del PRI, donde mandaba la "mafia del poder", sino porque era superrequetehonesto, y no se iba a robar nada del estado ni de su pueblo. "Confíen en mí", les pedía a los tabasqueños teniendo siempre a su izquierda al candidato. Incluso, para convencer a los electores, les prometió que si le ayudaban a ganar a Núñez, él mismo le ayudaría a gobernar…

Así, juntos se llevaron toda la campaña, con elogios mutuos y firmas simbólicas de acuerdos que, cuando ganó la gubernatura, Núñez no cumplió. "Ya nos brincó otro traidor", me dijo César cuando el gobernador electo sacó las uñas y no aceptó que López Obrador cogobernara con él. Sin analizar de fondo la situación, recuerdo que le comenté que su jefe no había formado a su paisano, que también usaba guayaberas, como había hecho con otros políticos. Núñez había salido del PRI ya como un político consumado, y permitió que hicieran campaña juntos solo porque en ese momento lo necesitaba.

Ante lo que ellos llamaron traición, el rompimiento fue total y ventilaron en medios todas sus diferencias. López Obrador no bajaba de traidor a Núñez, y Núñez, como cualquier chamaco de secundaria, lo retaba a "verse a la salida". Lo que nunca dijeron López Obrador, ni César, ni la dirigencia de los partidos que postularon a Arturo Núñez, es que él también fue benefactor, es decir, cumplió con su cash para el movimiento guinda.

24

Sheinbaum entregó a Ímaz

Después de la elección presidencial de 2006, Claudia Sheinbaum, quien fuera secretaria de Medio Ambiente de López Obrador como jefe de gobierno, regresó a la docencia. César me platicó que solo de vez en cuando Sheinbaum acompañaba al candidato presidencial a algún mitin en el interior de la República, por lo que estuvo fuera de cámara durante muchos años. Sin embargo, nunca perdió el contacto con López Obrador, quien siempre manifestó una especial predilección por la científica, a quien le encargó la construcción de los segundos pisos haciendo a un lado a quien era su secretario de Obras y gente de confianza de Cuauhtémoc Cárdenas, César Buenrostro Hernández.

Claudia, una de las "corcholatas" para suceder al tabasqueño en la presidencia, llegó a él como pago de cuota a Carlos Ímaz, quien siendo presidente del PRD en el Distrito Federal hizo malabares para que López Obrador quedara como candidato de ese partido a la jefatura de gobierno, sin cumplir con los requisitos de residencia exigidos por la ley electoral. El pago a Ímaz por su enorme favor fue darle trabajo a su esposa, Claudia Sheinbaum, que tenía como referente ser integrante del grupo de Mario Molina, premio Nobel de Química.

En poco tiempo Sheinbaum supo ganarse el afecto y la confianza del jefe de gobierno, no tanto por su trabajo en Medio Ambiente, sino porque el día en que se exhibió en televisión abierta a René Bejarano tomando dinero del empresario argentino Carlos Ahumada, Claudia traicionó a su marido.

Era el 21 de abril de 2003, me estaba arreglando para salir a trabajar cuando escuché a Brozo anunciar que le tenía una "sorpresita" al secretario particular de López Obrador, René Bejarano, quien se encontraba en otro foro de Televisa. Dejé a un lado lo que estaba haciendo para poner atención al noticiero. Víctor Trujillo, en su personaje de Brozo, tenía en el estudio al panista Federico Döring, y estaba por llegar Bejarano, a quien le habían dicho que fuera al foro de Brozo a una breve entrevista. Cuando entró, René titubeó al darse cuenta de que Döring estaba sentado como un invitado más, miró al conductor del programa y luego al panista, se sentó en la otra silla y saludó de mano a Brozo.

Apenas se estaba acomodando cuando el conductor de televisión le puso el video donde se le ve recibiendo dinero de un hombre al cual le habían protegido la cara. El gesto de René Bejarano lo dijo todo: enmudeció. De inmediato tomé mi celular y le marque a César, quien se encontraba en la reunión de seguridad de todas las mañanas con el jefe de gobierno. Le conté lo sucedido y me pidió que siguiera monitoreando y le avisara cuál sería la respuesta del particular de su jefe. Me dijo que enseguida le diría al jefe de gobierno y colgó. Seguí con los ojos puestos en el programa y, desde luego, observando la reacción de Bejarano, que no podía recuperarse del impacto. Finalmente, ante la presión de Brozo y la sonrisa burlona de Döring, aceptó que era él quien metía dinero en un portafolios, poniendo ligas en los fajos de billetes, de ahí el sobrenombre de *el Señor de las Ligas*.

Cuando llegué a mi oficina, que estaba en el mismo piso donde tenía la suya el jefe de gobierno, todo era caos. Entraban y salían integrantes del gabinete de López Obrador con unas caras como si acabaran de bombardear el antiguo Palacio de Gobierno. Dos o tres días antes Joaquín López-Dóriga había dado a conocer en su noticiero nocturno un video en el que se observaba al secretario de Finanzas de la capital, Gustavo Ponce, apostando en un lujoso hotel de Las Vegas.

A las 10 de la mañana el escándalo mediático era total: todo el mundo estaba enterado de que René Bejarano, quien había sido el coordinador de la campaña de López Obrador, y su secretario particular al asumir el poder, había recibido cerca de 3 millones de pesos, tanto en moneda mexicana como en dólares. ¿Quién y para qué se los daba? Esa era la incógnita. Aquel día escuché todos los noticieros radiofónicos y televisivos para mantener a César al tanto de lo que se decía del videoescándalo.

Ya de madrugada, César llegó al departamento de Sevilla. Cuando lo vi entrar parecía un fantasma: pálido, despeinado, angustiado y también sumamente enojado. ¿Cómo era posible que Bejarano le hubiera hecho eso a su jefe, que lo exhibiera de esa manera, cuando el discurso del tabasqueño era de total honestidad? López Obrador llegó a asegurar que no sabía que su secretario había ido a las oficinas de Carlos Ahumada a recibir ese dinero que era para el "movimiento", según confesó Bejarano, años después, en alguna entrevista.

Un día después del bochornoso momento, César me contó que López Obrador mandó a llamar a su gabinete montado en cólera para preguntar si sabían de alguien más que hubiese ido a ver al empresario argentino, novio de la líder nacional del PRD, Rosario Robles, para recibir dinero. La voz de una mujer se escuchó en el grupo, era Claudia Sheinbaum, confesando que su esposo, Carlos Ímaz, entonces delegado de Tlalpan, también había visitado a Ahumada y también había recibido dinero. A partir de ese momento, Sheinbaum se ganó la confianza del hoy presidente. Esa misma noche apareció el video de Carlos Ímaz fumando muy complacido con el mismo benefactor de Bejarano, que seguía cubierto de la cara mientras guardaba efectivo en una bolsa de plástico y luego se la entregaba.

Sheinbaum renunció a su cargo de secretaria de Medio Ambiente un año después de que lo hiciera el tabasqueño para ser candidato presidencial del PRD en 2006. Ella regresó a la docencia en la UNAM e Ímaz desapareció de los reflectores políticos. En aquellos años la hoy jefa de gobierno apoyó a la distancia al tabasqueño en sus campañas presidenciales, hasta que en 2014 reapareció como candidata de Morena a la jefatura delegacional de Tlalpan. La orden del eterno candidato presidencial para sus subordinados y recaudadores fue la de hacer ganar a Sheinbaum a como diera lugar, y así ocurrió. En 2015 la pupila consentida del tabasqueño se sentó en la silla delegacional a recortar programas como lo hace ahora el presidente. Sin medir las consecuencias, Claudia quitó recursos económicos y humanos a la Dirección de Protección Civil de Tlalpan, sin imaginar que el 19 de septiembre de 2017 un sismo de gran magnitud mataría a 26 personas, 19 de ellas niños, en el Colegio Enrique Rébsamen, que se encontraba en esa demarcación. Ese trágico día no había personal capacitado para ayudar en la búsqueda de los pequeños que habían quedado sepultados bajo los escombros de la escuela, de la austeridad y de la corrupción.

* * *

No conocí a fondo a Claudia Sheinbaum. Cuando fue secretaria de Medio Ambiente siempre mostró una personalidad difícil, la cual se recrudeció después de los videoescándalos. Sus propios subalternos en Medio Ambiente la definían como una mujer "alzada" y "muy soberbia". Las pocas veces que la vi en esos años fueron, si acaso, de buenos días o tardes y hasta ahí. César, en cambio, era cercanísimo a ella, tanto que entre los dos fraguaron un plan para evitar que yo obtuviera un empleo bien remunerado, porque quien me lo ofrecía no era miembro de Morena, y para ellos quienes no son del movimiento son "traidores".

Unas semanas después de las elecciones intermedias de 2015, donde se renovaron las 16 delegaciones y la entonces Asamblea Legislativa, le conté a César de una propuesta laboral que me hacían fuera de Morena. Pegó el grito al cielo, se indignó y me amenazó con irse de la casa si aceptaba trabajar en otro lado. No sabía que emplearse en otro lado fuera un delito. Defendí mi postura, mi derecho a elegir libremente dónde deseaba desarrollarme profesionalmente. Además, no era militante de Morena. Como periodista, siempre me mantuve independiente, pero él no lo entendió así. Me tenía sometida a su voluntad. Recuerdo que ante mi rebeldía se fue de gira muy enojado. Ya se le pasará, pensé, pero no fue así. Durante la semana en que estuvo fuera de casa, todos los días me preguntaba si seguía en mi postura de trabajar con otras personas. Mi respuesta era la misma: "Sí, no he cambiado de opinión". Entonces, sin mi conocimiento, se puso de acuerdo con Claudia Sheinbaum, quien personalmente me llamó una tarde a mi celular para invitarme a reunirme con ella en sus oficinas que habían servido como casa de campaña.

¡No lo podía creer! Toda su vida como funcionaria del gobierno del Distrito Federal me había ignorado, a pesar de ser la pareja sentimental de su superamigo, de su "hermano" (ya saben lo que para los miembros de la 4T significa esa palabra). De pronto se tomaba la molestia de llamarme para invitarme a tomar un café. Ingenuamente le hablé a César, que estaba de gira, para contarle que la jefa delegacional en Tlalpan me había llamado para que fuera a su casa de campaña a platicar como si fuéramos grandes comadres. El asunto no lo sabía, nunca me lo dijo por teléfono. Al otro lado de la línea escuché a César decirme que fuera a ver qué quería Sheinbaum, cuando lo sabía perfectamente.

Tal como quedé, acudí a la cita en una oficina ubicada en avenida San Fernando, un espacio lúgubre, frío, donde había mujeres y hombres muy jóvenes trabajando amontonados en viejas computadoras. En una esquina estaba la oficina privada de Sheinbaum, bastante rudimentaria, un escritorio, un par de sillas y, si no mal recuerdo, una fotografía de sus hijos como adorno.

Me sentía inquieta, el ambiente pesado se podía cortar con una navaja. Era la primera vez que acudía a una cita a ciegas, es decir, sin saber el motivo por el cual me había invitado la hija predilecta de López Obrador. Esperé algunos minutos en esa pequeña oficina, hasta que la puerta se abrió y apareció Claudia Sheinbaum con su clásico pantalón de mezclilla, suéter de cuello redondo y su cabello ensortijado (ahora se lo alacian). Me saludó de beso, como si fuéramos viejas conocidas, y se sentó detrás del escritorio.

"¿Cómo estás?", me preguntó. "Bien, a tus órdenes", respondí. Unos minutos antes la había felicitado por su triunfo en Tlalpan. "¿Quieres algo de tomar, un café, agua?" Rechacé ambas bebidas y con la mirada le dije que fuéramos a lo urgente de su invitación. ¿De qué quería hablar conmigo?

"Me platicó César de tu labor con los animales, de cómo los has ayudado a mejorar sus condiciones de vida, de ser muy buena en esa labor", me dijo. Al escucharla, me explayé libremente. Estaba frente a la jefa delegacional electa en Tlalpan, donde el maltrato y abandono de perros y gatos era brutal, y desde su jerarquía podía ayudar a cambiarles la suerte, pensé. "También me comentó de alguna propuesta laboral que tienes." En ese momento entendí la razón de su invitación. La dejé hablar hasta el final. Terminó diciendo: "Quiero pedirte que te vengas conmigo, ayúdame en la delegación con el tema de los animalitos, tú que eres experta". Le expliqué entonces que había aceptado la otra oferta y le agradecí su interés.

"¿Qué puesto te ofrecieron?", me preguntó. "Una dirección general", le respondí. "No puedo ofrecerte ese cargo porque ya se lo di a un compañero de lucha, sin embargo, puedes hacer una gran labor conmigo ayudando animales", insistió. Y me soltó, como si fuera una gran oportunidad, una jefatura. Es decir, quería que cambiara una manzana por una uva, simplemente porque no podía trabajar con nadie que no fuera de Morena por ser la pareja de César Yáñez.

No le dije ni sí ni no. Necesitaba hablar de este asunto con César y así lo hice. Esa noche no esperó tanto tiempo, como acostumbraba, para llamarme por teléfono. "¿Y?", me preguntó. Le reproché haberle pedido a Claudia Sheinbaum que me invitara a "jalar el carrito de tamales" solo para alejarme de una excelente oportunidad. "Tú sabes, ya conoces cuál es mi posición, si no aceptas trabajar con Claudia me voy de la casa", fue la amenaza y colgó muy enojado.

También yo me quedé muy molesta. Durante años había dejado todo por él, pero prohibirme trabajar con quien yo quisiera por su ideología absurda me hizo rebelarme. Acostada en la cama, me dije: si quiere irse, pues que se vaya. No le permitiría que me manipularan de esa forma tan ruin. Dos días después de esa discusión telefónica César regresó de gira y volvió a la carga con el mismo tema: "¿Vas a seguir con lo mismo? Porque si es así, agarro mis cosas y me voy". Después de tantos años de estar sometida a sus caprichos y a los de su jefe, que no le gustaba que escribiera en ningún lado, una parte de mí ya estaba harta. Finalmente, siempre había vivido sola. A César solo le servía para revisar el trabajo que a él le correspondía, tenerle su ropa limpia, su maleta hecha, monitorearle los medios de comunicación, estar al pendiente de sus hijos, ponerle sobre el buró la fruta y el agua de sabor cuando llegaba de gira. ¿Qué perdía?, me dije ante las constantes advertencias de irse de la casa.

Recuerdo que a inicios de 2015 le pregunté a César si algún día podía aspirar a tener un compañero de verdad, un hombre con quien compartir mis días y mis noches. Me prometió que si su jefe perdía o ganaba la tercera campaña presidencial, ya no saldría de gira y se quedaría en casa. Acostumbrado a mentir, como su jefe, esa promesa fue solo para tranquilizar a su "ama de llaves", porque sus planes eran otros. Entonces recordé la sentencia de mis amigos: "Tú eres la única que no sabe con quién vive".

César se fue de nuevo de gira con la promesa de que al regresar cogería sus pertenencias para irse de la casa. Mi negativa a dejar que él decidiera con quién debía trabajar traspasó las paredes de donde vivía. Mi familia se puso de su lado. Mi ahijada, Ariadna Montiel, me llamó para decirme que no pusiera en riesgo nuestra relación, que su padrino César estaba muy dolido y hasta había llorado por mi desobediencia. Para todos, la malvada de

la historia era yo, y el pobre hombre, la víctima. Desgraciada-
mente, lo reconozco, había caído en un torbellino de violencia
psicológica tan fuerte que me sentía culpable del dolor de César,
de ser yo quien le causara malestar, cuando mi obligación era
impulsarlo y procurarle felicidad el poco tiempo que estaba en
casa. Al final de tanta presión por todos lados, cedí, cedí, cedí otra
vez y me quedé sin trabajo para que, finalmente, a principios de
2016, César se fuera con una mujer 15 años más joven que él.

Nunca acepté trabajar con Claudia Sheinbaum.

25

Vengan a mí todos los cansados

Antes de la partida de César fui testigo del pragmatismo de López Obrador y de cómo lo arrastró en esa corriente con tal de ganar la presidencia a cualquier precio. En mí ya no cabía la sorpresa. El señor, no Dios, sino el hombre nacido en un municipio de Tabasco, abrió los brazos declarando que todo aquel que se arrepintiera de sus pecados políticos e ideológicos sería perdonado y podía entrar en el reino guinda. Y como plaga de cucarachas, empezaron a desfilar toda clase de políticos del PRD, PRI, PAN y de los partidos satélites, que vendían 4 o 5% de su electorado. Sí, estoy hablando del partido que lleva un tucán en su logo, el Verde Ecologista de México, que tanto daño les ha hecho al ambiente y a los seres vivos. Del PT, aliado incondicional del tabasqueño. De otros partidos menores como el Partido Encuentro Social (PES), que aglutina a cristianos. Y del partido de Elba Esther Gordillo, Nueva Alianza. Todo para asegurarse de tener a todo el pueblo de su lado y garantizar el triunfo de López Obrador.

César no solo justificaba tanta suciedad política, la avalaba y aplaudía porque su jefe, al que le rezaba todos los días, no podía perder la presidencia por tercera ocasión. El culto a la personalidad de un hombre con tantos vicios y mañas representaba lo más despreciable de los políticos. Se lo dije no una, sino varias veces a César, y eso fue minando aún más nuestra relación. Para entonces César ya se había transformado. Era como un apéndice del tabasqueño, le copiaba todo, su forma de ver a las personas de arriba abajo, se expresaba igual que él, con desprecio y burla hacia quienes no querían ser parte de Morena.

Aunque cada día lo veía menos, cuando llegaba a casa, aunque fuera solo a cambiar la maleta, nuestras discusiones eran más profundas. Un día por la mañana, antes de marcharse a la oficina para reportarse con Alejandro Esquer, lo tomé del brazo y lo empujé literalmente hacia el espejo del baño. "¿Qué te pasa?", me gritó. "Mírate, eres otra persona, cópiale a tu jefe lo poco bueno que tenga, no lo malo, que es mucho", le dije y se fue molesto a la oficina. Ese día llegó muy entrada la noche, se durmió y salió de nuevo en la madrugada para reunirse con el gran mandamás.

De 2012 a 2015 vi pasar por Morena a mujeres y hombres que tan solo de escuchar sus nombres me daban escalofríos, personajes tan oscuros como el alma de quienes los llamaron para asegurarse la presidencia, ahora sí, en palabras de Felipe Calderón, "haiga sido como haiga sido". Sin dilación, corrió hacia el tabasqueño la entonces panista, copartícipe de la exhibición de los videoescándalos, Gabriela Cuevas, a quien el PAN no le había querido dar una diputación plurinominal. López Obrador sí se la regalaba, so pretexto de darle continuidad a su trabajo como presidenta de una organización de diputadas que tenían que ver con relaciones internacionales. Le pagó con una diputación los 2 mil pesos que Cuevas dio en la época del desafuero para que el presidente pudiera enfrentar en libertad la acusación de violar la ley.

También llegó otro miembro del PAN. Nada más y nada menos que el presidente nacional del partido en la administración de Felipe Calderón, Germán Martínez. Desde un principio, para animarlo a traicionar a Acción Nacional, declarado por él mismo, le ofrecieron ser el primer fiscal de la República. Esto no ocurrió y terminó siendo director general del IMSS, cargo del que renunció ante las deficiencias presupuestales por la política de austericidio del presidente, y porque no tenía ninguna posibilidad de accionar libremente. Martínez no perdió. Era tanta la necesidad de llevarse panistas, que lo ubicaron en la lista de senadores plurinominales, y hoy es senador, ya no de Morena, sino de un bloque independiente.

Germán Martínez utilizó el hambre de poder del presidente en turno para empoderarse nuevamente y sacar al panista que lleva dentro. Sus críticas han incomodado a López Obrador y al coordinador de Morena en el Senado, Ricardo Monreal, al advertir que el servicio exterior mexicano no puede ser casa de citas para pagar favores políticos, tras las designaciones hechas por el primer mandatario para regalar, como si fuera pan caliente, embajadas y consulados.

Antes del arribo a Morena de este par de personajes de sangre azul, el tabasqueño había fortalecido relación con un expriista, Alfonso Durazo, conocido porque fue secretario particular de Luis Donaldo Colosio. A la muerte de este se volvió panista y ocupó el mismo cargo, secretario particular, con Vicente Fox, el responsable del desafuero. Finalmente, se tiró a los brazos del tabasqueño, quien lo hizo diputado federal, y hoy es gobernador de Sonora. Durazo se hizo gran amigo de César. En sus giras a Sonora les tenía la mesa preparada para que al candidato presidencial se le atendiera como acostumbra, sin mover un dedo, pues todo se les daba a manos llenas.

Durazo cooperó también con recursos para la campaña y para crear a costillas del PRD la estructura de Morena. Un día le pregunté a César si no les importaba que el sonorense hubiera sido secretario particular de Vicente Fox, y me dijo: "No, en la política hay que tragar sapos". Y no fue solamente uno, tragaron muchísimos más que sirvieron al PRI y al PAN, que incluso fueron artífices de la aprobación del Fobaproa, como lo es el coordinador de la bancada guinda: Ignacio Mier. ¿Y la dignidad? ¿Y los valores?

Ricardo Salinas Pliego también desempeñó otro papel importante para que López Obrador ganara la presidencia. El conductor estrella de su televisora, Javier Alatorre, constantemente le hacía entrevistas a modo donde el candidato presidencial se lucía haciendo monólogos de lo que a él le interesaba decir. De ese grupo salió otro expriista, Esteban Moctezuma Barragán, quien se incorporó como secretario de Educación Pública. Por medio de él se congraciaron con los maestros del Sindicato Nacional de Trabajadores de la Educación (SNTE) y los de la Coordinadora Nacional de Trabajadores de la Educación (CNTE), a quienes les devolvieron la prerrogativa eliminada en la reforma educativa de Enrique Peña Nieto de heredarse las plazas de padres a hijos y de hijos a nietos. César iba seguido a TV Azteca a entrevistarse con el vicepresidente de información y asuntos públicos, Jorge Mendoza, para llevarle mensajes de su jefe de lo que quería o no que se difundiera de su campaña en esa televisora. Desde entonces ya ejercía presión en algunos medios. No tengo la seguridad de que Salinas Pliego haya sido benefactor del presidente, pero saltan las dudas cuando ha sido el empresario al que más beneficios se le han otorgado en este gobierno. Solo con mover los miles de millones de los programas de Bienestar, Salinas Pliego está ganando millonadas del erario gracias al presidente.

En la lista de indeseables está la lideresa del SNTE, Elba Esther Gordillo, quien finalmente ya no necesitó de la intermediación del extinto Manuel Camacho Solís para acercarse a López Obrador. Él solito la buscó en el hospital de la cárcel donde permaneció detenida durante el sexenio de Peña Nieto, acusada de enriquecimiento ilícito y otros delitos. El tabasqueño necesitaba el voto del magisterio y operó a través de sus testaferros para que le llevaran un mensaje de libertad al llegar a la presidencia, a cambio del voto masivo de los maestros en la elección federal de 2018.

Las alianzas de Morena con este tipo de personajes causó otra discusión entre César y yo. Alguna vez le reproché que aceptaran a políticos que tanto daño le habían hecho al país. Y también a la izquierda, en la que yo creía. Sin embargo, César ya no tenía voluntad propia. Veía con los ojos de López Obrador, pensaba con la mente de López Obrador, y operaba para que todos los políticos cansados de cargar sus pecados fueran ante su maestro a recibir la gracia y el perdón para seguir viviendo del erario y haciendo negocios al amparo del poder.

Tiempo después de nuestra separación me enteré de que fue César quien acercó a Hugo Eric Flores Cervantes, dueño de la franquicia del PES, un movimiento cristiano, al presidente, quien lo hizo superdelegado en Morelos. Por fortuna, en las elecciones intermedias de 2021 este partido perdió el registro y muchos millones de pesos. ¿Qué dio a cambio para ser recibido en Morena? Seguramente lo mismo que todos: dinero.

* * *

Hasta Canadá, donde estaba exiliado, le llegó a Napoleón Gómez Urrutia un mensaje de que López Obrador, candidato presidencial de Morena, y quien iba adelante en las encuestas, le tendía la mano para que regresara a México. Podría volver a vivir tranquilamente, sin ningún temor, sin la amenaza de ser aprehendido por el desfalco millonario hecho al sindicato de mineros. El regalo que le ofrecían era una senaduría plurinominal, de esas que no cuestan nada de trabajo y con las no se hace campaña, lo cual le permitiría simplemente sentarse en la curul a ganar dinero, protección y negocios, con la condición de ayudarle a López Obrador a que el voto de los trabajadores fuera para él en la elección de 2018. El impresentable Gómez Urrutia, a quien el presidente cuestionó duramente cuando salió a la luz pública el desvío de recursos de los trabajadores, ¿qué creen?, se había equivocado al juzgarlo, no era un delincuente, sino una pobre víctima del sistema priista.

El 19 de febrero del 2018, unos meses antes de la elección presidencial, el tabasqueño salió a defenderlo públicamente de las críticas: "Siempre he estado en contra de las represalias tomadas desde el poder por decisión de los grupos de intereses creados. Napoleón Gómez Urrutia, como otros dirigentes sociales y políticos, ha sido perseguido y estigmatizado por la propaganda oficial y oficiosa". Y sin más, el pobre, no por falta de dinero, sino por ser acosado políticamente, según Andrés Manuel, se vino volando a cumplir con su encomienda de darle votos y, seguramente, porque así operan, dinero para la campaña y lo que pudiera ofrecerse. Total, los recursos robados a los trabajadores mineros seguían intactos, pues el líder sindical los triplicó en Canadá donde vivió muy "humildemente".

De esa calaña de personajes necesitó Andrés Manuel López Obrador para asegurar su triunfo. Puso a los más corruptos de los corruptos de su lado, no solo para darle votos y dinero, sino también para aprobar a mano alzada sus iniciativas, como ha sucedido en el Senado de la República. Gente cercana a Yeidckol Polevnsky, entonces líder de Morena, me contó que el dirigente minero cumplió con sus aportaciones desde el primer día que llegó a México. Su nombre, me dijeron, aparece en una lista de legisladores que patrocinaron su propia senaduría y la campaña del candidato presidencial.

26

Vocero, recaudador, prestanombres

Me entristece y me apena escribir este episodio de mi vida junto a un hombre que no mantuvo los pies firmes sobre la tierra. Si lo hubiera hecho, no se habría corrompido, no se habría dejado sucumbir por el poder, el dinero, la egolatría, la ambición y los placeres de los cuales disfrutan las y los nuevos millonarios de la llamada cuarta transformación. De entrada, la pareja que dijo que pondría el ejemplo de humildad, el presidente López Obrador y su esposa Beatriz Gutiérrez, viven modestamente en Palacio Nacional; otros, los de mayor jerarquía, en las Lomas de Chapultepec, Santa Fe o Polanco, donde según el presidente viven quienes no lo quieren; otros escogieron Coyoacán con su aire provinciano y sus calles empedradas.

El 18 de diciembre de 2015 por fin descubrí lo que tanto me insistían que viera. César llegó ese día por la noche con otro rostro. Lo advertí desde el momento en que escuché el motor de la camioneta conducida por Rojas, el chofer del presidente, cuando lo dejó a la entrada de la casa. Le abrí la puerta y observé en él una mirada distante, fría. Su gesto era de molestia, como si el verme le irritara sobremanera. Unas semanas antes el columnista Raymundo Riva Palacio había publicado una historia de tráfico de influencias de César para sacar de la cárcel a una mujer en Puebla acusada de despojar a personas de la tercera edad de un terreno de miles de metros cuadrados en la zona de Angelópolis.

"¿Pues en qué andas metido?", le pregunté por teléfono, leyéndole la columna de Riva Palacio. "En nada, es mentira, ya sabes cómo les gusta inventar a estos chayoteros del sistema." Mi intuición, que siempre fue muy certera, me decía que César me estaba mintiendo, pero él jamás discutía un tema por teléfono porque aseguraba que el Centro de Investigación y Seguridad Nacional (Cisen) los tenía vigilados. Así que me quedé con la duda, sobre todo porque el columnista daba datos precisos de la carpeta de investigación que se le había abierto a la señora al ingresarla en el reclusorio. También daba a conocer la dirección del terreno por el cual había sido detenida y privada de su libertad. No era una nota volada, como llamamos los periodistas a una información no verídica.

César se negaba a hablar sobre la información publicada por el columnista, le daba vueltas al asunto y se escudaba en su cansancio para no tocar el tema. La sospecha se incrustó en mí como una filosa flecha. Sin embargo, no insistí ni me metí a investigar, aun cuando algo muy dentro de mí me pedía que lo hiciera. "El que busca encuentra", me decía a mí misma una y otra vez, y sinceramente no quería encontrar.

Así pasaron varios días hasta la noche en que César llegó a casa con otro humor y con otro rostro. Cenó su habitual fruta y agua de sabor que estaba sobre su buró y se acostó casi de inmediato alegando cansancio. Al día siguiente por la mañana, 19 de diciembre de 2015, me invitó a desayunar a un Vips cercano a la casa. Se acercaban las fiestas decembrinas y mi propuesta de salir para pasar la Navidad juntos se congeló cuando me pidió que vendiera la casa y le diera 2 millones de pesos. ¿Qué? Lo miré sorprendida. ¿De qué demonios estaba hablando? "Quiero que nos separemos y me des los 2 millones de pesos", insistió. Callé ante su exigencia y en silencio regresamos a casa. Después se fue rápidamente a la oficina de campaña en la colonia Roma.

Fue un día largo, tenso, difícil de comprender. Esperé a la noche para hablar de nuevo con César. En cuanto entró en la casa me pidió de nuevo lo que me había solicitado en la mañana. Separarnos después de tantos años era una posibilidad de la que siempre estuve consciente, pues en las giras los hombres conocen todo tipo de mujeres y César no estaba exento de entusiasmarse con otra, pero ¿para qué quería 2 millones? Quería destruir el único patrimonio que tenía y casi dejarme en la calle sin más explicación. No era congruente. El 20 de diciembre volvió a irse de gira con la maleta que le hice, como siempre, durante tantos años, y me lanzó nuevamente la consigna de que vendiera de inmediato la casa porque le urgían los 2 millones de pesos. Durante los dos días de la gira previa a sus vacaciones decembrinas las llamadas telefónicas eran para insistirme en la venta y en los 2 millones de pesos. Mi respuesta fue no. El 23 de diciembre regresó para irse de vacaciones, días que aproveché para ponerle en varias maletas sus pertenencias y abrirle la puerta de manera definitiva. Cuando llegó, después del Año Nuevo, encontró todo listo para poderse marchar sin mover un solo dedo.

Recuerdo haberlo encontrado sentado en ese sillón donde tantas veces se acostó para ver la televisión mientras yo le hacía su trabajo; acariciaba la cabeza de Lucas, mi viejo pastor inglés, cuando entré y me senté a su lado para decirle que tenía derecho a saber qué estaba pasando. Sin mirarme a los ojos, con la cabeza baja, me respondió groseramente que estaba harto de que ayudara animalitos y que por eso se iba. ¿Qué? ¡No lo podía creer!

Durante los años en los cuales estuve abandonada nunca le molestó mi activismo, y de la noche a la mañana yo era la culpable de su hartazgo. Al ver mi molestia y cómo se zafaba Lucas de sus manos para ponerse de mi lado y protegerme, trató de bajar su tono, asumiendo que estaba pasando por un momento de no saber qué hacer, necesitaba tiempo para estar solo (*sic*) y reflexionar. Tomé mi celular y le llamé a un conocido para pedirle que le permitiera quedarse en su departamento porque no tenía a dónde irse, ni dinero, ni tiempo para alquilar de manera urgente una vivienda. Mi amigo accedió. Vi a César marcharse con su ropa y sus relojes finos, coleccionados durante sus giras y gracias a los regalos de sus amigos empresarios.

Irse ya lo había conseguido. Faltaban los 2 millones de pesos urgentes. Esos, le dije, nunca se los daría, porque a pesar de mi baja autoestima tenía una pequeña lucecita en mi interior que me aconsejaba no ceder. Dos meses y medio después, en marzo de 2016, me enteré por Carlos Loret de Mola, que conducía el programa estelar de Televisa en las mañanas, que César había sido grabado, quizá por el Cisen, traficando con influencias para sacar de la cárcel a Dulce María Silva Hernández, quien, decía, era su novia. No solo pedía su liberación, necesitaba 10 millones de pesos para que la dejaran libre. Para eso me exigía los 2 millones de pesos, y yo todavía consiguiéndole dónde vivir. La información de Raymundo Riva Palacio era verídica.

No volví a saber de él hasta que en redes sociales salió información asegurando que César le había comprado a Beatriz Gutiérrez un departamento en la colonia Portales, en la calle de Tokio, en más de 1 millón 600 mil pesos. ¡Eso no era posible!

Cuando se fue de casa lo hizo con una mano atrás y otra adelante. Es más, le llamé por teléfono para preguntarle si se había convertido en prestanombres de Beatriz, porque según yo, no tenía los recursos para comprar ese inmueble. Me dijo que sí necesitaba los 2 millones de pesos para pagarle a la esposa del presidente, quien, hasta donde yo sabía, tampoco tenía propiedades, solo la casa de Tlalpan que habían adquirido cuando ella vendió su departamento de la colonia Del Valle.

¿Qué tan bajo había caído César para prestarse a semejante montaje? Efectivamente, después de unos meses de vivir en el departamento de mi conocido, se fue al departamento de Beatriz. Me negué a vender mi casa y a darle los 2 millones de pesos. La presión de su parte jamás cedió, de 2016 a 2019 recibí constantes amenazas de su parte. Me decía que no olvidara que "ya tenía el poder" para sacarme por la fuerza de la casa, pero yo tenía un mayor poder, el de la justicia de Dios.

En la recta final de la campaña presidencial de 2018 apareció una página con el nombre de Pejeleaks.org, donde subían información comprometedora en contra de López Obrador, de sus colaboradores cercanos y posibles miembros de su gabinete. En dicha página se denunció que la esposa del presidente era propietaria de dos inmuebles en la Ciudad de México, uno de ellos el de Tokio, donde vivía César. La investigación les arrojó el folio 1395981 del Registro Público de la Propiedad, donde se informaba que el inmueble se adquirió en 2015 por un total de 2.3 millones de pesos en efectivo, pero a César su madrina de boda se lo había vendido en 1 millón 628 mil pesos en 2016. ¿Beatriz regalándole dinero? Insisto, César no tenía los recursos económicos para comprarle a Beatriz ese departamento.

Las personas que estaban detrás de Pejeleaks.org fueron demandadas por la esposa del presidente, quien ya tenía un inmenso poder. Negaron que la información subida fuera certera, pero la verdad está en la declaración patrimonial de César cuando inició el gobierno de López Obrador, donde dice haber adquirido ese departamento en efectivo el 7 de septiembre de 2016, es decir, unos meses después de separarnos. Sí tuvo 1 millón 628 mil 300 pesos para comprarlo, pero ¿a quién? No lo dice. Las cuentas no cuadran, pues en esa declaración patrimonial César informa que el 2 de junio de 2016, o sea tres meses antes, compró a crédito un reloj en 100 mil pesos. ¿Compra a pagos un reloj y al contado un departamento?

La vida nos lleva de sorpresa en sorpresa. Aunque no me interesaba ya absolutamente nada de César, sabía de él por mis contactos en los medios de comunicación, amigos y compañeros periodistas que me estimaban y me hablaban de él como la figura pública que es. Ellos me enteraron de que el presidente lo había congelado después de su escandalosa boda porque le pegaba directamente en su discurso de austeridad y honestidad. Su hombre de más confianza lo había puesto en ridículo ante los mexicanos y no había tenido el valor de salir a dar la cara y explicar de dónde había sacado los recursos para tan lujosa fiesta. "Fue la esposa, al parecer la señora tiene dinero." Esa fue la justificación de López Obrador, como ha ocurrido en los casos del director de la Comisión Federal de Electricidad, Manuel Bartlett, cuando le sacaron lo de sus 23 casas, o la más reciente, la de su hijo José Ramón López Beltrán con la casa gris de Houston. Con todos aplica lo que me dijo César de uno de sus muy queridos amigos: "trabaja de marido".

Al ver cómo había sido castigado por el presidente, amigos cercanos a César me buscaron para pedirme que lo ayudara. "¿Y yo por qué?", le diría a uno de ellos. Sin embargo, me convencieron de apoyarlo ante la disyuntiva de renunciarle al presidente por el trato injusto. Escribí en una de mis columnas políticas un mensaje al inquilino de Palacio Nacional, recordándole todo lo que César hizo por él. Sentía una gran pena por ese hombre de cabello ya entrecano y de una profunda delgadez. Con la posibilidad de haber sido el segundo hombre más poderoso de México, su "error de septiembre" lo había mandado derechito al ostracismo, de donde salió recientemente para convertirse en subsecretario de Desarrollo Democrático y Asuntos Religiosos. Esto gracias al dedo de Adán Augusto López, el secretario de Gobernación que más que ocuparse de la política interna del país anda movido como una "corcholata" presidencial para 2024.

* * *

Regresando a las sorpresas de la vida, a mí me tenía reservada una muy divertida. El 23 de septiembre de 2020 me buscó un empresario poblano. Me invitó a cenar, acepté y me dijo que invitaría a un amigo, por lo que yo hice lo propio, invité no a una amiga sino a tres. Nos quedamos de ver en la plaza Artz del Pedregal a las siete de la noche. Llegamos puntuales al restaurante que elegimos al azar. Le informé por teléfono al empresario, cuyo nombre me abstengo de dar para evitarle represalias. Después de casi una hora de espera en compañía de su amigo, que sí llegó puntual, a lo lejos, desde la puerta de entrada, escuché su voz gritándome: "Perdón, me entretuve porque fui a ver a tu ex". Todas nos volteamos a ver con cara de ¿y ahora, a este qué le picó? Lo que menos esperaba era cenar con un empresario que unos minutos antes había ido a Palacio Nacional a ver al coordinador general de Política y de Gobierno, César Yáñez, "mi ex" (tan a gusto que nos la estábamos pasando).

Se sentó a mi lado en una mesa redonda. De inmediato pidió el mejor vino tinto y entradas de carne, los cuales no consumí porque no bebo alcohol y soy vegetariana. La plática estaba sabrosa: ellos, los dos empresarios conocedores del mundo (eso deja el dinero) nos contaban de las bellezas de Italia porque les había dicho que entre mis planes estaba el irme a vivir a ese país y ver la posibilidad de poner un micronegocio de venta de mezcal.

Después de escuchar los consejos y sugerencias de los empresarios, el que me invitó de pronto se acordó de su encuentro con "mi ex" y empezó a hablar. Le fluyeron las palabras como le fluía el vino tinto por el cuerpo.

"Fui a ver a César, me entretuve porque teníamos unas deudas pendientes que arreglar", me dijo. "No me digas, ¿y eso?", le pregunté solo por formalidad, pues nunca esperaba escuchar lo que me confesó. "Me va a sentar con el candidato a Baja California [creían que sería un hombre] para ver unos negocitos por allá, está en deuda con los empresarios poblanos y ya estamos viendo lo del pago", me soltó. ¿Deuda?, pensé de inmediato. Mi instinto reporteril despertó del sueño en que estaba y lo animé a seguir contándome. "¿Pues qué te debe?", le pregunté mientras bebía un poco de jugo de frutas. "Les dimos 50 millones de pesos en efectivo para la campaña de López Obrador." Casi me ahogo por la revelación.

"¿César les pidió 50 millones de pesos?" "Él directamente no, todo fue a través de la señora con la que se casó [Dulce María Silva Hernández]. Ella nos reunió para pedirnos en su nombre el apoyo económico a cambio de contratos en cuanto ganaran la presidencia; ya ganaron, ya llevan más de un año y estamos viendo que se nos dé el pago." "No, bueno, dudo que les cumplan —le dije—, los conozco y sé muy bien cómo actúan, nunca cumplen sus promesas."

Entonces me dijo que si no era con el gobernador que ganaría Baja California, quien les pagaría sería la propia esposa de César, quien en ese momento estaba compitiendo en las candidaturas internas del partido para elegir al abanderado de Morena al gobierno de Tlaxcala, de donde es originaria.

"No va a ganar, la candidata será Lorena Cuéllar", le advertí, explicándole que Cuéllar era la superdelegada del presidente y contaba con su apoyo para ser la elegida, además de tener experiencia, pues ya había sido presidenta municipal y legisladora por el PRI.

"Ya veremos, los empresarios sabemos ser pacientes, pero de que cobramos, cobramos", me respondió, guiñándome un ojo y brindando, él con su copa de vino y yo con mi jugo de frutas. De esta conversación tengo un audio como prueba.

César de recaudador, de prestanombres. Era algo que jamás hubiera esperado. Al escribir este testimonio he recurrido a varias fuentes para aclarar algunas dudas, las cuales he clarificado, y me he enterado de otros asuntos, lo que me confirma que, efectivamente, nunca supe con quién vivía.

27

No les cuadran las cuentas

Cuando Andrés Manuel López Obrador asumió la administración de este país pidió a sus funcionarios del gabinete legal y ampliado, coordinadores de áreas, directores generales, directores, subdirectores y empleados de menor jerarquía, cumplir con la Ley de Transparencia. El objetivo, según él, era evitar que, como en los gobiernos neoliberales, todos acabaran el sexenio siendo los nuevos millonarios. La instrucción fue precisa, y lo incluía a él: todos debían presentar sus declaraciones patrimoniales ante la Secretaría de la Función Pública, con el fin de que los mexicanos tuviéramos información verídica de con qué patrimonio iniciaban y con qué patrimonio salían. En una de sus conferencias mañaneras incluso les advirtió que quien no la presentara no podría trabajar en su gobierno.[1]

Ante la amenaza, la gran mayoría lo hizo. Sin embargo, vergonzosamente, a algunos personajes nombrados en este libro no les cuadran sus cuentas. Así lo demuestran sus declaraciones

[1] Jorge Monroy, "Quien no presente y haga pública declaración patrimonial está fuera del gobierno: AMLO", *El Economista*, 29 de enero de 2019, https://www.eleconomista.com.mx/politica/Quien-no-presente-y-haga-publica-declaracion-patrimonial-esta-fuera-del-gobierno-AMLO-20190129-0068.html.

patrimoniales que, por cierto, no están actualizadas. Como la ley, la transparencia siempre ha sido un estorbo para López Obrador.

El presidente de la República ha dicho en repetidas ocasiones no tener nada a su nombre, ni casas, ni fincas, ni ranchos, ni cuentas bancarias, solo 200 pesos guardados en su cartera, junto con sus estampitas religiosas. Su declaración patrimonial solo da cuenta del salario anual obtenido de 1 millón 567 mil 400 pesos. No contiene datos de lo que le paga la casa editorial que publica sus libros; tampoco hizo pública la casa de Tlalpan donde vivía con Beatriz y su hijo menor, Jesús Ernesto López Gutiérrez, antes de que toda la familia se volviera "aspiracionista" y se fuera a vivir a Palacio Nacional. De acuerdo con varias notas periodísticas, esto representa un gasto al erario de 6 millones de pesos mensuales, equivalente al gasto de mil familias que solventen una renta de 6 mil pesos al mes. ¡Sí! Con lo que pagan mensualmente de renta mil familias, viven tres miembros de la familia presidencial. Otro dato importante, el rancho La Chingada, en Palenque, Chiapas, tampoco está en su declaración patrimonial, pues según él se lo heredó en vida a sus hijos. Como dato curioso, aunque López Obrador aseguró que La Chingada le fue heredada por sus padres, documentos del Cisen revelan que él la adquirió siendo priista. Sin embargo, según él, los mexicanos tenemos un presidente pobre, más pobre que los pobres a los que les da una dádiva para tenerlos electoralmente amarrados a su gobierno. Dádivas, por cierto, que salen del dinero que millones de mexicanos responsables aportan al pagar sus impuestos. Las becas las costean los ciudadanos, no el presidente.

Y si Andrés Manuel es pobre, el canciller Marcelo Ebrard es más, porque todo lo que posee es producto de donaciones y herencias. Resulta que con tantos cargos políticos en la administración pública no se hizo de un patrimonio propio. Todo se lo regalaron. Por supuesto, no dice quién. ¿Familiares? ¿Amigos? ¿Viejas tías porfirianas? En su declaración, Marcelo señala tener un ingreso de 1 millón 525 mil 296 pesos anuales; una casa donada de 362 metros cuadrados que a su donante el 15 de julio de 2015 le costó 1 millón 750 mil pesos; obras de arte con un valor de 800 mil pesos heredadas el 8 de enero de 2004, cuando era funcionario gobierno del Distrito Federal; otros bienes diversos, joyas de 2 millones 500 mil pesos, heredadas el 7 de marzo de 2020, siendo ya secretario de Relaciones Exteriores. Obras de arte que le heredaron en la misma fecha por un valor de 2 millones 800 mil pesos, y otras más sin especificar por 3 millones 100 mil pesos el mismo día. Es decir, el 7 de marzo de 2020 fue de gran fortuna para el canciller, pues tan solo sumando sus regalos y herencias, ese día recibió 8 millones 400 mil pesos, cuando a su regreso de París dijo no tener más que el sueldo de Morena por coordinar la campaña presidencial en algunos estados. No tiene cuenta bancaria, ni préstamos, ni le debe a nadie.

Ariadna Montiel Reyes, actual secretaria de Bienestar, en su declaración patrimonial asegura percibir un salario anual de 1 millón 571 mil 293 pesos; poseer una casa de 2 mil 102 metros cuadrados en la colonia Del Valle, adquirida en 6 millones 500 mil pesos el 16 de diciembre de 2015 (*sic*), cuando era diputada federal. Sin embargo, se le olvida que meses atrás, siendo diputada local de la Ciudad de México, donde manejaba un auto de lujo, con sus propios recursos, le regaló al presidente de México el triunfo electoral en la ciudad de Valladolid, Yucatán. ¿Es tan administrada que le alcanzó para comprar una casa y financiar una campaña que resultó triunfante? Un año, o año y medio antes, también compró una casa atrás de Perisur e hizo crecer su empresa de fiestas con camiones Mercedes Benz. ¿Con el sueldo de diputada adquirió tanto? Y faltan sus vehículos. Camioneta Explorer 2007, adquirida el 30 de noviembre de 2006 con un costo de 364 mil pesos; un Daimler Freightliner 2011, adquirido el 24 de marzo de 2014 con valor de 568 mil 858 pesos a crédito; camioneta Expedition 2007, adquirida el 18 de julio de 2014 cuando era diputada local, al contado. Y menciona que en bienes inmuebles se gastó 315 mil 800 pesos el 1 de noviembre de 2003, cuando era titular de la Red de Transporte de Pasajeros. Señala tener una cuenta bancaria en Banorte y tarjeta de crédito de Bancomer, sin especificar cantidades.

El caso del secretario particular del presidente de México, Alejandro Esquer, es cosa aparte. Su declaración patrimonial es tan inverosímil que debería decirles a los mexicanos de dónde sacó para comprar terrenitos, departamentos y casas cuando su jefe era candidato presidencial. Aun cuando menciona cantidades irrisorias, no checa, pues al igual que César, su sueldo era de 50 mil pesos mensuales. Su sueldo anual, ya en este gobierno, es de 1 millón 537 mil 962 pesos, más 37 mil 302 pesos de otros ingresos y fondos de inversión. Inmuebles: casa de 246 metros cuadrados adquirida el 20 de abril de 2002, es decir, durante la administración del tabasqueño como jefe de gobierno, con un costo de 513 mil 761 pesos, que no dice si la compró al contado o a crédito; departamento de 99 metros cuadrados adquirido el 4 de diciembre de 2008 con un valor de 740 mil pesos que pagó al contado, estando en plena segunda campaña presidencial; terreno de 181 metros cuadrados adquirido el 26 de febrero de 2013 en 155 mil pesos, seguían en campaña; terreno de 78 mil 578 metros cuadrados adquirido el 24 de julio de 2017, meses antes de la elección presidencial que le dio el triunfo a López

Obrador, en 95 mil pesos y al contado; terreno de 800 metros cuadrados adquirido el 4 de diciembre de 2015 por un monto de 167 mil pesos, al contado, y seguían en campaña; casa de 800 metros cuadrados adquirida el 5 de agosto de 2003 por 100 mil pesos al contado. ¿Qué tal?

Pasemos a sus vehículos: Volkswagen 2013 comprado al contado en 200 mil 940 pesos el 5 de mayo de 2013, en campaña; motocicleta 2015 adquirida el 12 de diciembre de 2018 por 175 mil 650 pesos al contado, apenas habían asumido el poder; Volkswagen 2013 adquirido el 31 de julio de 2020, al contado, por un monto de 85 mil pesos. Y, para finalizar, Esquer se fue a comprar muebles a Liverpool el 13 de junio de 1997 por 150 mil pesos. En cuanto a cuentas bancarias, menciona a bancos como Banorte, Mercantil del Norte, Afirme, Afores y Pensionissste sin especificar cantidades. ¿De dónde? ¿Quién pompó?, diría el ídolo musical del presidente, Chico Che.

Y termino con la principal fuente de mi testimonio, César Yáñez, quien en su declaración patrimonial dice tener un departamento de 85 metros cuadrados que adquirió, al contado, el 7 de septiembre de 2016, por 1 millón 628 mil 300 pesos. El inmueble se lo vendió Beatriz Gutiérrez en menos de los 2.3 millones de pesos que le costó a ella. Reitero, César se fue sin un peso en la bolsa. Al menos eso es lo que yo siempre creí, pues de ahí la insistencia en que vendiera la casa donde vivimos y le entregara 2 millones de pesos. Informa haber gastado 150 mil pesos en muebles, a crédito, el 30 de julio de 2017, y un reloj, también a crédito, el 2 de junio de 2016, por 100 mil pesos. Un vehículo Mazda modelo 3, adquirido el 5 de enero de 2011, en 299 mil 299 pesos al contado, del cual doy fe porque fuimos juntos a comprarlo.

Las cuentas no les cuadran. Respecto al departamento declarado por César y que en su momento dio a conocer la página Pejeleaks.org durante el tramo final de la campaña presidencial de 2018, fue cierto. En diciembre de 2019 me firmó un poder irrevocable, el cual yo pagué, para que dejara de presionarme con la venta de la casa donde vivo, y en el documento pone la dirección de la calle de Tokio, en la colonia Portales de la alcaldía Benito Juárez.

Recuerdo haber leído algo muy interesante del reconocido politólogo estadounidense Francis Fukuyama, donde destaca que la transparencia es el punto de partida:

> No puedes luchar contra la corrupción de ningún tipo si no sabes qué está sucediendo, así que, obviamente, la información en medios libres, en las manos de las organizaciones de la sociedad civil que están observando las acciones de los funcionarios de los gobiernos, es un factor clave. Creo que lo que hemos demostrado en los últimos años es que la transparencia sin mecanismos reales de rendición de cuentas, y sin ciudadanos que se preocupen por la rendición de cuentas, no va a funcionar.[2]

En 12 años de campaña cada elemento del equipo de López Obrador tuvo un sueldo de 50 mil, pesos, incluida su esposa. Entre él y ella, en ese periodo, devengaron un sueldo de 14 millones 400 mil pesos. ¿De dónde salieron? El equipo de Andrés Manuel era inmenso, así que echen a volar su imaginación y su

---

[2] Luis Alonso Pérez, "Francis Fukuyama: Reducir la capacidad del político en nombramientos burocráticos y cargos públicos", Ethos, https://www.ethos.org.mx/voces-anticorrupcion/francis-fukuyama/.

calculadora. Al final, lo importante no es el monto que resulte —que es millonario y escandaloso—, sino que expliquen de dónde vino ese dinero. López Obrador asegura que del pueblo bueno. ¿Qué pueblo bueno puede mantener aportaciones durante 12 años, si a duras penas sobrevive mal comido el día a día? En 2005, cuando una persona del equipo de campaña ganaba 50 mil pesos, libres de impuestos evadidos al Servicio de Administración Tributaria (SAT), el salario mínimo de un trabajador era de 46.80 pesos, un promedio de mil 400 pesos mensuales, es decir, 48 mil 600 pesos menos que la gente cuya bandera era y ha sido "primero los pobres".

¿Verdad que no cuadran las cuentas? Nadie mejor que el SAT para hacer esa aritmética. Pueden revisar las declaraciones patrimoniales en los anexos de este libro.

28

"Me dejaron encuerado…"

A partir de 2016 ya no tuve información directa sobre las andanzas de López Obrador y sus recaudadores. Sin embargo, estaba convencida de que no solo seguía con sus prácticas ilegales en cuanto a allegarse dinero, sino que las había reforzado con un pragmatismo total y acuerdos con los poderosos de este país: por un lado, Televisa, y por el otro, el entonces presidente Enrique Peña Nieto, para no dejar escapar, por tercera vez, la presidencia de México. El tiempo me dio la razón.

Los tres años lejos de la secta obradorista los ocupé en sanarme. Acudí durante 36 meses al psicólogo para recuperar la autoestima que este grupo me había robado con sus imposiciones y chantajes. Lo narrado en este libro se lo conté al médico, que con paciencia y ayuda de medicamentos me enseñó de nuevo lo valiosa que era como mujer y profesional del periodismo. Desde luego, me aferré con todas mis fuerzas a Dios, quien ha sido la luz en la oscuridad para darle paz a mi alma, y abracé con todo mi amor a mis perritos.

Juré alejarme de cualquier medio que me hablara de ellos. Me despedí de noticieros, redes sociales y hasta de mis compañeras y compañeros periodistas. Sanar mental y físicamente era mi objetivo. Sobrevivir a una nueva vida en la cual ya nadie podía mandarme, gritarme o chantajearme era recuperar mi libertad de la noche a la mañana solo con la compañía de mis animalitos. Sin embargo, la vida al parecer pretendía otra cosa, debía seguir siendo testigo de la terrible metamorfosis del tabasqueño, de sus aliados y del montón de arribistas, pero desde otra posición, desde afuera.

Me enteré, por diversos diputados y senadores que en 2018 concluyeron su gestión, de que habían sido sujetos del moche para aspirar a escalar otro peldaño en la política: ser gobernadoras o gobernadores de sus entidades. Así me lo expresaron: "Me dejaron encuerado, sin un peso". Y sin ninguna posibilidad de ser candidatos de Morena porque el presidente López Obrador tenía puestos los ojos en los controvertidos superdelegados que lideraba el defenestrado Gabriel García Hernández. No obstante, su enojo no fue suficiente para denunciar tal abuso, como ha sucedido con todos los que apostaron por el tabasqueño. Se quedaron callados ante el temor de las represalias y se replegaron en sus estados, donde algunos fueron rescatados por la oposición.

Andrés Manuel López Obrador siguió adelante en sus giras todo 2016 en compañía de César Yáñez. Al mismo tiempo giraba órdenes a la entonces dirigente de Morena Yeidckol Polevnsky, acusada por sus propios compañeros morenistas de desvío de recursos públicos, de echar toda la carne al asador para que en la Ciudad de México, principal bastión político del tabasqueño, ganara su favorita, Claudia Sheinbaum. En ese año y con más fuerza en 2017 López Obrador comenzó a guiñarle el ojo al empresariado que tanto aborrecía, por consejo de Alfonso Romo, el regiomontano que al ganar la presidencia fuera nombrado jefe de su oficina.

El guiño alcanzó también a quien gobernaba nuestro país, Enrique Peña Nieto, quien ante los escándalos de corrupción se había ganado el desprecio de un gran porcentaje de la población. Emilio Azcárraga Jean, dueño supremo de Televisa, y Peña Nieto eran piezas importantes en el juego sucesorio para el triunfo de López Obrador. Para entonces las encuestas le daban una cómoda ventaja en las preferencias electorales de 2018, muy por encima del panista Ricardo Anaya y del priista José Antonio Meade.

En un abrir y cerrar de ojos el eterno candidato presidencial, al concretar su negocio particular en la forma de partido político, sufrió una metamorfosis incomprensible: se transformó en un chistorete de sí mismo hablando hasta en ruso cuando surgió el rumor de que el presidente de Rusia, Vladimir Putin, lo estaba apoyando con recursos económicos y con espías para investigar a sus oponentes. Ya no fue Andrés Manuel, sino "Andresmanuelovich" el que recorría México mofándose de sus contrapartes en la contienda, pero también negando sistemáticamente parecerse al fallecido presidente de Venezuela, Hugo Chávez. Una y otra vez rechazó en los principales noticieros de televisión tener parecido con el venezolano y mucho menos sueños de aspirante a dictador. ¿Y qué es lo que estamos viviendo ahora los mexicanos?

La vida parecía sonreírle por fin al líder tabasqueño. Los candidatos PAN y del PRI no levantaban en las encuestas, mientras el morenista subía como la espuma engañando a los mexicanos. Así llegó la gran noche del cierre de campaña de López Obrador, ya no en el Zócalo capitalino, que, dicen, no les prestaba el jefe de gobierno Miguel Ángel Mancera, sino en el neoliberal Estadio Azteca, perteneciente a Azcárraga Jean, quien bajó la guardia, como ya empezaba a hacerlo Peña Nieto, y le organizó un pachangón con las figuras del Canal de las Estrellas, una de ellas, Belinda, quien siendo una actriz y cantante fifí se volvió la más aplaudidora del tabasqueño e hizo campaña por él en todos los lugares donde se presentaba a actuar.

La noche del 28 de junio de 2018 López Obrador apareció en un abarrotado Estadio Azteca, bajo una lluvia de papelitos multicolores, primero con los brazos en alto, luego abrazándose a sí mismo, y posteriormente, en compañía de su esposa Beatriz Gutiérrez, enviando besos al aire como cualquier artista prefabricado del Canal de las Estrellas. En ese escenario que tantas veces criticó, López Obrador se aventó el mismo discurso ya memorizado de siempre, el del hombre que camina sobre miles de millones de pesos sin mancharse los pies. Ahí, entre los cientos de miles de seguidores que asistieron al cierre de campaña a ver a los artistas, prometió llevar a México a la prosperidad y a la transformación de las instituciones.

Ya con el triunfo en la mano y el documento emitido por el INE que lo ratificaba como presidente electo, López Obrador no disimuló que para ganar había llegado a un acuerdo en lo oscurito con su antecesor Peña Nieto. El exprimer mandatario sacrificó a José Antonio Meade, así como a los 120 millones de mexicanos, para poder disfrutar de todo lo robado sin tener sobresaltos. Entregó a destiempo la administración federal y se hizo más chiquito de lo que era para que el tabasqueño en toda su soberbia comenzara a ordenar como le gusta.

López Obrador nombró a su gabinete, muchos de ellos recaudadores durante sus campañas, y se lanzó a golpear con alevosía y ventaja a los mexicanos; se convirtió en pendenciero profesional con la ayuda de todo el aparato del Estado. En poco tiempo muchos de los votantes que habían confiado en él se dieron cuenta de su error, cuando pasaron de ser simpatizantes a enemigos públicos por criticar al tabasqueño por sus acciones destructivas y su afán enfermizo de llevar a México al atraso, y muy posiblemente, en su nuevo objetivo, al maximato en 2024.

Entrevistas

Guadalupe Acosta Naranjo
"Que no se haga, le dimos mucho dinero"

Tenía solo 24 años cuando Guadalupe Acosta Naranjo aceptó la invitación del ingeniero Cuauhtémoc Cárdenas a fundar el PRD. Los recuerdos se agolpan en su mente mientras platicamos de aquellos años en los que la izquierda penetraba directamente en el corazón de los mexicanos. Era, sin duda, la época de la verdadera esperanza.

En su oficina de Reforma, donde tiene actividad constante y crítica al gobierno de López Obrador, el expresidente del PRD confirma que durante años el tabasqueño recibió por parte del partido que lo impulsó no solo apoyo moral para sus aspiraciones presidenciales: también se le dio a raudales ayuda económica en efectivo.

El perredista inicia la charla sabiendo que la entrevista será integrada en este libro. Me mira a los ojos para decirme: "No le tengo miedo a Andrés Manuel". Se relaja y fluyen las palabras de quien fue un pilar para hacer crecer al hoy presidente de México. Eso sí, me aclara, nunca fue un súbdito y mucho menos un aplaudidor a ultranza.

Acosta Naranjo, quien ya tenía un nombre en el PRD por su trabajo para crear la estructura electoral en Nayarit, se volvió secretario general del partido en la etapa del desafuero, y poste-

213

riormente se unió al grupo de políticos que ayudarían a López Obrador a lanzarse como candidato presidencial en 2006, cuando el presidente del partido era Leonel Cota Montaño, cercano al tabasqueño. No obstante, fue él a quien llamaron al cuarto de guerra del abanderado presidencial para afilar la estrategia que falló, no por culpa de los perredistas, sino por la desconfianza del tabasqueño hacia el PRD.

"Andrés quería una estructura paralela que dependiera de él exclusivamente, por lo cual encargó a Alberto Pérez Mendoza —a quien le tenía mucha confianza por ser parte del grupo de tabasqueños que le ayudaron a gobernar el Distrito Federal— la formación de la estructura electoral, que se llamaba Redes Ciudadanas. Ante esta decisión le metí un escrito, junto con el secretario electoral del partido, para decirle que no lo hiciera. Era un error, no escuchó y por eso perdió la elección. Al no conseguir el triunfo, se enfermó de odio, y todo el odio y resentimiento que hoy trae viene de aquel momento."

Acosta Naranjo sostiene que esa frase de "no odio, no soy vengativo" es más de dientes para afuera; en la realidad el presidente López Obrador sí odia y sí ejerce venganza contra quienes cree que tuvieron que ver en el fracaso electoral de 2006. Ejemplo vivo es Rosario Robles, quien fue aprehendida al inicio de su administración acusándola de ser la responsable de la "estafa maestra", cuando realmente le está cobrando los videoescándalos que lo exhibieron en su gestión al frente de la Ciudad de México.

Integrante del movimiento Sí por México, que busca ser un contrapeso real y encontrar al candidato ideal para la elección presidencial de 2024, el perredista define al tabasqueño como un hombre abnegado en el trabajo, tesonero, tozudo, tenaz, pero también muy peligroso. Reitera nunca haber sido su incondicional, lo cual lo llevó a romper definitivamente con él cuando era candidato presidencial del PRD.

Acosta Naranjo estuvo presente en la "misa de los lunes", cuando el hoy presidente convocaba a las cabezas del grupo que le coordinaban su campaña para informarle cómo se desarrollaba la estrategia frente a los partidos fuertes, PRI y PAN. En esa sala, López Obrador recibió de manos del perredista el primer cheque que el IFE le dio al PRD por concepto de prerrogativas: 300 millones de pesos.

"Siempre estuve en el lugar donde le era útil al presidente, sobre todo en la organización, pero no era su incondicional, lo cual finalmente tensó nuestra relación que duró dos, tres años, hasta romper fuertemente, al grado de que no me saluda. Me ha encontrado en el avión a Nayarit de frente y se voltea para otro lado y no me saluda. Está enojado conmigo. No me importa. A él le gana la idea de que todo el mundo tiene que ser incondicional. Eso es algo contra mí. No nací, no crecí en un ambiente así y no lo quiero hacer. Viví como testigo privilegiado en la etapa de 2005 a 2009, hasta que rompimos. De entonces para acá no tengo más que los elementos que conocemos todos, lo que me platican muchos amigos que son amigos de él y que siguen siendo amigos míos, porque yo no he perdido amistad con los verdaderos amigos que tuve en el PRD que están hoy en Morena, siguen siendo mis amigos. Hay gente que por mantener la incondicionalidad con Andrés prefieren alejarse de la verdad. Yo fui testigo con él de muchas cosas. Vi, fui testigo y me molesté mucho."

—¿Que cosas le molestaron?

—Muchas cosas. Me molestó mucho que durante la lucha contra el desafuero, el ingeniero Cárdenas, quien había sido tan generoso con él, a pesar de mantener cierta lejanía porque Andrés

Manuel había decidido sustituirlo en el liderazgo político, lo apoyara de manera total.

—¿Un parricidio?

—Un parricidio. Cuando fue la gran marcha del desafuero, aquella de la que usted se acuerda, gigantesca, nosotros ya habíamos convencido al ingeniero Cárdenas, a quien quiero y aprecio mucho, de asistir. Entonces el río de gente comenzó a abuchearlo. Andrés había quedado de acompañarnos, pero no llegó. Simple y sencillamente no llegó. Dejó caminar al ingeniero solo en medio de una bola de intolerantes que en vez de agradecer que se estaba sumando, que estaba respaldando, que estaba cediendo su candidatura, lo insultaron. Son de esas cosas que él hace para envenenar a la gente. Ese día estaba con Cuauhtémoc, iba yo muy enojado, cuando me habló Nico para decirme: "Guadalupe, ya no va a llegar Andrés; se va a venir directo al mitin. Por favor, vénganse, vamos a mandar vehículos para que se vengan".

"Todavía traté de convencer al ingeniero Cárdenas de ir al Zócalo, pero me dijo: 'No, Guadalupe, yo ya cumplí, yo ya vine. Muchas gracias'. Y con un pequeño equipo de seguridad que le puse, salió, abordó su carro y se fue antes. Yo me fui con los otros invitados. Y ahí estaba ya Andrés. Arrancó el mitin. Subí al templete, era el secretario general. En medio del mitin, López Obrador le da la palabra a Porfirio Muñoz Ledo. Cuauhtémoc Cárdenas estaba muy enojado con Porfirio porque apoyó a Vicente Fox en el 2000, y nunca le dieron lo que quería, pero sí obtuvo una embajada muy importante en la Comunidad Económica Europea. Y allá se fue Porfirio los cinco años del gobierno panista. Apenas regresaba de su encomienda y ya se estaba integrando de nuevo al PRD por decisión de Andrés, lo cual le pareció una ofensa al ingeniero Cárdenas.

"Le gritan mucho a Porfirio. Le chiflan, y yo me le acerco a Andrés y le digo: 'Oye, Andrés…' 'Deja, deja, la plaza purifica', fue lo que me dijo. Me hice para atrás y ya. Terminó el mitin. Desde entonces Porfirio se hizo incondicional de Andrés, hasta hoy que lo volvió a engañar porque sí le ofrecieron la embajada, sí era cierto que le ofrecieron la embajada, y Andrés hizo como que no sabía, pero eso es falso: yo me enteré con anterioridad de que le habían ofrecido la embajada en Cuba, ya estaban pidiendo el beneplácito. Porfirio iba a ser bien aceptado en Cuba, pero cayó en la trampa porque lo único que quiso Andrés fue darle una patada: lo fintó y luego lo desechó."

En pocas palabras, López Obrador le hizo a Porfirio lo mismo que a Cuauhtémoc Cárdenas. Lo dejó en manos de la jauría que, como en tiempos de los gladiadores romanos, pedía sangre para quienes consideraba traidores y gloria para su líder.

Acosta Naranjo recuerda cómo en la campaña de 2006 la estructura paralela que hizo López Obrador costó una millonada. Fue dinero público tirado a la basura por su necedad y desconfianza hacia el PRD. Guadalupe le dijo al tabasqueño: "'Mira, vamos haciendo una fórmula intermedia. Déjanos Guerrero, la Ciudad de México, Tabasco, Michoacán, donde ya hemos ganado y hemos cuidado las casillas, hemos logrado vencer la elección y tenemos gente con experiencia; y donde no lo hemos logrado, Monterrey, Guanajuato, hazte cargo tú para que no tengas desconfianza de que allá esos muchachos te puedan vender, pero déjanos donde nosotros ya ganamos, deja al partido.' 'No', fue su respuesta. Salió carísimo hacer esa estructura paralela, fue un río de dinero tirado a la basura, y alrededor del 40% de las casillas no se cubrieron. Fue un error estratégico de él por su desconfianza. Hasta donde habíamos ganado no nos dejó cuidar. Fue un error suyo, no de nosotros".

—¿Tiene idea de cuánto dinero se tiró ahí?

—Calculo que debemos de haber gastado unos 120, 140 millones de pesos, porque el IFE nos dio 300 millones para la campaña. Agarré el cheque, lo firmé y se lo entregué, los 300 millones, entero. "No quiero que tengamos problemas de que no te dimos dinero", le dije, "de que nos faltó el dinero", porque yo ya le tenía cierta desconfianza. Entonces, para curarme en salud, no anduve con cosas en el tema, y yo conseguí un crédito de 60 millones porque en el partido el Comité Ejecutivo decidió que el dinero lo manejaba yo. Leonel Cota feliz, porque él no quería tener problemas de nada. Cota entre menos hiciera era feliz. Es un buen hombre, pero no es un hombre de trabajo electoral.

Acosta Naranjo recuerda con afecto a Pepe Borges, quien había sido jefe de Finanzas en el gobierno capitalino, un hombre de letras. Ambos le decían que no a los excesos de López Obrador en cuanto a dinero porque no querían dejar al PRD endeudado.

—¿Y el cheque? —le pregunto a Acosta Naranjo.

—Pues eso lo usó él para su campaña. Lo pusimos nosotros.

—¿Lo manejó Esquer, como maneja todo?

—Lo manejaron ellos. Fíjese, en aquel tiempo nos pusieron como enlace al que fue de los Servidores de la Nación, a Gabriel García Hernández. Lo conocí jovencito, más delgado. Nos lo mandó gente de Marcelo Ebrard. Ellos estuvieron como enlace para que cubriéramos bien la justificación de los dineros en el IFE, lo cual hicimos bien en términos generales. En las candidaturas me di cuenta de a quién quería y a quién no quería, pero yo terminé tomando la decisión de los 100 distritos más importantes para el partido, reservándolos en un Consejo Nacional. No dejé que los tocara, porque había gente de la que decía:

"Este no pasa". Y yo decía: "Está arriba en la encuesta". Pues "no pasa", y lo sacaba.

"Entonces [López Obrador] se comenzó a medio molestar conmigo. 'Pérame. Pues es el que está mejor. Si me dices que no pasa porque está muy mal, pues tienes razón: no vamos a poner a los más malos, necesitamos poner a los más buenos.' Por eso cuando se hacen los grupos parlamentarios, ya después de 2006, él no gana ni la coordinación del Senado ni la coordinación de diputados porque no dejé que manoteara en todos los casos. Por eso fueron coordinadores Carlos Navarrete y Javier González. Andrés propuso dos, al que ahora es gobernador de Nayarit, Miguel Ángel Navarro Quintero, para la Cámara de Diputados, y a Ricardo Monreal para el Senado. Se votó, como se vota en el partido, y perdieron, y eso que se juntó él, Ricardo Monreal y Marcelo Ebrard para apoyar a esos candidatos y perdieron. Entonces fue otra diferencia que comenzamos a tener.

"Pero en la campaña nosotros le dijimos: 'Andrés, ya en marzo, abril, compórtate como presidente; vamos muy bien, arriba; ya no pelees; no le hagas caso a Vicente Fox, Fox no es candidato, el candidato es Felipe Calderón. Para qué te peleas con Fox. ¿Fox tiene más popularidad que Calderón? No te pelees con el que está arriba, pelea con el que está abajo'. Le dimos esos consejos. No quiso y un día dijo: 'Cállate', y de ahí no lo quitamos. Entonces le vino la campaña de odio, la de 'es un peligro para México'. Le comenzó a afectar y él decidió no contestar. Entonces nosotros lo forzamos en una reunión a contratar spots de radio y televisión y contestar y tratar de salirnos del conflicto. Nos tuvimos que endeudar con TV Azteca y Televisa. Televisa no aceptó deuda, TV Azteca sí. Siempre ha sido mucho más fácil, porque Ricardo Salinas Pliego es más amigo de Andrés.

Televisa nos lo pidió al contado y fue un santo gastazo en dinero que tuvimos que conseguir con gobiernos nuestros para pagar. A mí que no me digan que no hemos hecho eso.

"Hemos sido muy cuidadosos. Y no le tengo temor a Andrés. Él es muy ambicioso y ha usado mucho dinero público para luchar por el poder. Ahí no se ha detenido nunca. No ha tenido ningún escrúpulo. Que no diga que no. Lo sé de primera mano. A mí no me puede salir con eso. Yo creo que por eso es que conmigo no se mete: sabe lo que sé."

—Pero la mayor parte, en ese entonces, ¿sí salió de la Ciudad de México? Se dice que se recargó mucho en la administración de Marcelo Ebrard y de los gobiernos que tenían.

—Salía de la Ciudad de México y del Estado de México, de municipios como Nezahualcóyotl, Valle de Chalco, Texcoco, Ecatepec y otros. Después del desafuero vinieron muchos presidentes municipales a ayudarle a Andrés Manuel. Por eso Higinio Martínez, expresidente de Texcoco, estuvo tanto tiempo en favor de Andrés Manuel. Ahorita lo va a hacer a un lado. Por eso Horacio Duarte, alcalde también de Texcoco, siempre ha sido una de las gentes, hasta el día de hoy, más cercanas al presidente. Andrés no quiere a Pablo Gómez, lo tiene ahí por un interés. No lo quiere porque cuando Andrés fue candidato a jefe de gobierno Pablo Gómez le metió una denuncia por no cumplir con la residencia obligada por el órgano electoral de cinco años, lo cual era verdad.

—¿Fue cuando intervino Ernesto Zedillo?

—Ernesto Zedillo se lo permitió. ¿Qué se hace? En ese mismo proceso todavía están enojados, porque Cuauhtémoc Cárdenas en el 2000 es de los que habla con Vicente Fox y le dice: "Oye, ya cada quien su golpe, tú ya ganaste la presidencia, nosotros ganamos la jefatura de gobierno". Ya no se abrieron paquetes electorales, ya no se hizo recuento. Santiago Creel se fue a la Secretaría de Gobernación, pero de los paquetes que sí se abrieron, por ejemplo, fueron los de la Álvaro Obregón. El PAN recuperó votos, por eso perdió la delegación Alejandro Encinas, que era candidato del PRD, pero Cuauhtémoc Cárdenas metió el hombro para que ya no se hiciera el recuento para Andrés. Y Andrés así le ha pagado. Eso, en verdad, francamente a mí me molestaba mucho.

—Con todo esto que estaba pasando, ¿no se dio cuenta de que el objetivo de López Obrador era deshacer al PRD?

—Sí. Se enojó conmigo. Los años 2006, 2007 y 2008 fueron de mucho golpeteo. En 2006 yo apoyaba para la jefatura de gobierno a Jesús Ortega. Pablo Gómez ya había declinado por Jesús Ortega. Armando Quintero también había declinado por Jesús Ortega. Se hizo una elección en urnas y la gente decía "vamos con alguien que venga del partido". Marcelo Ebrard apenas iba llegando. Y fue al lado de Manuel Camacho Solís, quien nos había perseguido de 1988 a 1994, cuando estuvieron en la regencia, ellos operaron. No estaba tan fácil que Marcelo Ebrard pasara. Faltando dos días para la elección, viendo que estaba muy cerrada, Andrés Manuel dio una declaración en *La Jornada* llamando a votar por Marcelo.

"Vino la elección del domingo y Marcelo Ebrard nos ganó por siete, ocho puntos. Jesús Ortega va y le levanta la mano. Nosotros estábamos muy dolidos. Al lunes siguiente llego y le digo: 'Te vengo a renunciar'. Entonces Andrés Manuel iba 14 puntos arriba para la presidencia. Dijo: '¿Y por qué?' 'Tú sabes por qué. Por lo de Chucho y Marcelo. ¿Para qué te metiste? Tú eres candidato de todos nosotros, no tenías derecho a meterte.' Discutimos un rato. 'Tú eres cegehachero, todo lo quieres hacer en bola, todo lo quieres hacer democrático y no: esto es un asunto de personas —me dijo—, así como Benito Juárez y aquellos hombres que parecían gigantes.' 'A ver, aquellos hombres que parecían gigantes eran del Partido Liberal, Andrés, sí había partido, y aquí hay partido, y tú te metiste injustamente en una decisión que debíamos resolver nosotros, que también te estamos apoyando. Lo iba a resolver la gente, ¿para qué te metes?' Me dijo: 'Bueno, bueno, ya, si un día quieres, regresa, yo sé que lo tuyo es por principios'. Me fui a mi secretaría general, no fui a la siguiente sesión. Andrés manda llamar a Chucho, sabe que está el problema y le dice: 'Coordíname la campaña'. Chucho termina siendo el coordinador de campaña de Andrés Manuel después de que le había hecho eso."

—¿La de 2006?

—Sí, la de 2006. Todo esto ocurrió en 2006. Cuando era Marcelo Ebrard contra Jesús Ortega, y Andrés Manuel era candidato a presidente. Entonces, después de que yo le renuncio, llego a casa de Carlos Navarrete. Estaban comiendo todos, había como unos 10, 12 compañeros. Me preguntan: "¿Qué pasó, Guadalupe?, ¿no estabas en la reunión de los lunes?" "No —les dije—, fui y le renuncié." Ya ni querían comer. "¿Cómo que le renunciaste, cabrón?" "Pues sí, sí le renuncié." "¿Por qué no nos avisaste?" "Porque si les aviso no me dejan, y yo esta no me la iba a tragar, que se vaya a la chingada el cabrón, grosero, egoísta", les dije. A los dos o tres días Andrés manda a llamar a Chucho Ortega y le ofrece la coordinación. ¿Qué crees que hace? Después de que Jesús le dice: "Está bien, sí te ayudo a coordinar la campaña", él le dice: "Bueno, te pido una tarea". "¿Cuál?" "Tráete a Guadalupe otra vez." Entonces va Chucho conmigo. Vamos a comer y me dice: "Guadalupe, pues ya le acepté a Andrés, ya me nombró coordinador de campaña; tú sabes, es muy probable que ganemos la presidencia, y me pidió un favor". "¿Qué favor te pidió?" "Que regreses a la campaña." "No, yo no regreso con ese cabrón." Me dijo: "A ver, Guadalupe, si no te puedo regresar a ti, ¿qué pinche coordinador de campaña soy? Él te quiere ahí". Por eso era una relación tensa. Entonces le dije: "Tienes razón, está bien, te voy a acompañar". Regresé a las tareas de organización, que eran las que me dejaba, porque él sabía que yo tenía muchos amigos en el país y eran gente muy abnegada, muy trabajadora: la organización, tenía el contacto con la célula del partido. Fue nuestro primer gran desencuentro porque no se le renuncia fácilmente a alguien que va a ser presidente.

"Me tenía tanta confianza en las tareas organizativas que ya muy cerca de la elección me mandó llamar y me dijo: 'Guadalupe, te quiero pedir una tarea especial adicional'. 'Dime, Andrés.' 'Vamos a hacer dos encuestas de salida, pero todos nomás van a saber de una, de la de Covarrubias, de la maestra; la otra encuesta la va a hacer una empresa que se llama Nodo, son quienes se separaron del CEU de Guadalajara, pero esa nada más la vas a ver tú.'

"Entonces me deja a mí la encuesta de Nodo y no le informa a nadie. Me reúno yo con el de Nodo y me dice los puntos. Pongo a gente para que los cuide y que no molesten a los encuestadores. Ellos me pasaban los resultados a mí y yo se los daba a Andrés Manuel. Todos los demás tenían la encuesta de Covarrubias y ya. En la última encuesta que le mandé perdíamos por medio punto, como quedó. Él salió a decir que había ganado muchas encuestas, pero mintió. 'Este sí es cabrón, no chingaderas', pensé. Yo callado porque el único que sabía era yo. Y bueno, chueco o derecho, medio punto era un empate, había que esperar a que se contaran los votos. Pero la sangre fría con la que miente es impresionante. Vino la lucha poselectoral y él propuso el plantón, se lo propuso Beto Anaya."

—¿De él fue la idea?

—Sí. El de la idea del megaplantón fue Beto Anaya, pero la compró Andrés. Cuando nos la propuso yo me opuse con fuerza. Dije: "No, ¿cómo vamos a ahorcar la ciudad?, ¿qué ganamos? Eso es una tontería". Manuel Camacho me apoyó. Entonces Andrés dijo: "A ver, hágase una comisión para que me traigan una propuesta de qué vamos a hacer para la lucha poselectoral, en lo que están los recursos legales que la ley nos permite para el cómputo". Fuimos a nombrar esa comisión, ese equipito de los cinco fantásticos: Manuel Camacho, Ricardo Monreal, Dante Delgado, Jesús Ortega y yo.

"Mi propuesta fue que se pusiera en huelga de hambre. 'No hay que bloquear la ciudad, lo mejor es la huelga de hambre en el Zócalo, a un lado de la astabandera, nos vamos poniendo 100 diarios y uno o dos por cada plaza de las capitales y comenzamos a presionar para que se vuelvan a contar los votos. Nuestra propuesta es cuéntense los votos y el que ganó, ganó, y a reconciliar al país.' Bueno, enredé a todos y me dijeron que sí y lo hicimos en una cuartilla y media. Regresamos a la reunión dos días después, y todos, canijos, me dijeron: 'Tú fuiste el de la idea, tú proponla, léela'. Leí la propuesta, pero Andrés dijo 'no', y comenzó a argumentar que no nos iban a hacer caso, que nos iban a ignorar, que se necesitaban acciones fuertes que en verdad llamaran la atención por todos lados y él se inclinaba por el plantón a Reforma.

"Yo le insistí. Vi quién más iba a hablar y nadie más habló. Entonces volví a pedir la palabra: 'Oye, Andrés, de veras, valora bien, esta ciudad la ganamos, ¿para qué la vamos a lastimar? Segundo, tú nos has dicho que no vamos a romper ni un vidrio ni pintar una barda, que la política es pacífica. Tercero, lo tuyo, lo tuyo es ser mártir —le dije—, a los 20 días vas a tener una peregrinación, no un mitin, y la presión internacional va a ser muy grande porque lo único que queremos es que se vuelvan a contar los votos, es todo. Pero, a ver, no hay coincidencia, hay que votar tu propuesta con la propuesta que estoy haciendo'. Y se votó. Dijo: 'Primero la de Guadalupe', pero no era de Guadalupe, era de la Comisión. Levanté mi manita votando en favor de mi propuesta y nadie más levantó la mano, ni los de la Comisión; luego, por su propuesta, todos levantaron la mano."

—¿Le tenían miedo o respeto?

—Las dos cosas: unos le tenían respeto y otros tenían temor de enemistarse con el líder máximo. Entonces yo sí voté en contra, y se acabó. Vino el mitin, sentí que estaba marginado de las tareas, no la hice de jamón, él planteó lo de quedarse ahí, la gente votó que sí. El acuerdo volvió. Salió Marcelo Ebrard con un mapota grandote porque ya él traía dónde iban a ponerse las carpas, las cocinas, organizando lo que nunca había organizado en su vida, ¿qué chingados ha hecho él algún plantón? Pasó.

"Me fui a comer, junto con Jesús Ortega, Carlos Navarrete, Eduardo Espinoza y Jesús Zambrano, con unos libaneses que están muy cerca del Zócalo y eran simpatizantes del movimiento. Bueno, pues había sido más o menos destituido de mi trabajo de organización, pero me fui tranquilo. Estábamos comiendo. Yo me había tomado como unos tres o cuatro tequilas dobles cuando me habla Nico. Me dice: 'Licenciado —porque Nico a todo mundo llama licenciado—, pues dice el licenciado López Obrador que si puede venir a una reunión a las cinco y media de la tarde en el Zócalo. Ya instalamos una carpa, ahí la va a ver usted, blanca, entre Catedral y Palacio, es muy importante que esté'. 'Sí, dile que ahí estoy, Nico.' Y luego le entra la llamada a Jesús Ortega, y luego a Carlos Navarrete, para citarlos también. Llegamos y había como unas 30 gentes. Yo me senté hasta atrás, me acuerdo, me senté en la última silla. Andrés explicaba que había, por los informes de la policía, gobernábamos la ciudad, 800 gentes en el Zócalo, entonces se tenían que tomar medidas urgentes de organización para evitar el ridículo, porque si eso se seguía así, iba a ser un golpe al movimiento."

—¿No era nada en cuanto a presencia del pueblo?

—No, y menos para el Zócalo. Nos dijo que él personalmente iba a ver lo de Juárez y Reforma, y propuso que los secretarios generales del partido Convergencia, hoy MC [Movimiento Ciudadano], del PT [Partido del Trabajo] y del PRD se hicieran cargo del plantón del Zócalo y tomaran las medidas necesarias. Levanté la mano y dije: "¿Me permites, Andrés?" "Sí, Guadalupe, dime." "No acepto." "¿Por qué no aceptas?" "Porque yo voté en contra de esto, así que no acepto." Me dijo: "Pues te lo pido porque el partido ya decidió y tú eres un hombre de partido. ¿Cómo vas a rechazar una decisión que ya tomó el partido?" Hijo de la chingada. Le dije: "A ver, Andrés, ¿deveras quieres que te ayude en esta tarea de reunir gente?" "Sí." "Entonces déjame solo, no me pongas a nadie." "De acuerdo." Y destituyó al del PT y al de Convergencia.

"El cabrón me incorporó porque miró que a quienes les había encargado las tareas de organización sabían siete chingadas de organización. Entonces, el Zócalo siempre estuvo lleno, lo que estuvo mal fue Reforma. Había absurdos. Por ejemplo, a Marcelo Ebrard se le había ocurrido poner una cocina. Las colas daban vueltas a la Catedral. ¿Cómo una cocina? Una cocina por grupos pequeños para que puedan distribuirse mejor. Él había puesto lonas en medio, yo quité las lonas para hacer las asambleas."

—¿Usted durmió en el Zócalo?

—Yo dormí todas las noches, Andrés faltó dos noches, pero ahí dormía. Faltó dos noches porque una vez se fue a Tabasco a la campaña y otra a Chiapas, donde teníamos elecciones de gobernador, y él fue en algún momento a apoyarlos. Dormía ahí. Mandé traer de la Central de Abasto las cosas que se ponen, de madera, porque llovía mucho y la gente se mojaba. Entonces le puse como segundo piso a todos los dormitorios para que no se mojaran. Ahí comenzamos otra vez a tener fricciones. La primera fricción más fuerte fue cuando nos encargó que impidiéramos que tomara protesta Felipe Calderón. Resuelve el Tribunal y anula algunas casillas, dice que hay irregularidades, pero valida la elección. Nos llama a una reunión y nos dice: "Vamos a convocar a los diputados y a los senadores a que vengan a la plaza y firmen delante de la gente que van a impedir la toma de protesta. Ya estoy haciendo la carta, programémoslo para el domingo que viene en la asamblea y que no falte nadie". Entonces levanté la mano y le dije: "A ver, Andrés, nomás una aclaración: ¿nos estás pidiendo que impidamos que Felipe Calderón tome protesta?" "Sí, Guadalupe, y que firmen delante de la gente." "Ah, bueno, pues yo no estoy de acuerdo." "¿Por qué no estás de acuerdo?" "Te he acompañado mientras tuvimos un recurso legal ante las autoridades porque la Constitución y la ley nos lo permite, pero hace dos días el Tribunal declaró presidente a Felipe Calderón, y yo no soy golpista: mientras teníamos los recursos, sí, era mi obligación. Hoy, las instituciones resolvieron, y no estoy de acuerdo." Y que se arma una discusión enorme.

Le dije: "Estás incubando el huevo del autoritarismo, Andrés. Así no es esto, no es por lo que hemos luchado". Se encabronó mucho, se salió y nos fuimos al Comité Nacional a discutir y ahí se votó. Tuve seis votos, el de Fernando Belaunzarán fue uno a favor. Verónica Juárez y Miguel Barbosa votaron conmigo. En aquel tiempo fueron seis votos negándonos a eso.

—Pero ¿sí fueron al Zócalo a firmar, como él quería?

—Fíjese que sí firmaron la carta, si mal no recuerdo. Era muy lamentable. Ahí Andrés me agarró mucho coraje porque le dije "autoritario" y que yo no era golpista. Ahora que habla de golpes de Estado. ¿A nosotros cuándo se nos ha ocurrido quitarlo? Estoy muy inconforme con su gobierno, pero no estamos preparando un golpe. Ganó la elección, que termine y se vaya. Cada vez que tuve cosas que contradecían mi conciencia no le hice caso. Tal vez el haber cedido en ayudarle a sostener su gobierno legítimo, porque se dio sueldo de 50 mil pesos y le daba 50 mil a todo su gabinete, una bola de inútiles que no hacían nada.

—¿Ese dinero salía del partido?

—Sí, del partido. Hacíamos una coperacha mensual para darle. Cuando había excedentes de la Cámara de Diputados, no se repartía entre el grupo y se lo dábamos a Andrés.

—¿Siempre fue todo en efectivo, excepto el cheque del IFE?

—Bueno, el cheque porque era legal. Tiene usted razón en que es el "rey del cash". Todo era en efectivo.

Acosta Naranjo recuerda a Claudia Sheinbaum en esos años turbulentos. Confirma que ganó mucha confianza del presidente cuando salió el primer video de Gustavo Ponce, luego el de René Bejarano.

—Entonces los manda llamar Andrés Manuel y pregunta: "¿Quién más está?", y Claudia dice: "Está Carlos". Lo entrega.

Y Carlos Ímaz tiene que salir a declarar, y se supo, por cierto, que el dinero que le estaba dando Carlos Ahumada era para llevarse a Claudia Sheinbaum y a sus hijos a Europa".

—¿Eso lo dijo Carlos Ímaz?

—Está en el video. Eso lo dice Ahumada: era para ellos.

—El presidente creó un Frankenstein.

—Y desde ahí Andrés Manuel le tiene confianza: pues si fue capaz de entregar al marido...

—Por eso la quiere.

—Porque la va a manipular. Entonces sí tuvimos muchas diferencias. Yo luego llegué a la presidencia del PRD, seguí siendo secretario general, y cuando llegué a la dirigencia nacional terminamos de romper.

—¿Usted cree que verdaderamente no tenga dinero?

—Sí lo tiene, pero lo tiene muy guardado. Es obvio que él ha tenido un ritmo de gastos de campaña que no se explicaría si no es por las transferencias de dinero, de sobres amarillos, como dice Carlos Loret. Eso no hay otra manera de explicarlo. Además, había un equipo grande. No era nada más él. Si hubiéramos mantenido solamente al líder, porque tenía que andar recorriendo el país, pues eso se entiende, pero había una bola de gente que no servía de nada. Tenía secretarios y subsecretarios, y todos ganaban 50 mil pesos. Evidentemente Marcelo los sostuvo.

Ricardo Pascoe Pierce
"Sí traiciona, sí engaña, sí miente"

La intuición puede salvarnos, cuando le hacemos caso, de relacionarnos con personas peligrosas, ya sea por su ambición desmedida, o por acceder al poder a cualquier costo y no querer soltarlo. Ricardo Pascoe Pierce habla en entrevista sobre la personalidad oscura y autoritaria del presidente López Obrador, a quien conoció cuando el tabasqueño era presidente nacional del PRD, y él, integrante del Consejo Político de esa institución. El diplomático sí le hizo caso a su intuición y se alejó del tabasqueño cuando le vio el rostro de autoritarismo, de "el partido soy yo", y actualmente de "el Estado soy yo".

"En primer lugar, tengo que aclarar que en realidad terminé toda mi relación con ellos en 2000, es decir, yo no tuve nada que ver con el gobierno de Andrés Manuel en la Ciudad de México, porque en ese año fui nombrado embajador en Cuba, con Vicente Fox, y entonces ahí, básicamente, rompió conmigo el PRD. Cuando regresé de La Habana quise volver a insertarme en el PRD, pero Andrés Manuel me rechazó totalmente, me excluyó, y yo no tuve ningún interés en seguir porque vi cómo él se había apoderado de ese partido y ya me imaginaba lo que venía después."

Pascoe Pierce se convirtió en observador externo de las acciones emprendidas por el hoy presidente de México. Desde su columna política publicada en un diario de circulación nacional ha escrito sobre el tabasqueño y los personajes que lo han acompañado a lo largo de más de dos décadas. Por ejemplo, Gabriel García Hernández, un hombre pieza clave en el acopio de dinero, y hoy desterrado por el jefe del Ejecutivo federal por haber perdido la Ciudad de México en la elección intermedia de 2021. López Obrador tampoco puede prescindir de Gabriel, explica el exembajador, porque es un hombre que conoce todos los secretos y seguramente le tiene una gran lealtad al presidente, a pesar de que lo patea y lo despide y lo maltrata, pero el masoquismo es así.

—¿Es lealtad o será miedo?

—En todo caso, ambas cosas, pero sí hay un elemento de lealtad, de seguidismo al jefe. Existe esta cosa perversa de lealtad ciega o de creer en este proyecto con fanatismo, porque el fanatismo es así, y él ha fomentado eso en todos lo que lo siguieron y se mantienen a su lado.

¿Qué sucedió para que Ricardo Pascoe Pierce, una de las mentes más brillantes de la política, decidiera saltar del barco conducido por el tabasqueño en los años noventa? El movimiento político encabezado por Cuauhtémoc Cárdenas había ya avanzado, había algunas diputaciones y senadurías del PRD, especialmente en las elecciones de 1988, donde obtuvieron cuatro senadurías: dos de la Ciudad de México y dos de Michoacán. Las diputaciones cayeron en los años siguientes y en las elecciones de 1994, cuando se hicieron de más senadores. Iba más o menos creciendo el movimiento, pero quien dirigía las cosas en gran medida era Andrés Manuel López Obrador. "Solamente puedo comentar algunas de las cosas que para mí son indicios de lo que venía. Desde los años noventa había señales claras, desde mi punto de vista, de que iba a progresar en esa dirección, la del autoritarismo."

Pascoe Pierce se sincera en la entrevista hecha en una de las oficinas de la alcaldía Coyoacán, donde colabora con el alcalde Giovani Gutiérrez. Confiesa que en el año 2000 no votó por Andrés Manuel porque "ya lo conocía". Incluso, mucho antes de pensar en ser embajador en Cuba, el político no tenía intención alguna de darle su voto porque la ruptura con el tabasqueño ya se había dado. ¿Qué lo motivó?

—Siendo miembro del Comité Ejecutivo Nacional, cuando Andrés Manuel era el presidente nacional, me tocó ser el secretario de Relaciones Internacionales. En esa época sucedió una cosa muy importante que para mí fue un reflejo de cómo era él y cómo hacía política, refiriéndome a la idea de cómo engañar haciendo política.

"En algún momento de la gestión de Ernesto Zedillo, Andrés Manuel llegó al Comité Ejecutivo con el planteamiento de que estaba seguro y tenía información fiable de que Carlos Salinas de Gortari estaba preparando un golpe de Estado en contra del presidente Zedillo. En esos años Carlos Salinas estaba en el exilio, prácticamente humillado nacionalmente. Su hermano, Raúl Salinas, estaba en la cárcel. Entonces había un acoso grande del gobierno de Ernesto Zedillo en contra de la familia Salinas. Andrés Manuel planteó el golpe de Estado y lo concluía del fracaso que hubo en el operativo que montó el gobierno zedillista para tratar de atrapar a Marcos, el líder del EZLN. Hubo un incidente en el que trataron de agarrarlo y Marcos se escapó de la trampa. Fue cuando el gobierno incluso dio a conocer su identidad real.

"Todo eso ocurrió en un momento en que había la idea de que Carlos Salinas y su hermano Raúl estaban, de alguna manera, aliados con el Ejercito Zapatista de Liberación Nacional, con el subcomandante Marcos, en el intento de hacer fracasar al gobierno de Ernesto Zedillo."

—Incluso se decía que Carlos Salinas había construido a Marcos…

—Sí, Raúl era como el intermediario entre esa corriente, digamos, de izquierda y China, porque eran de línea proletaria. No me acuerdo de la otra, pero eran dos corrientes, digamos, de marxistas, ligados a China. Raúl Salinas los había fomentado, de hecho, ligados al PT , a lo que hoy es el PT, especialmente Alberto Anaya, que viene de Monterrey y de esa corriente comunista pro-China.

"Lo que planteó Andrés Manuel al Comité Ejecutivo Nacional del PRD es que había un gran complot en contra de Ernesto Zedillo, y el PRD tenía que salir en defensa del presidente y rechazar el golpe de Estado. Andrés Manuel López Obrador redactó un documento que presentó al Comité Ejecutivo, el cual anda por ahí, en la prensa. Tuvimos una discusión muy agria en torno a ese documento. Yo lo rechacé absolutamente. También Heberto Castillo, que era miembro del Comité Ejecutivo Nacional. Otros lo aceptaron y les pareció muy bien. Finalmente la mayoría del Comité Ejecutivo dijo absolutamente 'no' al documento, simplemente porque no había ninguna prueba.

"Andrés Manuel, viendo que su moción había sido derrotada, bajó a la oficina de prensa del partido y mandó publicar el documento con su firma, lo cual generó una gran confusión, porque entonces la idea era que el PRD estaba apoyando incondicionalmente a Zedillo.

"Entonces uno se pregunta qué es lo que estaba construyendo ahí y qué propósito tenía esa construcción, ese apoyo que le estaba dando. Se entendió después, cuando Ernesto Zedillo lo apoyó para que fuera el candidato del PRD a jefe de gobierno, fuera de legalidad, porque no cumplía con los requisitos legales y, sin embargo, el presidente de la República manipuló para que se le diera el registro a Andrés Manuel."

Con el paso de los años el hoy político panista considera que podría haber habido un encuentro entre Andrés Manuel López Obrador y Ernesto Zedillo en ese momento de la historia.

"Seguro que sí. Entonces, a lo que voy con esto es que él opera absolutamente en las tinieblas, puede ir en contra de todos, o sea, opera antidemocráticamente, porque si la decisión del Comité Ejecutivo era no publicar ese documento, no tenía por qué haberlo hecho. Sin embargo, López Obrador lo publicó y ordenó al área de prensa que lo difundiera."

Esta acción autoritaria del hoy presidente de México se dio, recuerda Pascoe Pierce, antes de las elecciones de 1997.

—Un poco para asegurar también condiciones de que quizá no le hicieran fraude a Cuauhtémoc Cárdenas, también podría ser. Uno puede especular que era eso. Había toda una maniobra de confabulación política entre Ernesto Zedillo y Andrés Manuel. De ahí también construyó su antisalinismo y conformó a Carlos Salinas como la gran figura mítica que sería su objeto de odio útil durante muchos años. Entonces ahí estaba la mafia del poder y, después, con el tiempo, fue agregando elementos: Diego Fernández de Cevallos y otros actores.

—¿Por qué la tolerancia hacia Andrés Manuel López Obrador?

—Porque le era útil a Ernesto Zedillo, le servía. O sea, se apoyaban mutuamente y Andrés Manuel sí jugó la carta de apoyar al presidente Zedillo para aplastar al anterior. Era una época virulenta de conflicto entre Carlos Salinas y Ernesto Zedillo. Eran tiempos muy oscuros dentro del priismo mexicano. La muerte de Luis Donaldo Colosio y la muerte de José Francisco Ruiz Massieu, todo ese entorno turbio fue lo que marcó el sexenio zedillista. Entonces Andrés Manuel se convirtió en su aliado. Esto es importante porque ahí también sale su talante priista. Utilizó al PRD de esa época como una especie de espadachín del PRI y del presidente de la República sin que fuera absolutamente obvio para todos. Yo lo veía.

—Tú lo viste, ¿por qué los demás no?

—Porque no les convenía, porque todos querían tener diputaciones, porque querían acomodarse; es todo muy acomodaticio, ¿no? Lo que estaba construyendo me parecía de una perversidad absoluta. Desde mi punto de vista, sigue obrando con la misma perversidad hoy que en aquel entonces.

—¿Es una mente inteligente o una mente perversa?

—Es una mente astuta, perversa, pero no es inteligente. Es una figura contradictoria en este sentido. Es un político muy astuto, tiene un gran olfato político, pero no es inteligente y mucho menos culto. Algunos podrían decir que la astucia es una forma de inteligencia. Puede ser. Su astucia es de un gran oportunismo. Siempre juega a crear máscaras. Siempre juega con espejos. Mientras tú crees que él está jugando acá, en realidad está por allá, y mientras tú piensas que él planteó eso, en realidad está pensando en aquello, y es así.

”También es un hombre que te engaña con la verdad, es decir, te va diciendo cosas que va a hacer y tú piensas que en realidad te está despistando, pues está pensando en otra cosa, y lo hace, o, también, en su perversidad, te lanza un anzuelo para que lo muerdas y te pongas a pelear ahí sobre ese tema mientras él anda por otro lado haciendo sus arreglos. Caso concreto: lo que acaba de negociar con Joe Biden, en Estados Unidos, sobre recibir a los cubanos y a los nicaragüenses expulsados es un acuerdo que él firmó con el presidente Biden. Nunca lo dijeron, lo supimos solamente porque lo publicaron periódicos estadounidenses.

"Mientras tanto él juega con el tambor del nacionalismo y de la defensa de Cuba. Todo esto del viaje a Cuba también es una faramalla para crear una imagen de algo, cuando en realidad está haciendo otra cosa y está pactando con Estados Unidos. Él juega esos dobles juegos y hay que entenderlos, porque uno puede hacer las jugadas abiertas, digamos. Hay una manera de hacerlo, uno podría decir: 'Bueno, el tema migratorio es tal que tenemos que resolverlo porque también nos afecta a nosotros y hay que hacer cosas, etcétera, y pues es un trago amargo, pero lo tenemos que hacer', en vez de fingir que no estás haciendo lo que estás haciendo, que es lo que él hace todo el tiempo en todos los rubros de su gobierno."

Para Ricardo Pascoe Pierce el presidente López Obrador es el hombre de las mil máscaras para ocultar sus verdaderas intenciones, y así gobierna. "Sus conocidas consignas, 'acepta la culpa y no digas nada', 'no robes, no traiciones, no mientas' son máscaras. Mientras dice esas cosas, miente, roba y traiciona. Siempre ha sido su forma de hacer política: engañando. Es lo único que sabe hacer. O sea, no podría hacer política de otra manera. La transparencia no existe para él, no es un concepto, ni siquiera es deshonesto en ese sentido, es que no lo entiende."

—¿Ama a México?

—Bueno, a su manera, yo creo que sí. Es una manera oportunista, personalista, narcisista. Es absolutamente narcisista. Hoy más que nunca, en la presidencia, esa parte narcisista de su personalidad ha brotado con furia.

—Él siempre está hablando de los pobres, de los muy pobres, de cuánto le preocupan. ¿Ahí también hay un engaño?, ¿los utiliza?

—Es todo: le preocupan y los utiliza. Como es narcisista, no le preocupa usar a la gente y puede auténticamente decir que está preocupado por la gente. Hace gestos, reparte dinero, pero también usa nuestros impuestos para sus propósitos. Astuto.

—¿Finalmente sí resultó un peligro para nuestro país?

—Absolutamente. Sin duda le atinó Felipe Calderón en eso, ¿no? Ahora, no es por saber más que alguien, pero yo lo sabía desde antes. Me quedé corto francamente. No sospeché tanta perversidad del tipo, pero tampoco me sorprende. Te digo, cuando él bajó a la oficina de prensa y publicó ese documento, en ese momento yo rompí con él; dije: "Este hombre no es confiable para nada". Trae un boleto suyo que es secreto, es misterioso, y es un boleto que obviamente no puede compartir con nosotros por deshonesto.

—¿Crees que sea a Felipe Calderón a quien más odie en su vida?

—Sí, absolutamente.

—¿Por 2006?

—Por 2006, pero también por una cosa, hasta te diría, lo siente como un competidor en la presidencia. En términos generales, Felipe Calderón fue bastante exitoso como presidente. Enfrentó una crisis económica, la enfrentó bien; enfrentó una pandemia, la enfrentó bien; enfrentó el problema del crimen organizado, y todo mundo dice que la guerra de Calderón, pero resulta que es peor con Enrique Peña y mucho peor con Andrés

Manuel. Cuando mira hacia atrás, el problema es que Felipe Calderón planteó, finalmente, creo que es lo que siente Andrés, un rasero alto. Claro, él nunca diría esto, pero yo creo que él siente que no lo ha logrado, porque le ha ido mal con la pandemia, le ha ido mal con la crisis económica y le ha ido mal con el crimen organizado.

—Sin ese narcisismo que le conocemos a Andrés Manuel, ¿muy en su interior o en su conciencia sabrá que está haciendo mal?"

—Creo que no. Los perversos son así. Los tienes que ver alguna vez, esto te va a parecer absolutamente loco, pero hay programas en Netflix de criminales que van a juicios. Es muy interesante porque tú ves un criminal perverso que ha asesinado, y de verdad no tiene empatía con sus víctimas, incluso habiendo matado a su propio hijo. Una madre mata a su propio hijo, va a la cárcel y ponen todas las pruebas enfrente de ella, pero no tiene empatía con el problema.

—Entonces qué personalidad tan contradictoria, porque por un lado usa nuestros recursos, nuestros impuestos, para ayudar a unos, a los pobres, a sus pobres, a los suyos, pero, por el otro, golpea a las mujeres, golpea a los niños…

—El verdadero personaje es el que mal habla de las mujeres, ese es el verdadero Andrés Manuel, ahí es donde lo cachamos. Porque no se contiene en ese tema.

—¿Por qué odia a las mujeres?

—Porque así lo educaron, porque su mamá lo encubrió y lo convenció de que las mujeres eran o santas o putas. Es una educación terrible, primitiva. Es muy primitivo el tipo, muy elemental.

—Bueno, pero el gobierno de Andrés Manuel sigue, no se ha acabado. ¿Qué podemos esperar en estos dos años y meses?

—Mucho conflicto, mucha polarización, va a fomentar mucha polarización. Va a utilizar el tema de la propuesta de reforma electoral para acusar a la oposición de antidemocrática. Después va a utilizar lo de la Guardia Nacional para decir que la oposición está aliada con el narco, y que no quieren combatir en serio al narco. Él dice: "Son los traidores por la energía eléctrica, son antidemócratas por lo del INE y están aliados al crimen organizado, por lo de la Guardia". Él ya está planeando todo un discurso en torno a este asunto. Él va a seguir enrareciendo el ambiente.

—¿El narco qué está jugando con él o él qué está jugando con el narco?

—En el caos, en el río revuelto, los pescadores son Andrés Manuel, por un lado, y, por el otro, el narco.

—¿Cogobiernan?

—Pues, implícitamente. Por ejemplo, ¿por qué a partir de las últimas elecciones se ha desatado el crimen organizado en San Luis Potosí, Sonora, Nayarit, Zacatecas, Guerrero, en diversos estados? Porque Morena hizo compromisos, aunque fuera a nivel local, muy específicos, lo cual intimida a la gente para salir a votar o para no salir a votar, o incluso para ir a robar urnas. Una de esas fue Michoacán, y después de las elecciones, gana el candidato de ellos, de Morena, y ahora dicen "vengo a cobrar el apoyo". ¿Cuál es el apoyo? Pues "ya, esta es mi plaza". "No, pero están los otros también, pero no me hagas nada y yo voy a sacar a los otros de aquí a balazos." Entonces la guerra se desata y esta guerra que hay no es un accidente, es producto de compromisos de las últimas elecciones.

—¿Podría rebasar el narco al presidente en 2024, que fueran ellos los que gobiernen este país?

—Podría ser, o por lo menos, si no lo decide totalmente, sí incluye de alguna manera que incline la balanza de un lado u otro.

—¿No se va a ir?

—Yo creo que sí, pero está tratando de planear un maximato, yo creo que ese es su proyecto: el maximato.

—¿A través de Claudia Sheinbaum?

—Sí, pero está cada vez madreada. Yo no sé si realmente esté pensando en que Claudia Sheinbaum es la ideal. Le fue muy mal el año pasado en la Ciudad de México. Le ganamos la mitad de las alcaldías, pero ahora en el revocatorio, yendo solo, sacaron menos votos que el año pasado. O sea, es el desastre en realidad.

—¿Se le puede derrotar?

—Claro, por supuesto que podemos derrotarlo y tenemos que ser listos. Tenemos que ser generosos, inteligentes, flexibles, para llegar a buenos arreglos que sean factibles para todos y hacer un muy buen bloque. Hay que hacerlo, y cada quien tiene que ceder cosas para que eso suceda. La gente quiere sacarlo, pero la gente no quiere pleito tampoco, por eso somos muy discretos y taimados.

—¿Es una transformación o una revolución?

—Nada. Es una destrucción, una destrucción institucional. No construye nada nuevo. Incluso, la única creación que ha hecho, que es la Guardia Nacional, ahora la quiere meter al Ejército porque no le funcionó. Al Insabi (Instituto de Salud para el Bienestar) prácticamente lo da por muerto y ahora quiere meter a todos en el Seguro Social, o sea, no construye nada. Destruye, la especialidad de la casa es destruir instituciones. Ahora quiere destruir al INE. Ha pasado que ha habido momentos en que el INE no tuvo consejeros por discrepancias en el pasado y funcionó con los que estaban.

—¿De Beatriz qué piensas?

—Podrían ponerla de candidata a senadora, de candidata presidencial no. Si no es Claudia Sheinbaum va a ser Adán López.

Fernando Belaunzarán
"Quiere un maximato"

Entender a quienes ahora se han mantenido alejados del presidente López Obrador luego de haber sido sus aliados e impulsarlo para que se convirtiera en el gran líder de la izquierda tiene diversas lecturas: decepción, intuición, congruencia, dignidad y verdadero amor por México. Muy pocos le dicen "no" al presidente. En ese tenor está el politólogo Fernando Belaunzarán Méndez, quien nunca se dejó seducir por el encanto tramposo del tabasqueño, y se ha posicionado como uno de los críticos más férreos del actual régimen.

Belaunzarán también estuvo cerca del primer mandatario cuando este regresó de su natal Tabasco para ser candidato del PRD al gobierno del Distrito Federal. ¿Qué piensa hoy en día el político del presidente, de sus acciones, de su manera de administrar nuestro país? En entrevista con olor a café Fernando habla claro y fuerte y reafirma lo dicho en mi testimonio: López Obrador se ama a sí mismo y tiene un enfermizo apego al poder. A dos años y unos meses de terminar su mandato no está ni estará preparado para salir de Palacio Nacional e irse a su rancho como lo prometió, incluso, firmando una carta donde juró que no buscará la reelección. Ni él ni yo le creemos.

Fernando, el de "pueden citarme" con el que siempre cierra sus comentarios en Twitter, no contribuyó en su etapa de diputado federal con la cuota económica para el "tlatoani", como sí lo hicieron muchos perredistas en ese mismo nivel. Sin embargo, sí supo del moche que se le pedía a la bancada perredista antes de crear su propio partido: Morena. Se salvó, le digo con ironía.

Muy a tiempo Fernando se dio cuenta de su doble cara, de su personalidad peligrosa, cuando siendo jefe de gobierno del Distrito Federal, durante la marcha blanca del 27 de junio de 2004, donde miles y miles de personas se vistieron de blanco para caminar del Ángel de la Independencia al Zócalo en demanda de seguridad, López Obrador vio con desdén y desprecio a los protagonistas. La descalificación al movimiento que exigía seguridad ante la ola de violencia y de secuestros fue la primera decepción que se llevó el entonces joven político. Ante la exigencia de ¡ya basta!, la respuesta del gobernante fue brutal: "Una marcha de pirrurris".

"No me gustó su reacción, no entendió el mensaje de quienes organizaron y acudieron a esa marcha", me dijo Belaunzarán en un pequeño café de la Narvarte. No eran pirrurris, ni la ultraderecha vestida de blanco, eran personas, hombres y mujeres, sin importar su posición social, que habían sido víctimas de la delincuencia, que habían perdido en manos de criminales a sus hijos —el caso de Alejandro Martí— o quizá alguien a quien sin tener un nombre de abolengo ni dinero también le habían arrebatado a algún familiar.

—¿Fuiste uno de los muchos legisladores que le dieron dinero a López Obrador para crear al hombre que hoy es?

—No, porque cuando fui diputado Andrés Manuel ya estaba creando Morena. Los grupos parlamentarios [del PRD y el PT] en las cámaras de Diputados y Senadores sí le daban una parte del presupuesto que les correspondía, por eso no se mete con Carlos Navarrete, porque le sabe de sobra.

En este punto, el filósofo coincide en que el "amor" de López Obrador hacia el líder nacional de Morena, Mario Delgado, se debe, en gran medida, a las aportaciones que le dio, no de su dinero, sino del dinero de todos los mexicanos.

El saqueo era un secreto a gritos, pero muchos lo justificaban porque creían que con el tabasqueño la izquierda, la sufriente, la doliente, la justa, podría gobernar si se apoyaba al entonces candidato presidencial. Su error fue no ver el signo de traición en su rostro.

—¿Es pobre el presidente?

—Debe tener dinero, sin embargo, para él la ambición no es tener un yate, una mansión; su ambición es tener el poder y el control de todo y de todos. Puedo asegurar que tiene el poder, pero ya no el control, lo ha perdido, y eso ha dado pie a que entre su propia gente se estén peleando.

Como buen estudioso y practicante de la política desde sus años de juventud, Fernando asegura que la política se financia con corrupción. Todos los gobiernos, sean del partido que sean, recurren al financiamiento ilícito para obtener el poder. En el caso de López Obrador no es distinto. El financiamiento que recibió lo utilizó en gran medida para crear su propio movimiento, Morena, porque desde que fue jefe de gobierno desconfiaba del PRD. Por ello pretendió hacer una estructura paralela al partido con Alberto Pérez Mendoza como responsable, pero le creó una "estructura de chocolate, se confió y ni siquiera logró tener un 30% de presencia en las casillas durante la elección presidencial de 2006". En este aspecto coincide con lo dicho por el perredista Guadalupe Acosta Naranjo.

—¿Por qué crees que tanto Felipe Calderón como Enrique Peña Nieto lo dejaron recorrer el país tantos años sabiendo que no pagaba impuestos, incluso conociendo de sus recaudaciones, porque un presidente está enterado de todo, máxime cuando se trata de un opositor del tamaño de López Obrador?

—Realmente fueron muy tolerantes con él porque necesitaban tener un opositor a sus sistemas, y nadie mejor que Andrés Manuel, es el juego de todos los presidentes, tener un político que los cuestione.

Increíblemente, dice Belaunzarán, el que nunca pagó impuestos, es decir, el presidente López Obrador, nunca fue víctima de la persecución de los gobiernos anteriores por medio del SAT. Ahora es el tabasqueño el que utiliza a la dependencia para perseguir, inhibir y extorsionar a quienes no se apegan a sus caprichos.

—Desmenuzar la personalidad del presidente resulta, para quienes de una u otra forma estuvimos cerca de él, espeluznante, porque su transformación fue total, grotesca, insólita, ofensiva. Por primera vez en la historia, la cantidad en las asignaciones de recursos millonarios sin licitar es mayor que la de lo licitado. Lo más grave es el paraíso de los moches que ha construido.

—¿Es una transformación lo que está haciendo el presidente?

—Más bien es una revolución, por eso no le importan las leyes, lo que Andrés Manuel López Obrador busca son soldados para que en 2024 se tiren al abismo.

Lo más peligroso en este concepto manejado por el tabasqueño es que entre los soldados de los cuales habla Fernando Belaunzarán estén formados en primera línea los jefes de las fuerzas armadas, los secretarios de la Defensa, Cresencio Sandoval, y el de Marina, José Rafael Ojeda Durán. A ellos "los ha convertido en sus cómplices dándoles obras y haciéndolos empresarios, cuando su deber es la seguridad del país y de los mexicanos".

En su opinión, el presidente López Obrador pretende recuperar la hegemonía de un grupo que ya existía, por eso su coincidencia ideológica con Manuel Bartlett, su defensa férrea a toda costa por taparle sus horrores y errores porque finalmente trae en las venas el mismo ADN, el de los priistas.

—¿El narco qué papel juega?

—El crimen organizado es el elefante en la sala, en espera de ser invitado, como lo fue en Sinaloa y Michoacán en las elecciones de 2021.

Cogobernar con el narco tiene implicaciones muy peligrosas, pues para 2024 podrían ser los grandes electores, es decir, podrían ser ellos quienes decidan quién será el o la candidata de Morena a la presidencia, para seguir moviéndose con total impunidad.

Fernando Belaunzarán, quien formó parte del grupo de los Galileos, una corriente al interior del PRD, cree firmemente que el presidente López Obrador no está preparado psicológicamente para entregar el poder en 2024, para salirse de Palacio Nacional y meterse de nuevo en una microcasita de Tlalpan o encerrarse en su rancho, que ya no es suyo por haberlo donado en vida a sus hijos, y puede recurrir a la misma acción de la revocación de mandato: hacer una elección de Estado para perpetuarse en el poder.

"Aunque no le alcance para reelegirse, Andrés Manuel López Obrador va a querer seguir mandando en una especie de maximato. La revocación es una amenaza latente para quien no se le cuadre, pues él amaga con ser quien organice su salida del poder si quien llega se olvida de quién lo puso."

* * *

Agradezco profundamente a estos tres hombres: Guadalupe Acosta Naranjo, Ricardo Pascoe Pierce y Fernando Belaunzarán, que hayan accedido a platicar conmigo de los "secretos a voces" del presidente Andrés Manuel López Obrador. En especial porque, conociendo su talante vengativo, no tuvieron miedo de hablar y arriesgarse a ser "linchados" públicamente, como acostumbra a hacerlo el primer mandatario con quienes lo cuestionan. Las entrevistas a estos tres políticos me dieron luz en algunos aspectos de mi testimonio que no tenía claros sobre las aportaciones, las imposiciones y las traiciones de un hombre que para conseguir ser presidente de México cayó en lo más bajo: robarle al pueblo, mentirles a los mexicanos y traicionar a toda una nación.

Nos toca a las y los mexicanos decidir nuestro futuro. Aún lo podemos hacer porque nuestro voto es la entrada al poder de un gobernante, pero también su salida. Cuidemos nuestra democracia.

Anexos

Declaración patrimonial de
Andrés Manuel López Obrador

SECRETARÍA DE LA FUNCIÓN PÚBLICA
DECLARACIÓN DE SITUACIÓN PATRIMONIAL Y DE INTERESES DE LOS SERVIDORES PÚBLICOS
DECLARACIÓN MODIFICACIÓN 2021

FECHA DE RECEPCIÓN: 27/05/2021

SECRETARÍA DE LA FUNCIÓN PÚBLICA

BAJO PROTESTA DE DECIR VERDAD PRESENTO A USTED MI DECLARACIÓN PATRIMONIAL Y DE INTERESES, CONFORME A LO DISPUESTO EN LOS ARTÍCULOS 32 Y 33 DE LA LEY GENERAL DE RESPONSABILIDADES ADMINISTRATIVAS.

DATOS GENERALES DEL SERVIDOR PUBLICO

NOMBRE(S): LOPEZ OBRADOR ANDRES MANUEL
CORREO ELECTRÓNICO INSTITUCIONAL:

DATOS CURRICULARES DEL DECLARANTE

ESCOLARIDAD

NIVEL	INSTITUCIÓN EDUCATIVA	UBICACIÓN	CARRERA O ÁREA DE CONOCIMIENTO	ESTATUS	DOCUMENTO OBTENIDO	FECHA
LICENCIATURA	UNIVERSIDAD NACIONAL AUTONOMA DE MEXICO	MEXICO	LICENCIADO EN CIENCIAS POLITICAS Y ADMINISTRACION PUBLICA	FINALIZADO	TITULO	1987-10-01

DATOS DEL EMPLEO, CARGO O COMISIÓN ACTUAL

NIVEL / ORDEN DE GOBIERNO:	FEDERAL
ÁMBITO PÚBLICO:	EJECUTIVO
NOMBRE DEL ENTE PÚBLICO:	Oficina de la Presidencia de la República
NIVEL JERÁRQUICO:	PRESIDENTE (A) DE LA REPÚBLICA U HOMÓLOGO (A)
ÁREA DE ADSCRIPCIÓN:	OFICINA DE LA PRESIDENCIA DE LA REPUBLICA
EMPLEO, CARGO O COMISIÓN:	PRESIDENTE DE LA REPUBLICA
¿ESTÁ CONTRATADO POR HONORARIOS?:	No
NIVEL DEL EMPLEO, CARGO O COMISIÓN:	00
ESPECIFIQUE FUNCIÓN PRINCIPAL:	LO PREVISTO EN EL ARTICULO 89 DE LA CPEUM
FECHA DE TOMA DE POSESIÓN DEL EMPLEO, CARGO O COMISIÓN:	2018-12-01
TELÉFONO DE OFICINA Y EXTENSIÓN:	50934800 4524

DOMICILIO DEL EMPLEO, CARGO O COMISIÓN

EN MÉXICO DOMICILIO DEL EMPLEO, CARGO O COMISIÓN

CALLE:	PLAZA DE LA CONSTITUCION	NÚMERO EXTERIOR:	SN
NÚMERO INTERIOR:		COLONIA / LOCALIDAD:	CENTRO
MUNICIPIO / ALCALDÍA:	CUAUHTÉMOC	ENTIDAD FEDERATIVA:	CIUDAD DE MÉXICO
CÓDIGO POSTAL:	06060		

EXPERIENCIA LABORAL (ÚLTIMOS CINCO EMPLEOS)

EMPLEO, CARGO O COMISIÓN / PUESTO

ÁMBITO / SECTOR EN EL QUE LABORASTE:	PUBLICO
NIVEL / ORDEN DE GOBIERNO:	FEDERAL
ÁMBITO PÚBLICO:	ÓRGANO AUTÓNOMO
NOMBRE DEL ENTE PÚBLICO / NOMBRE DE LA EMPRESA, SOCIEDAD O ASOCIACIÓN:	PARTIDO POLITICO NACIONAL MORENA
ÁREA DE ADSCRIPCIÓN / ÁREA:	PRESIDENCIA DEL CEN
EMPLEO, CARGO O COMISIÓN / PUESTO:	PRESIDENTE
ESPECIFIQUE FUNCIÓN PRINCIPAL:	CONDUCIR POLITICAMENTE AL PARTIDO Y SER SU REPRESENTANTE LEGAL EN EL PAIS
FECHA DE INGRESO:	2015-11-20
FECHA DE EGRESO:	2018-11-30
LUGAR DONDE SE UBICA:	MEXICO

EMPLEO, CARGO O COMISIÓN / PUESTO

ÁMBITO / SECTOR EN EL QUE LABORASTE:	PUBLICO
NIVEL / ORDEN DE GOBIERNO:	FEDERAL
ÁMBITO PÚBLICO:	ÓRGANO AUTÓNOMO
NOMBRE DEL ENTE PÚBLICO / NOMBRE DE LA EMPRESA, SOCIEDAD O ASOCIACIÓN:	PARTIDO POLITICO NACIONAL MORENA
ÁREA DE ADSCRIPCIÓN / ÁREA:	CONSEJO NACIONAL
EMPLEO, CARGO O COMISIÓN / PUESTO:	PRESIDENTE
ESPECIFIQUE FUNCIÓN PRINCIPAL:	EJECUTAR LA CONVOCATORIA A LOS CONGRESOS Y CONSEJOS NACIONALES
FECHA DE INGRESO:	2012-11-20
FECHA DE EGRESO:	2015-11-19
LUGAR DONDE SE UBICA:	MEXICO

EMPLEO, CARGO O COMISIÓN / PUESTO

ÁMBITO / SECTOR EN EL QUE LABORASTE:	PUBLICO
NIVEL / ORDEN DE GOBIERNO:	ESTATAL
ÁMBITO PÚBLICO:	EJECUTIVO
NOMBRE DEL ENTE PÚBLICO / NOMBRE DE LA EMPRESA, SOCIEDAD O ASOCIACIÓN:	GOBIERNO DEL DISTRITO FEDERAL
ÁREA DE ADSCRIPCIÓN / ÁREA:	JEFATURA DE GOBIERNO
EMPLEO, CARGO O COMISIÓN / PUESTO:	JEFE DE GOBIERNO
ESPECIFIQUE FUNCIÓN PRINCIPAL:	CONDUCIR LAS POLITICAS PUBLICAS DEL GOBIERNO DEL DISTRITO FEDERAL
FECHA DE INGRESO:	2000-12-05
FECHA DE EGRESO:	2005-07-29
LUGAR DONDE SE UBICA:	MEXICO

INGRESOS NETOS DEL DECLARANTE, (ENTRE EL 1 DE ENERO Y 31 DE DICIEMBRE DEL AÑO INMEDIATO ANTERIOR)

I. REMUNERACIÓN ANUAL NETA DEL DECLARANTE POR SU CARGO PÚBLICO (POR CONCEPTO DE SUELDOS, HONORARIOS, COMPENSACIONES, BONOS, AGUINALDOS Y OTRAS PRESTACIONES) (CANTIDADES NETAS DESPUÉS DE IMPUESTOS)	1567400
II. OTROS INGRESOS DEL DECLARANTE (SUMA DEL II.1 AL II.5)	0
II.1 POR ACTIVIDAD INDUSTRIAL, COMERCIAL Y / O EMPRESARIAL (DESPUÉS DE IMPUESTOS)	
II.2 POR ACTIVIDAD FINANCIERA (RENDIMIENTOS O GANANCIAS) (DESPUÉS DE IMPUESTOS)	0
II.3 POR SERVICIOS PROFESIONALES, CONSEJOS, CONSULTORÍAS Y / O ASESORÍAS (DESPUÉS DE IMPUESTOS)	
II.4 POR ENAJENACIÓN DE BIENES (DESPUÉS DE IMPUESTOS)	0
II.5 OTROS INGRESOS NO CONSIDERADOS A LOS ANTERIORES (DESPUÉS DE IMPUESTOS)	
A. INGRESO ANUAL NETO DEL DECLARANTE (SUMA DEL NUMERAL I Y II)	1567400

POR ACTIVIDAD INDUSTRIAL, COMERCIAL Y / O EMPRESARIAL (DESPUÉS DE IMPUESTOS).

NOMBRE O RAZÓN SOCIAL	TIPO DE NEGOCIO	MONTO

POR ACTIVIDAD FINANCIERA (RENDIMIENTOS O GANANCIAS) (DESPUÉS DE IMPUESTOS).

EL REY DEL CASH

TIPO INSTRUMENTO	MONTO
CAPITAL	0
FONDOS DE INVERSIÓN	0
ORGANIZACIONES PRIVADAS	0
SEGURO DE SEPARACIÓN INDIVIDUALIZADO	0
VALORES BURSÁTILES	0
BONOS	0
OTRO (ESPECIFIQUE)	0

POR SERVICIOS PROFESIONALES, CONSEJOS, CONSULTORÍAS Y / O ASESORÍAS (DESPUÉS DE IMPUESTOS).

TIPO DE SERVICIO	MONTO

POR ENAJENACIÓN DE BIENES (DESPUÉS DE IMPUESTOS)

TIPO BIEN	MONTO
MUEBLE	0
INMUEBLE	0
VEHÍCULO	0

OTROS INGRESOS NO CONSIDERADOS A LOS ANTERIORES (DESPÚES DE IMPUESTOS).

TIPO INGRESO	MONTO

BIENES INMUEBLES (ENTRE EL 1 DE ENERO Y EL 31 DE DICIEMBRE DEL AÑO INMEDIATO ANTERIOR)

TODOS LOS DATOS DE BIENES DECLARADOS A NOMBRE DE LA PAREJA, DEPENDIENTES ECONÓMICOS Y/O TERCEROS O QUE SEA EN COPROPIEDAD CON EL DECLARANTE NO SERÁN PÚBLICOS.
BIENES DEL DECLARANTE, PAREJA Y / O DEPENDIENTES ECONÓMICOS

VEHÍCULOS (ENTRE EL 1 DE ENERO Y EL 31 DE DICIEMBRE DEL AÑO INMEDIATO ANTERIOR)

BIENES MUEBLES (ENTRE EL 1 DE ENERO Y EL 31 DE DICIEMBRE DEL AÑO INMEDIATO ANTERIOR)

TODOS LOS DATOS DE LOS BIENES DECLARADOS A NOMBRE DE LA PAREJA, DEPENDIENTES ECONÓMICOS Y/O TERCEROS O QUE SEA EN COPROPIEDAD CON EL DECLARANTE NO SERÁN PÚBLICOS.
BIENES DEL DECLARANTE, PAREJA Y / O DEPENDIENTES ECONÓMICOS:

INVERSIONES, CUENTAS BANCARIAS Y OTRO TIPO DE VALORES / ACTIVOS (ENTRE EL 1 DE ENERO Y EL 31 DE DICIEMBRE DEL AÑO

TODOS LOS DATOS DE LAS INVERSIONES, CUENTAS BANCARIAS Y OTRO TIPO DE VALORES / ACTIVOS A NOMBRE DE LA PAREJA, DEPENDIENTES ECONÓMICOS Y O TERCEROS O QUE SEAN EN COPROPIEDAD CON EL DECLARANTE NO SERÁN PÚBLICOS.
INVERSIONES, CUENTAS BANCARIAS Y OTRO TIPO DE VALORES DEL DECLARANTE

TIPO DE INVERSIÓN / ACTIVO:	SUB TIPO DE INVERSIÓN:	TITULAR DE LA INVERSIÓN, CUENTA BANCARIA Y OTRO TIPO DE VALORES:
BANCARIA	CUENTA DE NÓMINA	DECLARANTE

¿DÓNDE SE LOCALIZA LA INVERSIÓN, CUENTA BANCARIA Y OTRO TIPO DE VALORES / ACTIVOS ?   MEXICO

INSTITUCIÓN O RAZÓN SOCIAL: RFC:
AFIRME GRUPO FINANCIERO

TIPO DE MONEDA:
PESO MEXICANO

TIPO DE INVERSIÓN / ACTIVO:	SUB TIPO DE INVERSIÓN:	TITULAR DE LA INVERSIÓN, CUENTA BANCARIA Y OTRO TIPO DE VALORES:
AFORES Y OTROS	AFORES	DECLARANTE

¿DÓNDE SE LOCALIZA LA INVERSIÓN, CUENTA BANCARIA Y OTRO TIPO DE VALORES / ACTIVOS ?   MEXICO

INSTITUCIÓN O RAZÓN SOCIAL: RFC:
PENSIONISSSTE

TIPO DE MONEDA:
PESO MEXICANO

TIPO DE INVERSIÓN / ACTIVO:	SUB TIPO DE INVERSIÓN:	TITULAR DE LA INVERSIÓN, CUENTA BANCARIA Y OTRO TIPO DE VALORES:
BANCARIA	CUENTA DE NÓMINA	DECLARANTE

¿DÓNDE SE LOCALIZA LA INVERSIÓN, CUENTA BANCARIA Y OTRO TIPO DE VALORES / ACTIVOS ?   MEXICO

INSTITUCIÓN O RAZÓN SOCIAL: RFC:
BANCO MERCANTIL DEL NORTE

TIPO DE MONEDA:
PESO MEXICANO

ADEUDOS / PASIVOS (ENTRE EL 1 DE ENERO Y EL 31 DE DICIEMBRE DEL AÑO INMEDIATO ANTERIOR)

TODOS LOS DATOS DE LOS ADEUDOS / PASIVOS A NOMBRE DE LA PAREJA, DEPENDIENTES ECONÓMICOS Y O TERCEROS O QUE SEAN EN COPROPIEDAD CON EL DECLARANTE NO SERÁN PÚBLICOS.
ADEUDOS DEL DECLARANTE

PRÉSTAMO O COMODATO POR TERCEROS (ENTRE EL 1 DE ENERO Y EL 31 DE DICIEMBRE DEL AÑO INMEDIATO ANTERIOR)
(Ninguno)
PARTICIPACIÓN EN EMPRESAS, SOCIEDADES O ASOCIACIONES (HASTA LOS 2 ÚLTIMOS AÑOS)
(Ninguno)
¿ PARTICIPA EN LA TOMA DE DECISIONES DE ALGUNA DE ESTAS INSTITUCIONES ? (HASTA LOS 2 ÚLTIMOS AÑOS)
(Ninguno)
APOYOS O BENEFICIOS PÚBLICOS (HASTA LOS 2 ÚLTIMOS AÑOS)
(Ninguno)
REPRESENTACIÓN (HASTA LOS 2 ÚLTIMOS AÑOS)

(Ninguno)
BENEFICIOS PRIVADOS (HASTA LOS 2 ÚLTIMOS AÑOS)
(Ninguno)
FIDEICOMISOS (HASTA LOS 2 ÚLTIMOS AÑOS)
(Ninguno)

Declaración patrimonial de
Marcelo Ebrard

SECRETARÍA DE LA FUNCIÓN PÚBLICA
DECLARACIÓN DE SITUACIÓN PATRIMONIAL Y DE INTERESES DE LOS SERVIDORES PÚBLICOS
DECLARACIÓN MODIFICACIÓN 2021

FECHA DE RECEPCIÓN: 26/05/2021

SECRETARÍA DE LA FUNCIÓN PÚBLICA
BAJO PROTESTA DE DECIR VERDAD PRESENTO A USTED MI DECLARACIÓN PATRIMONIAL Y DE INTERESES, CONFORME A LO DISPUESTO EN LOS ARTÍCULOS 32 Y 33 DE LA LEY GENERAL DE RESPONSABILIDADES ADMINISTRATIVAS.

DATOS GENERALES DEL SERVIDOR PÚBLICO
NOMBRE(S): EBRARD CASAUBON MARCELO LUIS
CORREO ELECTRÓNICO INSTITUCIONAL: canciller@sre.gob.mx

DATOS CURRICULARES DEL DECLARANTE
ESCOLARIDAD

NIVEL	INSTITUCIÓN EDUCATIVA	UBICACIÓN	CARRERA O ÁREA DE CONOCIMIENTO	ESTATUS	DOCUMENTO OBTENIDO	FECHA
LICENCIATURA	COLEGIO DE MÉXICO	MÉXICO	RELACIONES INTERNACIONALES	FINALIZADO	TÍTULO	1984-02-03

DATOS DEL EMPLEO, CARGO O COMISIÓN ACTUAL
NIVEL / ORDEN DE GOBIERNO: FEDERAL
ÁMBITO PÚBLICO: EJECUTIVO
NOMBRE DEL ENTE PÚBLICO: Secretaría de Relaciones Exteriores
NIVEL JERÁRQUICO: SECRETARIO (A) DE ESTADO U HOMÓLOGO (A)
ÁREA DE ADSCRIPCIÓN: SECRETARÍA
EMPLEO, CARGO O COMISIÓN: SECRETARIO DE RELACIONES EXTERIORES
¿ESTÁ CONTRATADO POR HONORARIOS? No
NIVEL DEL EMPLEO, CARGO O COMISIÓN: G11
ESPECIFIQUE FUNCIÓN PRINCIPAL: EJECUTAR LA POLÍTICA EXTERIOR
FECHA DE TOMA DE POSESIÓN DEL EMPLEO, CARGO O COMISIÓN: 2018-12-01
TELÉFONO DE OFICINA Y EXTENSIÓN: 5336865100 6003

DOMICILIO DEL EMPLEO, CARGO O COMISIÓN

EN MÉXICO DOMICILIO DEL EMPLEO, CARGO O COMISIÓN

CALLE: PLAZA JUÁREZ
NÚMERO INTERIOR:
MUNICIPIO / ALCALDÍA: CUAUHTÉMOC
CÓDIGO POSTAL: 06010

NÚMERO EXTERIOR: 20
COLONIA / LOCALIDAD: CENTRO
ENTIDAD FEDERATIVA: CIUDAD DE MÉXICO

EXPERIENCIA LABORAL (ÚLTIMOS CINCO EMPLEOS)

EMPLEO, CARGO O COMISIÓN / PUESTO
ÁMBITO / SECTOR EN EL QUE LABORASTE: PÚBLICO
NIVEL / ORDEN DE GOBIERNO: ESTATAL
ÁMBITO PÚBLICO: EJECUTIVO
NOMBRE DEL ENTE PÚBLICO / NOMBRE DE LA EMPRESA, SOCIEDAD O ASOCIACIÓN: GOBIERNO DEL DISTRITO FEDERAL
ÁREA DE ADSCRIPCIÓN / ÁREA: SECRETARÍA DE DESARROLLO SOCIAL
EMPLEO, CARGO O COMISIÓN / PUESTO: SECRETARIO
ESPECIFIQUE FUNCIÓN PRINCIPAL: ADMINISTRAR LOS PROGRAMAS SOCIALES
FECHA DE INGRESO: 2003-02-19
FECHA DE EGRESO: 2005-09-02
LUGAR DONDE SE UBICA: MÉXICO

EMPLEO, CARGO O COMISIÓN / PUESTO
ÁMBITO / SECTOR EN EL QUE LABORASTE: PÚBLICO
NIVEL / ORDEN DE GOBIERNO: ESTATAL
ÁMBITO PÚBLICO: EJECUTIVO
NOMBRE DEL ENTE PÚBLICO / NOMBRE DE LA EMPRESA, SOCIEDAD O ASOCIACIÓN: GOBIERNO DEL DISTRITO FEDERAL
ÁREA DE ADSCRIPCIÓN / ÁREA: SECRETARÍA DE SEGURIDAD PÚBLICA
EMPLEO, CARGO O COMISIÓN / PUESTO: SECRETARIO
ESPECIFIQUE FUNCIÓN PRINCIPAL: MANEJO Y ADMINISTRACIÓN DE LA SEGURIDAD PÚBLICA
FECHA DE INGRESO: 2002-02-19
FECHA DE EGRESO: 2004-11-23
LUGAR DONDE SE UBICA: MÉXICO

EMPLEO, CARGO O COMISIÓN / PUESTO
ÁMBITO / SECTOR EN EL QUE LABORASTE: PÚBLICO
NIVEL / ORDEN DE GOBIERNO: ESTATAL
ÁMBITO PÚBLICO: EJECUTIVO
NOMBRE DEL ENTE PÚBLICO / NOMBRE DE LA EMPRESA, SOCIEDAD O ASOCIACIÓN: GOBIERNO DEL DISTRITO FEDERAL
ÁREA DE ADSCRIPCIÓN / ÁREA: JEFATURA DE GOBIERNO
EMPLEO, CARGO O COMISIÓN / PUESTO: JEFE DE GOBIERNO
ESPECIFIQUE FUNCIÓN PRINCIPAL: GOBERNAR EL DISTRITO FEDERAL
FECHA DE INGRESO: 2006-12-05
FECHA DE EGRESO: 2012-12-04
LUGAR DONDE SE UBICA: MÉXICO

EMPLEO, CARGO O COMISIÓN / PUESTO
ÁMBITO / SECTOR EN EL QUE LABORASTE: PÚBLICO
NIVEL / ORDEN DE GOBIERNO: ESTATAL
ÁMBITO PÚBLICO: EJECUTIVO
NOMBRE DEL ENTE PÚBLICO / NOMBRE DE LA EMPRESA, SOCIEDAD O ASOCIACIÓN: DEPARTAMENTO DEL DISTRITO FEDERAL
ÁREA DE ADSCRIPCIÓN / ÁREA: SECRETARÍA DE GOBIERNO
EMPLEO, CARGO O COMISIÓN / PUESTO: SECRETARIO
ESPECIFIQUE FUNCIÓN PRINCIPAL: RELACIONES CON ÓRGANOS Y PODERES PÚBLICOS, LOCALES Y FEDERALES
FECHA DE INGRESO: 1993-02-01
FECHA DE EGRESO: 1999-12-01
LUGAR DONDE SE UBICA: MÉXICO

EMPLEO, CARGO O COMISIÓN / PUESTO
ÁMBITO / SECTOR EN EL QUE LABORASTE: PÚBLICO
NIVEL / ORDEN DE GOBIERNO: FEDERAL
ÁMBITO PÚBLICO: LEGISLATIVO
NOMBRE DEL ENTE PÚBLICO / NOMBRE DE LA EMPRESA,   CÁMARA DE DIPUTADOS
SOCIEDAD O ASOCIACIÓN:
ÁREA DE ADSCRIPCIÓN / ÁREA: CÁMARA DE DIPUTADOS
EMPLEO, CARGO O COMISIÓN / PUESTO: DIPUTADO
ESPECIFIQUE FUNCIÓN PRINCIPAL: ACTIVIDADES LEGISLATIVAS
FECHA DE INGRESO: 1997-10-01
FECHA DE EGRESO: 2000-09-30
LUGAR DONDE SE UBICA: MEXICO

INGRESOS NETOS DEL DECLARANTE, (ENTRE EL 1 DE ENERO Y 31 DE DICIEMBRE DEL AÑO INMEDIATO ANTERIOR)

I. REMUNERACIÓN ANUAL NETA DEL DECLARANTE POR SU CARGO PÚBLICO (POR CONCEPTO DE SUELDOS, HONORARIOS, COMPENSACIONES, BONOS, AGUINALDOS Y OTRAS PRESTACIONES) (CANTIDADES NETAS DESPUÉS DE IMPUESTOS)	1525296
II. OTROS INGRESOS DEL DECLARANTE (SUMA DEL II.1 AL II.5)	0
II.1 POR ACTIVIDAD INDUSTRIAL, COMERCIAL Y / O EMPRESARIAL (DESPUÉS DE IMPUESTOS)	
II.2 POR ACTIVIDAD FINANCIERA (RENDIMIENTOS O GANANCIAS) (DESPUÉS DE IMPUESTOS)	0
II.3 POR SERVICIOS PROFESIONALES, CONSEJOS, CONSULTORÍAS Y / O ASESORÍAS (DESPUÉS DE IMPUESTOS)	
II.4 POR ENAJENACIÓN DE BIENES (DESPUÉS DE IMPUESTOS)	0
II.5 OTROS INGRESOS NO CONSIDERADOS A LOS ANTERIORES (DESPUÉS DE IMPUESTOS)	
A. INGRESO ANUAL NETO DEL DECLARANTE (SUMA DEL NUMERAL I Y II)	1525296

POR ACTIVIDAD INDUSTRIAL, COMERCIAL Y / O EMPRESARIAL (DESPUÉS DE IMPUESTOS).

NOMBRE O RAZÓN SOCIAL	TIPO DE NEGOCIO	MONTO

POR ACTIVIDAD FINANCIERA (RENDIMIENTOS O GANANCIAS) (DESPUÉS DE IMPUESTOS).

TIPO INSTRUMENTO	MONTO
CAPITAL	0
FONDOS DE INVERSIÓN	0
ORGANIZACIONES PRIVADAS	0
SEGURO DE SEPARACIÓN INDIVIDUALIZADO	0
VALORES BURSÁTILES	0
BONOS	0
OTRO (ESPECIFIQUE)	0

POR SERVICIOS PROFESIONALES, CONSEJOS, CONSULTORÍAS Y / O ASESORÍAS (DESPUÉS DE IMPUESTOS).

TIPO DE SERVICIO	MONTO

POR ENAJENACIÓN DE BIENES (DESPUÉS DE IMPUESTOS)

TIPO BIEN	MONTO
MUEBLE	0
INMUEBLE	0
VEHÍCULO	0

OTROS INGRESOS NO CONSIDERADOS A LOS ANTERIORES (DESPUÉS DE IMPUESTOS).

TIPO INGRESO	MONTO

BIENES INMUEBLES (ENTRE EL 1 DE ENERO Y EL 31 DE DICIEMBRE DEL AÑO INMEDIATO ANTERIOR)
TODOS LOS DATOS DE BIENES DECLARADOS A NOMBRE DE LA PAREJA, DEPENDIENTES ECONÓMICOS Y/O TERCEROS O QUE SEA EN COPROPIEDAD CON EL DECLARANTE NO SERÁN PÚBLICOS.
BIENES DEL DECLARANTE, PAREJA Y / O DEPENDIENTES ECONÓMICOS

TIPO DE INMUEBLE:	TITULAR DEL INMUEBLE:	PORCENTAJE DE PROPIEDAD DEL DECLARANTE CONFORME A
CASA	DECLARANTE	ESCRITURACIÓN O CONTRATO:
SUPERFICIE DEL TERRENO:	SUPERFICIE DE CONSTRUCCIÓN:	100
362	394	
TRANSMISOR:		
PERSONA FÍSICA		

FORMA DE ADQUISICIÓN:	FORMA DE PAGO:	VALOR DE ADQUISICIÓN:
DONACIÓN	NO APLICA	1759000
TIPO DE MONEDA:	FECHA DE ADQUISICIÓN DEL INMUEBLE:	
PESO MEXICANO	2017-07-15	

¿EL VALOR DE ADQUISICIÓN DEL INMUEBLE ES CONFORME A?:
Escritura pública
EN CASO DE BAJA DEL INMUEBLE INCLUIR MOTIVO:

VEHÍCULOS (ENTRE EL 1 DE ENERO Y EL 31 DE DICIEMBRE DEL AÑO INMEDIATO ANTERIOR)

BIENES MUEBLES (ENTRE EL 1 DE ENERO Y EL 31 DE DICIEMBRE DEL AÑO INMEDIATO ANTERIOR)
TODOS LOS DATOS DE LOS BIENES DECLARADOS A NOMBRE DE LA PAREJA, DEPENDIENTES ECONÓMICOS Y/O TERCEROS O QUE SEA EN COPROPIEDAD CON EL DECLARANTE NO SERÁN PÚBLICOS.
BIENES DEL DECLARANTE, PAREJA Y / O DEPENDIENTES ECONÓMICOS

TITULAR DEL BIEN:	TIPO DEL BIEN:	
DECLARANTE	OBRAS DE ARTE	
TRANSMISOR:		
PERSONA FÍSICA		

DESCRIPCIÓN GENERAL DEL BIEN:	FORMA DE ADQUISICIÓN:	FORMA DE PAGO:
OBRAS DE ARTE Y JOYAS	HERENCIA	NO APLICA
TIPO DE MONEDA:	VALOR DE ADQUISICIÓN DEL MUEBLE:	FECHA DE ADQUISICIÓN:
PESO MEXICANO	600000	2004-01-08

EN CASO DE BAJA DEL MUEBLE INCLUIR MOTIVO:

TITULAR DEL BIEN:	TIPO DEL BIEN:	
DECLARANTE	COLECCIONES	
TRANSMISOR:		
PERSONA FÍSICA		

DESCRIPCIÓN GENERAL DEL BIEN:	FORMA DE ADQUISICIÓN:	FORMA DE PAGO:
DIVERSAS	HERENCIA	NO APLICA
TIPO DE MONEDA:	VALOR DE ADQUISICIÓN DEL MUEBLE:	FECHA DE ADQUISICIÓN:
PESO MEXICANO	2500000	2020-03-07

EN CASO DE BAJA DEL MUEBLE INCLUIR MOTIVO:

TITULAR DEL BIEN:	TIPO DEL BIEN:	
DECLARANTE	JOYAS	
TRANSMISOR:		
PERSONA FÍSICA		

DESCRIPCION GENERAL DEL BIEN:
DIVERSAS
TIPO DE MONEDA:
PESO MEXICANO
EN CASO DE BAJA DEL MUEBLE INCLUIR MOTIVO:

FORMA DE ADQUISICIÓN:
HERENCIA
VALOR DE ADQUISICIÓN DEL MUEBLE:
2600000

FORMA DE PAGO:
NO APLICA
FECHA DE ADQUISICIÓN:
2020-03-07

TITULAR DEL BIEN:
DECLARANTE
TRANSMISOR:
PERSONA FISICA

TIPO DEL BIEN:
OBRAS DE ARTE

DESCRIPCION GENERAL DEL BIEN:
DIVERSAS
TIPO DE MONEDA:
PESO MEXICANO
EN CASO DE BAJA DEL MUEBLE INCLUIR MOTIVO:

FORMA DE ADQUISICIÓN:
HERENCIA
VALOR DE ADQUISICIÓN DEL MUEBLE:
3100000

FORMA DE PAGO:
NO APLICA
FECHA DE ADQUISICIÓN:
2020-03-07

INVERSIONES, CUENTAS BANCARIAS Y OTRO TIPO DE VALORES / ACTIVOS (ENTRE EL 1 DE ENERO Y EL 31 DE DICIEMBRE DEL AÑO

TODOS LOS DATOS DE LAS INVERSIONES, CUENTAS BANCARIAS Y OTRO TIPO DE VALORES / ACTIVOS A NOMBRE DE LA PAREJA, DEPENDIENTES ECONÓMICOS Y/O TERCEROS O QUE SEAN EN COPROPIEDAD CON EL DECLARANTE NO SERÁN PÚBLICOS.
INVERSIONES, CUENTAS BANCARIAS Y OTRO TIPO DE VALORES DEL DECLARANTE

TIPO DE INVERSIÓN / ACTIVO:
BANCARIA

SUB TIPO DE INVERSIÓN:
CUENTA DE CHEQUES
¿DÓNDE SE LOCALIZA LA INVERSIÓN, CUENTA BANCARIA Y OTRO TIPO DE VALORES / ACTIVOS ?

TITULAR DE LA INVERSIÓN, CUENTA BANCARIA Y OTRO TIPO DE VALORES:
DECLARANTE

MEXICO

INSTITUCIÓN O RAZÓN SOCIAL:
BANORTE

RFC:
BMN930209927
TIPO DE MONEDA:
PESO MEXICANO

ADEUDOS / PASIVOS (ENTRE EL 1 DE ENERO Y EL 31 DE DICIEMBRE DEL AÑO INMEDIATO ANTERIOR)

(Ninguno)

PRÉSTAMO O COMODATO POR TERCEROS (ENTRE EL 1 DE ENERO Y EL 31 DE DICIEMBRE DEL AÑO INMEDIATO ANTERIOR)

(Ninguno)

PARTICIPACIÓN EN EMPRESAS, SOCIEDADES O ASOCIACIONES (HASTA LOS 2 ÚLTIMOS AÑOS)

TODOS LOS DATOS DE LA PARTICIPACIÓN EN EMPRESAS, SOCIEDADES O ASOCIACIONES DE LA PAREJA O DEPENDIENTES ECONÓMICOS NO SERÁN PÚBLICOS.

¿ PARTICIPA EN LA TOMA DE DECISIONES DE ALGUNA DE ESTAS INSTITUCIONES ? (HASTA LOS 2 ÚLTIMOS AÑOS)

(Ninguno)

APOYOS O BENEFICIOS PÚBLICOS (HASTA LOS 2 ÚLTIMOS AÑOS)

(Ninguno)

REPRESENTACIÓN (HASTA LOS 2 ÚLTIMOS AÑOS)

(Ninguno)

CLIENTES PRINCIPALES (HASTA LOS 2 ÚLTIMOS AÑOS)

TODOS LOS DATOS DE CLIENTES PRINCIPALES DE LA PAREJA O DEPENDIENTES ECONÓMICOS NO SERÁN PÚBLICOS.
SE MANIFESTARÁ EL BENEFICIO O GANANCIA DIRECTA DEL DECLARANTE SI SUPERA MENSUALMENTE 250 UNIDADES DE MEDIDA Y ACTUALIZACIÓN (UMA)
¿REALIZA ALGUNA ACTIVIDAD LUCRATIVA INDEPENDIENTE AL EMPLEO, CARGO O COMISIÓN: SI

Declaración patrimonial de
César Yáñez

SECRETARÍA DE LA FUNCIÓN PÚBLICA

BAJO PROTESTA DE DECIR VERDAD PRESENTO A USTED MI DECLARACIÓN PATRIMONIAL Y DE INTERESES, CONFORME A LO DISPUESTO EN LOS ARTÍCULOS 32 Y 33 DE LA LEY GENERAL DE RESPONSABILIDADES ADMINISTRATIVAS.

DATOS GENERALES DEL SERVIDOR PÚBLICO

NOMBRE(S): YÁÑEZ CENTENO CABRERA CESAR ALEJANDRO

CORREO ELECTRÓNICO INSTITUCIONAL: cesar.yanezcenteno@presidencia.gob.mx

DATOS CURRICULARES DEL DECLARANTE

ESCOLARIDAD

NIVEL	INSTITUCIÓN EDUCATIVA	UBICACIÓN	CARRERA O ÁREA DE CONOCIMIENTO	ESTATUS	DOCUMENTO OBTENIDO	FECHA
LICENCIATURA	UNIVERSIDAD AUTÓNOMA METROPOLITANA	MÉXICO	CIENCIAS DE LA COMUNICACIÓN	FINALIZADO	TÍTULO	2000-09-04

DATOS DEL EMPLEO, CARGO O COMISIÓN ACTUAL

NIVEL / ORDEN DE GOBIERNO:	FEDERAL
ÁMBITO PÚBLICO:	EJECUTIVO
NOMBRE DEL ENTE PÚBLICO:	Oficina de la Presidencia de la República
NIVEL JERÁRQUICO:	SUBSECRETARIO (A) DE ESTADO U HOMÓLOGO (A)
ÁREA DE ADSCRIPCIÓN:	COORDINACIÓN GENERAL DE POLÍTICA Y GOBIERNO
EMPLEO, CARGO O COMISIÓN:	COORDINADOR GENERAL DE POLÍTICA Y GOBIERNO
¿ESTÁ CONTRATADO POR HONORARIOS?:	No
NIVEL DEL EMPLEO, CARGO O COMISIÓN:	H11
ESPECIFIQUE FUNCIÓN PRINCIPAL:	COORDINAR EL ÁREA DE POLÍTICA Y GOBIERNO
FECHA DE TOMA DE POSESIÓN DEL EMPLEO, CARGO O COMISIÓN:	2018-12-01
TELÉFONO DE OFICINA Y EXTENSIÓN:	5550630300 4113

DOMICILIO DEL EMPLEO, CARGO O COMISIÓN

EN MÉXICO DOMICILIO DEL EMPLEO, CARGO O COMISIÓN

CALLE:	AV PLAZA DE LA CONSTITUCIÓN	NÚMERO EXTERIOR:	PALACIO NACIONAL
NÚMERO INTERIOR:	PATIO DE HONOR	COLONIA / LOCALIDAD:	CENTRO
MUNICIPIO / ALCALDÍA:	CUAUHTÉMOC	ENTIDAD FEDERATIVA:	CIUDAD DE MÉXICO
CÓDIGO POSTAL:	06060		

EXPERIENCIA LABORAL (ÚLTIMOS CINCO EMPLEOS)

1

257

EMPLEO, CARGO O COMISIÓN / PUESTO

ÁMBITO / SECTOR EN EL QUE LABORASTE:	OTRO (ESPECIFIQUE)	SOCIAL
NOMBRE DEL ENTE PÚBLICO / NOMBRE DE LA EMPRESA, SOCIEDAD O ASOCIACIÓN:	MORENA	
RFC:		
ÁREA DE ADSCRIPCIÓN / ÁREA:	COMUNICACIÓN SOCIAL	
EMPLEO, CARGO O COMISIÓN / PUESTO:	COORDINADOR DE COMUNICACIÓN SOCIAL Y VOCERO DE CAMPAÑA DEL LICENCIADO ANDRÉS MANUEL LÓPEZ OBRADOR	
SECTOR AL QUE PERTENECE:	OTRO (ESPECIFIQUE)	PARTIDO POLÍTICO
FECHA DE INGRESO:	2014-08-01	
FECHA DE EGRESO:	2018-06-20	
LUGAR DONDE SE UBICA:	MEXICO	

EMPLEO, CARGO O COMISIÓN / PUESTO

ÁMBITO / SECTOR EN EL QUE LABORASTE:	OTRO (ESPECIFIQUE)	SOCIAL
NOMBRE DEL ENTE PÚBLICO / NOMBRE DE LA EMPRESA, SOCIEDAD O ASOCIACIÓN:	CAMPAÑA PRESIDENCIAL 2012 DE ANDRÉS MANUEL LÓPEZ OBRADOR	
RFC:		
ÁREA DE ADSCRIPCIÓN / ÁREA:	VOCERO Y COMUNICACIÓN SOCIAL	
EMPLEO, CARGO O COMISIÓN / PUESTO:	COORDINADOR DE COMUNICACIÓN SOCIAL EN LA CAMAPÑA DE ANDRÉS MANUEL LÓPEZ OBRADOR EN 2012	
SECTOR AL QUE PERTENECE:	OTRO (ESPECIFIQUE)	PARTIDO POLÍTICO
FECHA DE INGRESO:	2012-03-30	
FECHA DE EGRESO:	2012-07-01	
LUGAR DONDE SE UBICA:	MEXICO	

EMPLEO, CARGO O COMISIÓN / PUESTO

ÁMBITO / SECTOR EN EL QUE LABORASTE:	PÚBLICO
NIVEL / ORDEN DE GOBIERNO:	ESTATAL
ÁMBITO PÚBLICO:	EJECUTIVO
NOMBRE DEL ENTE PÚBLICO / NOMBRE DE LA EMPRESA, SOCIEDAD O ASOCIACIÓN:	GOBIERNO DEL DISTRITO FEDERAL
ÁREA DE ADSCRIPCIÓN / ÁREA:	DIRECCIÓN GENERAL DE COMUNICACIÓN SOCIAL
EMPLEO, CARGO O COMISIÓN / PUESTO:	DIRECTOR DE COMUNICACIÓN SOCIAL
ESPECIFIQUE FUNCIÓN PRINCIPAL:	COORDINAR COMUNICACIÓN
FECHA DE INGRESO:	2000-12-25
FECHA DE EGRESO:	2005-07-27
LUGAR DONDE SE UBICA:	MEXICO

INGRESOS NETOS DEL DECLARANTE, (ENTRE EL 1 DE ENERO Y 31 DE DICIEMBRE DEL AÑO INMEDIATO ANTERIOR)

I. REMUNERACIÓN ANUAL NETA DEL DECLARANTE POR SU CARGO PÚBLICO (POR CONCEPTO DE SUELDOS, HONORARIOS, COMPENSACIONES, BONOS, AGUINALDOS Y OTRAS PRESTACIONES), (CANTIDADES NETAS DESPUÉS DE IMPUESTOS)	150739
II. OTROS INGRESOS DEL DECLARANTE (SUMA DEL II.1 AL II.5)	120000
II.1 POR ACTIVIDAD INDUSTRIAL, COMERCIAL Y / O EMPRESARIAL (DESPUÉS DE IMPUESTOS)	
II.2 POR ACTIVIDAD FINANCIERA (RENDIMIENTOS O GANANCIAS) (DESPUÉS DE IMPUESTOS)	
II.3 POR SERVICIOS PROFESIONALES, CONSEJOS, CONSULTORÍAS Y / O ASESORÍAS (DESPUÉS DE IMPUESTOS)	0
II.4 POR ENAJENACIÓN DE BIENES (DESPUÉS DE IMPUESTOS)	
II.5 OTROS INGRESOS NO CONSIDERADOS A LOS ANTERIORES (DESPUÉS DE IMPUESTOS)	120,000
A. INGRESO ANUAL NETO DEL DECLARANTE (SUMA DEL NUMERAL I Y II)	1631722

POR ACTIVIDAD INDUSTRIAL, COMERCIAL Y / O EMPRESARIAL (DESPUÉS DE IMPUESTOS).

NOMBRE O RAZÓN SOCIAL	TIPO DE NEGOCIO	MONTO

POR ACTIVIDAD FINANCIERA (RENDIMIENTOS O GANANCIAS) (DESPUÉS DE IMPUESTOS).

TIPO INSTRUMENTO	MONTO

2

CAPITAL	0
FONDOS DE INVERSIÓN	0
ORGANIZACIONES PRIVADAS	0
SEGURO DE SEPARACIÓN INDIVIDUALIZADO	0
VALORES BURSÁTILES	0
BONOS	0
OTRO (ESPECIFIQUE)	0

POR SERVICIOS PROFESIONALES, CONSEJOS, CONSULTORÍAS Y / O ASESORÍAS (DESPUÉS DE IMPUESTOS).

TIPO DE SERVICIO	MONTO

POR ENAJENACIÓN DE BIENES (DESPUÉS DE IMPUESTOS)

TIPO BIEN	MONTO
MUEBLE	0
INMUEBLE	0
VEHÍCULO	120000

OTROS INGRESOS NO CONSIDERADOS A LOS ANTERIORES (DESPUÉS DE IMPUESTOS).

TIPO INGRESO	MONTO

BIENES INMUEBLES (ENTRE EL 1 DE ENERO Y EL 31 DE DICIEMBRE DEL AÑO INMEDIATO ANTERIOR)

TODOS LOS DATOS DE BIENES DECLARADOS A NOMBRE DE LA PAREJA, DEPENDIENTES ECONÓMICOS Y/O TERCEROS O QUE SEA EN COPROPIEDAD CON EL DECLARANTE NO SERÁN PÚBLICOS.
BIENES DEL DECLARANTE, PAREJA Y / O DEPENDIENTES ECONÓMICOS

TIPO DE INMUEBLE:	TITULAR DEL INMUEBLE:	PORCENTAJE DE PROPIEDAD DEL DECLARANTE CONFORME A
DEPARTAMENTO	DECLARANTE	ESCRITURACIÓN O CONTRATO.
SUPERFICIE DEL TERRENO:	SUPERFICIE DE CONSTRUCCIÓN:	100
65	95	
TRANSMISOR:		
PERSONA FÍSICA		

FORMA DE ADQUISICIÓN:	FORMA DE PAGO:	VALOR DE ADQUISICIÓN:
COMPRAVENTA	CONTADO	1928000
TIPO DE MONEDA:	FECHA DE ADQUISICIÓN DEL INMUEBLE:	
PESO MEXICANO	2016-09-07	

¿EL VALOR DE ADQUISICIÓN DEL INMUEBLE ES CONFORME A?:
Escritura pública.
EN CASO DE BAJA DEL INMUEBLE INCLUIR MOTIVO:

VEHÍCULOS (ENTRE EL 1 DE ENERO Y EL 31 DE DICIEMBRE DEL AÑO INMEDIATO ANTERIOR)

TODOS LOS DATOS DE VEHÍCULOS DECLARADOS A NOMBRE DE LA PAREJA, DEPENDIENTES ECONÓMICOS Y/O TERCEROS O QUE SEA EN COPROPIEDAD CON EL DECLARANTE NO SERÁN PÚBLICOS.
VEHÍCULOS DEL DECLARANTE, PAREJA Y / O DEPENDIENTES ECONÓMICOS

TIPO DE VEHÍCULO:	TITULAR DEL VEHÍCULO:	
AUTOMÓVIL / MOTOCICLETA	DECLARANTE	
TRANSMISOR:		NOMBRE O RAZÓN SOCIAL DEL TRANSMISOR:
PERSONA MORAL		AGENCIA

3

Declaración patrimonial de
Alejandro Esquer

SECRETARÍA DE LA FUNCIÓN PÚBLICA
DECLARACIÓN DE SITUACIÓN PATRIMONIAL Y DE INTERESES DE LOS SERVIDORES PÚBLICOS
DECLARACIÓN MODIFICACIÓN 2021

FECHA DE RECEPCIÓN: 13/05/2021

SECRETARÍA DE LA FUNCIÓN PÚBLICA

BAJO PROTESTA DE DECIR VERDAD PRESENTO A USTED MI DECLARACIÓN PATRIMONIAL Y DE INTERESES, CONFORME A LO DISPUESTO EN LOS ARTÍCULOS 32 Y 33 DE LA LEY GENERAL DE RESPONSABILIDADES ADMINISTRATIVAS.

DATOS GENERALES DEL SERVIDOR PUBLICO

NOMBRE(S): ESQUER VERDUGO ROSARIO ALEJANDRO
CORREO ELECTRÓNICO INSTITUCIONAL: alejandro.esquer@presidencia.gob.mx

DATOS CURRICULARES DEL DECLARANTE

ESCOLARIDAD

NIVEL	INSTITUCIÓN EDUCATIVA	UBICACIÓN	CARRERA O ÁREA DE CONOCIMIENTO	ESTATUS	DOCUMENTO OBTENIDO	FECHA
LICENCIATURA	INSTITUTO POLITECNICO NACIONAL	MEXICO	INGENIERIA CIVIL	FINALIZADO	TITULO	2009-09-12

DATOS DEL EMPLEO, CARGO O COMISIÓN ACTUAL

NIVEL / ORDEN DE GOBIERNO: FEDERAL
ÁMBITO PÚBLICO: EJECUTIVO
NOMBRE DEL ENTE PÚBLICO: Oficina de la Presidencia de la República
NIVEL JERÁRQUICO: SUBSECRETARIO (A) DE ESTADO U HOMOLOGO (A)
ÁREA DE ADSCRIPCIÓN: SECRETARIA PARTICULAR
EMPLEO, CARGO O COMISIÓN: SECRETARIO PARTICULAR DEL PRESIDENTE DE LA REPUBLICA
¿ESTÁ CONTRATADO POR HONORARIOS?: No
NIVEL DEL EMPLEO, CARGO O COMISIÓN: H11
ESPECIFIQUE FUNCIÓN PRINCIPAL: DAR PUNTUAL SEGUIMIENTO A LAS ORDENES Y ACUERDOS QUE INSTRUYE EL PRESIDENTE DE LA REPÚBLICA
FECHA DE TOMA DE POSESIÓN DEL EMPLEO, CARGO O COMISIÓN: 2018-12-01
TELÉFONO DE OFICINA Y EXTENSIÓN: 50934800   4103

DOMICILIO DEL EMPLEO, CARGO O COMISIÓN

EN MÉXICO DOMICILIO DEL EMPLEO, CARGO O COMISIÓN

CALLE: PALACIO NACIONAL, PLAZA DE LA CONSTITUCIÓN
NÚMERO INTERIOR:
MUNICIPIO / ALCALDÍA: CUAUHTÉMOC
CÓDIGO POSTAL: 06000
NÚMERO EXTERIOR: S/N
COLONIA / LOCALIDAD: CENTRO
ENTIDAD FEDERATIVA: CIUDAD DE MÉXICO

EXPERIENCIA LABORAL (ÚLTIMOS CINCO EMPLEOS)

EMPLEO, CARGO O COMISIÓN / PUESTO
ÁMBITO / SECTOR EN EL QUE LABORASTE: PUBLICO
NIVEL / ORDEN DE GOBIERNO: FEDERAL
ÁMBITO PÚBLICO: ORGANO AUTÓNOMO
NOMBRE DEL ENTE PÚBLICO / NOMBRE DE LA EMPRESA, SOCIEDAD O ASOCIACIÓN: PARTIDO POLITICO NACIONAL MORENA
ÁREA DE ADSCRIPCIÓN / ÁREA: COMITE EJECUTIVO NACIONAL
EMPLEO, CARGO O COMISIÓN / PUESTO: SECRETARIO DE FINANZAS
ESPECIFIQUE FUNCIÓN PRINCIPAL: PROCURAR Y ADMINISTRAR LOS RECURSOS FINANCIEROS DE MORENA
FECHA DE INGRESO: 2015-11-20
FECHA DE EGRESO: 2018-11-30
LUGAR DONDE SE UBICA: MEXICO

EMPLEO, CARGO O COMISIÓN / PUESTO
ÁMBITO / SECTOR EN EL QUE LABORASTE: PUBLICO
NIVEL / ORDEN DE GOBIERNO: FEDERAL
ÁMBITO PÚBLICO: ORGANO AUTÓNOMO
NOMBRE DEL ENTE PÚBLICO / NOMBRE DE LA EMPRESA, SOCIEDAD O ASOCIACIÓN: PARTIDO POLITICO NACIONAL MORENA
ÁREA DE ADSCRIPCIÓN / ÁREA: CONSEJO NACIONAL
EMPLEO, CARGO O COMISIÓN / PUESTO: CONSEJERO NACIONAL
ESPECIFIQUE FUNCIÓN PRINCIPAL: PARTICIPAR EN DECISIONES NACIONALES DEL PARTIDO MORENA
FECHA DE INGRESO: 2012-11-20
FECHA DE EGRESO: 2015-11-19
LUGAR DONDE SE UBICA: MEXICO

EMPLEO, CARGO O COMISIÓN / PUESTO
ÁMBITO / SECTOR EN EL QUE LABORASTE: PUBLICO
NIVEL / ORDEN DE GOBIERNO: ESTATAL
ÁMBITO PÚBLICO: EJECUTIVO
NOMBRE DEL ENTE PÚBLICO / NOMBRE DE LA EMPRESA, SOCIEDAD O ASOCIACIÓN: GOBIERNO DEL DISTRITO FEDERAL
ÁREA DE ADSCRIPCIÓN / ÁREA: JEFATURA DE GOBIERNO DEL DISTRITO FEDERAL
EMPLEO, CARGO O COMISIÓN / PUESTO: SECRETARIO PARTICULAR DEL JEFE DE GOBIERNO
ESPECIFIQUE FUNCIÓN PRINCIPAL: LLEVAR LA AGENDA E INSTRUMENTAR LAS INDICACIONES DEL JEFE DE GOBIERNO
FECHA DE INGRESO: 2003-01-01
FECHA DE EGRESO: 2005-07-31
LUGAR DONDE SE UBICA: MEXICO

INGRESOS NETOS DEL DECLARANTE, (ENTRE EL 1 DE ENERO Y 31 DE DICIEMBRE DEL AÑO INMEDIATO ANTERIOR)

I. REMUNERACIÓN ANUAL NETA DEL DECLARANTE POR SU CARGO PÚBLICO (POR CONCEPTO DE SUELDOS, HONORARIOS, COMPENSACIONES, BONOS, AGUINALDOS Y OTRAS PRESTACIONES) (CANTIDADES NETAS DESPUÉS DE IMPUESTOS)	1537962
II. OTROS INGRESOS DEL DECLARANTE (SUMA DEL II.1 AL II.5)	37302
II.1 POR ACTIVIDAD INDUSTRIAL, COMERCIAL Y / O EMPRESARIAL (DESPUÉS DE IMPUESTOS)	
II.2 POR ACTIVIDAD FINANCIERA (RENDIMIENTOS O GANANCIAS) (DESPUÉS DE IMPUESTOS)	37,302
II.3 POR SERVICIOS PROFESIONALES, CONSEJOS, CONSULTORÍAS Y / O ASESORÍAS (DESPUÉS DE IMPUESTOS)	
II.4 POR ENAJENACIÓN DE BIENES (DESPUÉS DE IMPUESTOS)	0
II.5 OTROS INGRESOS NO CONSIDERADOS A LOS ANTERIORES (DESPUÉS DE IMPUESTOS)	
A. INGRESO ANUAL NETO DEL DECLARANTE (SUMA DEL NUMERAL I Y II)	1575264

POR ACTIVIDAD INDUSTRIAL, COMERCIAL Y / O EMPRESARIAL (DESPUÉS DE IMPUESTOS).

NOMBRE O RAZÓN SOCIAL	TIPO DE NEGOCIO	MONTO

POR ACTIVIDAD FINANCIERA (RENDIMIENTOS O GANANCIAS) (DESPUÉS DE IMPUESTOS).

TIPO INSTRUMENTO	MONTO
CAPITAL	0
FONDOS DE INVERSIÓN	37302
ORGANIZACIONES PRIVADAS	0
SEGURO DE SEPARACIÓN INDIVIDUALIZADO	0
VALORES BURSÁTILES	0
BONOS	0
OTRO (ESPECIFIQUE)	0

POR SERVICIOS PROFESIONALES, CONSEJOS, CONSULTORÍAS Y / O ASESORÍAS (DESPUÉS DE IMPUESTOS).

TIPO DE SERVICIO	MONTO

POR ENAJENACIÓN DE BIENES (DESPUÉS DE IMPUESTOS)

TIPO BIEN	MONTO
MUEBLE	0
INMUEBLE	0
VEHÍCULO	0

OTROS INGRESOS NO CONSIDERADOS A LOS ANTERIORES (DESPUÉS DE IMPUESTOS).

TIPO INGRESO	MONTO

BIENES INMUEBLES (ENTRE EL 1 DE ENERO Y EL 31 DE DICIEMBRE DEL AÑO INMEDIATO ANTERIOR)

TODOS LOS DATOS DE BIENES DECLARADOS A NOMBRE DE LA PAREJA, DEPENDIENTES ECONÓMICOS Y/O TERCEROS O QUE SEA EN COPROPIEDAD CON EL DECLARANTE NO SERÁN PÚBLICOS.
BIENES DEL DECLARANTE, PAREJA Y / O DEPENDIENTES ECONÓMICOS

TIPO DE INMUEBLE: CASA
SUPERFICIE DEL TERRENO: 246
TRANSMISOR: PERSONA FISICA
TRANSMISOR: PERSONA FISICA
TITULAR DEL INMUEBLE: DECLARANTE
SUPERFICIE DE CONSTRUCCIÓN: 201
PORCENTAJE DE PROPIEDAD DEL DECLARANTE CONFORME A ESCRITURACIÓN O CONTRATO: 100

FORMA DE ADQUISICIÓN: DONACIÓN
TIPO DE MONEDA: PESO MEXICANO
¿EL VALOR DE ADQUISICIÓN DEL INMUEBLE ES CONFORME A?: Escritura publica
EN CASO DE BAJA DEL INMUEBLE INCLUIR MOTIVO:
FORMA DE PAGO: NO APLICA
FECHA DE ADQUISICIÓN DEL INMUEBLE: 2002-04-20
VALOR DE ADQUISICIÓN: 513761

TIPO DE INMUEBLE: DEPARTAMENTO
SUPERFICIE DEL TERRENO: 99
TRANSMISOR: PERSONA FISICA
TITULAR DEL INMUEBLE: DECLARANTE
SUPERFICIE DE CONSTRUCCIÓN: 99
PORCENTAJE DE PROPIEDAD DEL DECLARANTE CONFORME A ESCRITURACIÓN O CONTRATO: 100

FORMA DE ADQUISICIÓN: COMPRAVENTA
TIPO DE MONEDA: PESO MEXICANO
¿EL VALOR DE ADQUISICIÓN DEL INMUEBLE ES CONFORME A?: Escritura publica
EN CASO DE BAJA DEL INMUEBLE INCLUIR MOTIVO:
FORMA DE PAGO: CONTADO
FECHA DE ADQUISICIÓN DEL INMUEBLE: 2008-12-04
VALOR DE ADQUISICIÓN: 740000

TIPO DE INMUEBLE: TERRENO
SUPERFICIE DEL TERRENO: 181
TRANSMISOR: PERSONA FISICA
TITULAR DEL INMUEBLE: DECLARANTE
SUPERFICIE DE CONSTRUCCIÓN: 28
PORCENTAJE DE PROPIEDAD DEL DECLARANTE CONFORME A ESCRITURACIÓN O CONTRATO: 100

FORMA DE ADQUISICIÓN: COMPRAVENTA
TIPO DE MONEDA: PESO MEXICANO
¿EL VALOR DE ADQUISICIÓN DEL INMUEBLE ES CONFORME A?: Escritura publica
EN CASO DE BAJA DEL INMUEBLE INCLUIR MOTIVO:
FORMA DE PAGO: CONTADO
FECHA DE ADQUISICIÓN DEL INMUEBLE: 2013-02-26
VALOR DE ADQUISICIÓN: 155000

TIPO DE INMUEBLE: TERRENO
SUPERFICIE DEL TERRENO: 78578
TRANSMISOR: PERSONA FISICA
TITULAR DEL INMUEBLE: DECLARANTE
SUPERFICIE DE CONSTRUCCIÓN: 0
PORCENTAJE DE PROPIEDAD DEL DECLARANTE CONFORME A ESCRITURACIÓN O CONTRATO: 100

FORMA DE ADQUISICIÓN: COMPRAVENTA
TIPO DE MONEDA: PESO MEXICANO
¿EL VALOR DE ADQUISICIÓN DEL INMUEBLE ES CONFORME A?: Escritura publica
EN CASO DE BAJA DEL INMUEBLE INCLUIR MOTIVO:
FORMA DE PAGO: CONTADO
FECHA DE ADQUISICIÓN DEL INMUEBLE: 2017-07-24
VALOR DE ADQUISICIÓN: 95000

TIPO DE INMUEBLE: TERRENO
SUPERFICIE DEL TERRENO: 800
TRANSMISOR: PERSONA FISICA
TITULAR DEL INMUEBLE: DECLARANTE
SUPERFICIE DE CONSTRUCCIÓN: 0
PORCENTAJE DE PROPIEDAD DEL DECLARANTE CONFORME A ESCRITURACIÓN O CONTRATO: 100

FORMA DE ADQUISICIÓN: COMPRAVENTA
TIPO DE MONEDA: PESO MEXICANO
¿EL VALOR DE ADQUISICIÓN DEL INMUEBLE ES CONFORME A?: Escritura publica
EN CASO DE BAJA DEL INMUEBLE INCLUIR MOTIVO:
FORMA DE PAGO: CONTADO
FECHA DE ADQUISICIÓN DEL INMUEBLE: 2015-12-04
VALOR DE ADQUISICIÓN: 167000

TIPO DE INMUEBLE: CASA
SUPERFICIE DEL TERRENO: 800
TITULAR DEL INMUEBLE: DECLARANTE
SUPERFICIE DE CONSTRUCCIÓN: 120
PORCENTAJE DE PROPIEDAD DEL DECLARANTE CONFORME A ESCRITURACIÓN O CONTRATO: 100

ANEXOS

TRANSMISOR:
PERSONA FISICA

FORMA DE ADQUISICIÓN: COMPRAVENTA	FORMA DE PAGO: CONTADO	VALOR DE ADQUISICIÓN: 100000
TIPO DE MONEDA: PESO MEXICANO	FECHA DE ADQUISICIÓN DEL INMUEBLE: 2003-08-05	

¿EL VALOR DE ADQUISICIÓN DEL INMUEBLE ES CONFORME A?:
Escritura publica
EN CASO DE BAJA DEL INMUEBLE INCLUIR MOTIVO:

VEHÍCULOS (ENTRE EL 1 DE ENERO Y EL 31 DE DICIEMBRE DEL AÑO INMEDIATO ANTERIOR)

TODOS LOS DATOS DE VEHÍCULOS DECLARADOS A NOMBRE DE LA PAREJA, DEPENDIENTES ECONÓMICOS Y/O TERCEROS O QUE SEA EN COPROPIEDAD CON EL DECLARANTE NO SERÁN PÚBLICOS.
VEHÍCULOS DEL DECLARANTE, PAREJA Y / O DEPENDIENTES ECONÓMICOS

TIPO DE VEHÍCULO:
AUTOMÓVIL / MOTOCICLETA
TRANSMISOR:
PERSONA MORAL

TITULAR DEL VEHÍCULO:
DECLARANTE

NOMBRE O RAZÓN SOCIAL DEL TRANSMISOR:
DERAL AUTOMOTRIZ S.A. DE C.V.

MARCA: VOLKSWAGEN	MODELO: 2013	AÑO: 2013
FORMA DE ADQUISICIÓN: COMPRAVENTA	FORMA DE PAGO: CONTADO	VALOR DE ADQUISICIÓN DEL VEHÍCULO: 200940
TIPO DE MONEDA: PESO MEXICANO	FECHA DE ADQUISICIÓN DEL VEHÍCULO: 2013-05-05	EN CASO DE BAJA DEL VEHÍCULO INCLUIR MOTIVO:

TODOS LOS DATOS DE VEHÍCULOS DECLARADOS A NOMBRE DE LA PAREJA, DEPENDIENTES ECONÓMICOS Y/O TERCEROS O QUE SEA EN COPROPIEDAD CON EL DECLARANTE NO SERÁN PÚBLICOS.
VEHÍCULOS DEL DECLARANTE, PAREJA Y / O DEPENDIENTES ECONÓMICOS

TIPO DE VEHÍCULO:
AUTOMÓVIL / MOTOCICLETA
TRANSMISOR:
PERSONA FISICA

TITULAR DEL VEHÍCULO:
DECLARANTE

MARCA: VOLKSWAGEN	MODELO: 2015	AÑO: 2015
FORMA DE ADQUISICIÓN: COMPRAVENTA	FORMA DE PAGO: CONTADO	VALOR DE ADQUISICIÓN DEL VEHÍCULO: 175850
TIPO DE MONEDA: PESO MEXICANO	FECHA DE ADQUISICIÓN DEL VEHÍCULO: 2018-12-12	EN CASO DE BAJA DEL VEHÍCULO INCLUIR MOTIVO:

TODOS LOS DATOS DE VEHÍCULOS DECLARADOS A NOMBRE DE LA PAREJA, DEPENDIENTES ECONÓMICOS Y/O TERCEROS O QUE SEA EN COPROPIEDAD CON EL DECLARANTE NO SERÁN PÚBLICOS.
VEHÍCULOS DEL DECLARANTE, PAREJA Y / O DEPENDIENTES ECONÓMICOS

TIPO DE VEHÍCULO:
AUTOMÓVIL / MOTOCICLETA
TRANSMISOR:
PERSONA FISICA

TITULAR DEL VEHÍCULO:
DECLARANTE

MARCA: VOLKSWAGEN	MODELO: 2013	AÑO: 2013
FORMA DE ADQUISICIÓN: COMPRAVENTA	FORMA DE PAGO: CONTADO	VALOR DE ADQUISICIÓN DEL VEHÍCULO: 85000
TIPO DE MONEDA: PESO MEXICANO	FECHA DE ADQUISICIÓN DEL VEHÍCULO: 2020-07-31	EN CASO DE BAJA DEL VEHÍCULO INCLUIR MOTIVO:

BIENES MUEBLES (ENTRE EL 1 DE ENERO Y EL 31 DE DICIEMBRE DEL AÑO INMEDIATO ANTERIOR)

BIENES MUEBLES (ENTRE EL 1 DE ENERO Y EL 31 DE DICIEMBRE DEL AÑO INMEDIATO ANTERIOR)

TODOS LOS DATOS DE LOS BIENES DECLARADOS A NOMBRE DE LA PAREJA, DEPENDIENTES ECONÓMICOS Y/O TERCEROS O QUE SEA EN COPROPIEDAD CON EL DECLARANTE NO SERÁN PÚBLICOS.
BIENES DEL DECLARANTE, PAREJA Y / O DEPENDIENTES ECONÓMICOS:

TITULAR DEL BIEN:
DECLARANTE
TRANSMISOR:
PERSONA MORAL

TIPO DEL BIEN:
MENAJE DE CASA (MUEBLES Y ACCESORIOS DE CASA)

NOMBRE O RAZÓN SOCIAL DEL TRANSMISOR DE LA PROPIEDAD
LIVERPOOL S.A. DE C.V.

DESCRIPCION GENERAL DEL BIEN: SALA COMEDOR COCINA RECAMARA	FORMA DE ADQUISICIÓN: COMPRAVENTA	FORMA DE PAGO: CONTADO
TIPO DE MONEDA: PESO MEXICANO	VALOR DE ADQUISICIÓN DEL MUEBLE: 150000	FECHA DE ADQUISICIÓN: 1997-06-13

EN CASO DE BAJA DEL MUEBLE INCLUIR MOTIVO:

INVERSIONES, CUENTAS BANCARIAS Y OTRO TIPO DE VALORES / ACTIVOS (ENTRE EL 1 DE ENERO Y EL 31 DE DICIEMBRE DEL AÑO

TODOS LOS DATOS DE LAS INVERSIONES, CUENTAS BANCARIAS Y OTRO TIPO DE VALORES / ACTIVOS A NOMBRE DE LA PAREJA, DEPENDIENTES ECONÓMICOS Y O TERCEROS O QUE SEAN EN COPROPIEDAD CON EL DECLARANTE NO SERÁN PÚBLICOS.
INVERSIONES, CUENTAS BANCARIAS Y OTRO TIPO DE VALORES DEL DECLARANTE

TIPO DE INVERSIÓN / ACTIVO:
BANCARIA

SUB TIPO DE INVERSIÓN:
CUENTA DE AHORRO

TITULAR DE LA INVERSIÓN, CUENTA BANCARIA Y OTRO TIPO DE VALORES:
DECLARANTE

¿DÓNDE SE LOCALIZA LA INVERSIÓN, CUENTA BANCARIA Y OTRO TIPO DE VALORES / ACTIVOS ?   MEXICO

INSTITUCIÓN O RAZÓN SOCIAL:
AFIRME GRUPO FINANCIERO

RFC:

TIPO DE MONEDA:
PESO MEXICANO

TIPO DE INVERSIÓN / ACTIVO:
AFORES Y OTROS

SUB TIPO DE INVERSIÓN:
CUENTA DE AHORRO

TITULAR DE LA INVERSIÓN, CUENTA BANCARIA Y OTRO TIPO DE VALORES:
DECLARANTE

¿DÓNDE SE LOCALIZA LA INVERSIÓN, CUENTA BANCARIA Y OTRO TIPO DE VALORES / ACTIVOS ?   MEXICO

INSTITUCIÓN O RAZÓN SOCIAL:
PENSIONISSSTE

RFC:

TIPO DE MONEDA:
PESO MEXICANO

TIPO DE INVERSIÓN / ACTIVO:
BANCARIA

SUB TIPO DE INVERSIÓN:
CUENTA DE NÓMINA

TITULAR DE LA INVERSIÓN, CUENTA BANCARIA Y OTRO TIPO DE VALORES:
DECLARANTE

¿DÓNDE SE LOCALIZA LA INVERSIÓN, CUENTA BANCARIA Y OTRO TIPO DE VALORES / ACTIVOS ?   MEXICO

INSTITUCIÓN O RAZÓN SOCIAL:
BANCO MERCANTIL DEL NORTE

RFC:

TIPO DE MONEDA:
PESO MEXICANO

TIPO DE INVERSIÓN / ACTIVO:
BANCARIA

SUB TIPO DE INVERSIÓN:
CUENTA DE AHORRO

TITULAR DE LA INVERSIÓN, CUENTA BANCARIA Y OTRO TIPO DE VALORES:
DECLARANTE

¿DÓNDE SE LOCALIZA LA INVERSIÓN, CUENTA BANCARIA Y OTRO TIPO DE VALORES / ACTIVOS ?   MEXICO

INSTITUCIÓN O RAZÓN SOCIAL:
BANORTE

RFC:

TIPO DE MONEDA:
PESO MEXICANO

ADEUDOS / PASIVOS (ENTRE EL 1 DE ENERO Y EL 31 DE DICIEMBRE DEL AÑO INMEDIATO ANTERIOR)

TODOS LOS DATOS DE LOS ADEUDOS / PASIVOS A NOMBRE DE LA PAREJA, DEPENDIENTES ECONÓMICOS Y O TERCEROS O QUE SEAN EN COPROPIEDAD CON EL DECLARANTE NO SERÁN PÚBLICOS.

ADEUDOS DEL DECLARANTE
TITULAR DEL ADEUDO: TIPO DE ADEUDO:
DECLARANTE   TARJETA DE CRÉDITO BANCARIA
FECHA DE ADQUISICIÓN DEL ADEUDO / PASIVO: MONTO ORIGINAL DEL ADEUDO / PASIVO: TIPO DE MONEDA:
1978-02-03   0   PESO MEXICANO
OTORGANTE DEL CRÉDITO: Nombre:
PERSONA MORAL   BANAMEX
¿DÓNDE SE LOCALIZA EL ADEUDO?
MÉXICO

TITULAR DEL ADEUDO: TIPO DE ADEUDO:
DECLARANTE   TARJETA DE CRÉDITO BANCARIA
FECHA DE ADQUISICIÓN DEL ADEUDO / PASIVO: MONTO ORIGINAL DEL ADEUDO / PASIVO: TIPO DE MONEDA:
2017-09-03   0   PESO MEXICANO
OTORGANTE DEL CRÉDITO: Nombre:
PERSONA MORAL   AFIRME
¿DÓNDE SE LOCALIZA EL ADEUDO?
MÉXICO

PRÉSTAMO O COMODATO POR TERCEROS (ENTRE EL 1 DE ENERO Y EL 31 DE DICIEMBRE DEL AÑO INMEDIATO ANTERIOR)

(Ninguno)

PARTICIPACIÓN EN EMPRESAS, SOCIEDADES O ASOCIACIONES (HASTA LOS 2 ÚLTIMOS AÑOS)

(Ninguno)

¿ PARTICIPA EN LA TOMA DE DECISIONES DE ALGUNA DE ESTAS INSTITUCIONES ? (HASTA LOS 2 ÚLTIMOS AÑOS)

(Ninguno)

APOYOS O BENEFICIOS PÚBLICOS (HASTA LOS 2 ÚLTIMOS AÑOS)

(Ninguno)

REPRESENTACIÓN (HASTA LOS 2 ÚLTIMOS AÑOS)

(Ninguno)

BENEFICIOS PRIVADOS (HASTA LOS 2 ÚLTIMOS AÑOS)

(Ninguno)

FIDEICOMISOS (HASTA LOS 2 ÚLTIMOS AÑOS)

(Ninguno)

Declaración patrimonial de
Ariadna Montiel

SECRETARÍA DE LA FUNCIÓN PÚBLICA
DECLARACIÓN DE SITUACIÓN PATRIMONIAL Y DE INTERESES DE LOS SERVIDORES PÚBLICOS
DECLARACIÓN MODIFICACIÓN 2021

FECHA DE RECEPCIÓN: 28/05/2021

SECRETARÍA DE LA FUNCIÓN PÚBLICA
BAJO PROTESTA DE DECIR VERDAD PRESENTO A USTED MI DECLARACIÓN PATRIMONIAL Y DE INTERESES, CONFORME A LO DISPUESTO EN LOS ARTÍCULOS 32 Y 33 DE LA LEY GENERAL DE RESPONSABILIDADES ADMINISTRATIVAS.

DATOS GENERALES DEL SERVIDOR PUBLICO

NOMBRE(S): MONTIEL REYES ARIADNA
CORREO ELECTRÓNICO INSTITUCIONAL: ariadna.montiel@bienestar.gob.mx

DATOS CURRICULARES DEL DECLARANTE

ESCOLARIDAD

NIVEL	INSTITUCIÓN EDUCATIVA	UBICACIÓN	CARRERA O ÁREA DE CONOCIMIENTO	ESTATUS	DOCUMENTO OBTENIDO	FECHA
LICENCIATURA	UNIVERSIDAD NACIONAL AUTONOMA DE MEXICO	MEXICO	ARQUITECTURA	TRUNCO	CONSTANCIA	2000-07-01

DATOS DEL EMPLEO, CARGO O COMISIÓN ACTUAL

NIVEL / ORDEN DE GOBIERNO: FEDERAL
ÁMBITO PÚBLICO: EJECUTIVO
NOMBRE DEL ENTE PÚBLICO: Secretaría de Bienestar
NIVEL JERARQUICO: SUBSECRETARIO (A) DE ESTADO U HOMOLOGO (A)
ÁREA DE ADSCRIPCIÓN: SUBSECRETARÍA DE DESARROLLO SOCIAL Y HUMANO
EMPLEO, CARGO O COMISIÓN: SUBSECRETARIA DE DESARROLLO SOCIAL Y HUMANO
¿ESTÁ CONTRATADO POR HONORARIOS?: No
NIVEL DEL EMPLEO, CARGO O COMISIÓN: H11
ESPECIFIQUE FUNCIÓN PRINCIPAL: PROPONER POLITICAS DE ATENCION, FORMULACION DE LAS REGLAS DE OPERACION DE LOS PROGRAMAS SOCIALES.
FECHA DE TOMA DE POSESIÓN DEL EMPLEO, CARGO O COMISIÓN: 2018-12-01
TELÉFONO DE OFICINA Y EXTENSIÓN: 53285000   57062

DOMICILIO DEL EMPLEO, CARGO O COMISIÓN

EN MÉXICO DOMICILIO DEL EMPLEO, CARGO O COMISIÓN

CALLE: REFORMA
NÚMERO INTERIOR:
MUNICIPIO / ALCALDÍA: CUAUHTÉMOC
CÓDIGO POSTAL: 06030

NÚMERO EXTERIOR: 51
COLONIA / LOCALIDAD: TABACALERA
ENTIDAD FEDERATIVA: CIUDAD DE MÉXICO

EXPERIENCIA LABORAL (ÚLTIMOS CINCO EMPLEOS)

EMPLEO, CARGO O COMISIÓN / PUESTO
ÁMBITO / SECTOR EN EL QUE LABORASTE: PUBLICO
NIVEL / ORDEN DE GOBIERNO: ESTATAL
ÁMBITO PÚBLICO: LEGISLATIVO
NOMBRE DEL ENTE PÚBLICO / NOMBRE DE LA EMPRESA, SOCIEDAD O ASOCIACIÓN: ASAMBLEA LEGISLATIVA DEL DISTRITO FEDERAL
ÁREA DE ADSCRIPCIÓN / ÁREA: LEGISLADORA
EMPLEO, CARGO O COMISIÓN / PUESTO: DIPUTADA LOCAL
ESPECIFIQUE FUNCIÓN PRINCIPAL: LEGISLATIVA
FECHA DE INGRESO: 2012-09-15
FECHA DE EGRESO: 2015-08-26
LUGAR DONDE SE UBICA: MEXICO

EMPLEO, CARGO O COMISIÓN / PUESTO
ÁMBITO / SECTOR EN EL QUE LABORASTE: PUBLICO
NIVEL / ORDEN DE GOBIERNO: FEDERAL
ÁMBITO PÚBLICO: LEGISLATIVO
NOMBRE DEL ENTE PÚBLICO / NOMBRE DE LA EMPRESA, SOCIEDAD O ASOCIACIÓN: CAMARA DE DIPUTADOS
ÁREA DE ADSCRIPCIÓN / ÁREA: LEGISLADORA
EMPLEO, CARGO O COMISIÓN / PUESTO: DIPUTADA FEDERAL
ESPECIFIQUE FUNCIÓN PRINCIPAL: LEGISLATIVA
FECHA DE INGRESO: 2015-08-29
FECHA DE EGRESO: 2018-08-31
LUGAR DONDE SE UBICA: MEXICO

EMPLEO, CARGO O COMISIÓN / PUESTO
ÁMBITO / SECTOR EN EL QUE LABORASTE: PUBLICO
NIVEL / ORDEN DE GOBIERNO: ESTATAL
ÁMBITO PÚBLICO: EJECUTIVO
NOMBRE DEL ENTE PÚBLICO / NOMBRE DE LA EMPRESA, SOCIEDAD O ASOCIACIÓN: RED DE TRANSPORTE DE PASAJEROS DEL DISTRITO FEDERAL
ÁREA DE ADSCRIPCIÓN / ÁREA: DIRECTIVA
EMPLEO, CARGO O COMISIÓN / PUESTO: DIRECTORA GENERAL
ESPECIFIQUE FUNCIÓN PRINCIPAL: DIRIGIR EL SISTEMA DE TRANSPORTE DE PASAJEROS DE LA CIUDAD DE MEXICO
FECHA DE INGRESO: 2006-12-22
FECHA DE EGRESO: 2012-03-31
LUGAR DONDE SE UBICA: MEXICO

INGRESOS NETOS DEL DECLARANTE (ENTRE EL 1 DE ENERO Y 31 DE DICIEMBRE DEL AÑO INMEDIATO ANTERIOR)

I. REMUNERACIÓN ANUAL NETA DEL DECLARANTE POR SU CARGO PÚBLICO (POR CONCEPTO DE SUELDOS, HONORARIOS, COMPENSACIONES, BONOS, AGUINALDOS Y OTRAS PRESTACIONES) (CANTIDADES NETAS DESPUÉS DE IMPUESTOS)	1571293
II. OTROS INGRESOS DEL DECLARANTE (SUMA DEL II.1 AL II.5)	0
II.1 POR ACTIVIDAD INDUSTRIAL, COMERCIAL Y / O EMPRESARIAL (DESPUÉS DE IMPUESTOS)	0
II.2 POR ACTIVIDAD FINANCIERA (RENDIMIENTOS O GANANCIAS) (DESPUÉS DE IMPUESTOS)	
II.3 POR SERVICIOS PROFESIONALES, CONSEJOS, CONSULTORÍAS Y / O ASESORÍAS (DESPUÉS DE IMPUESTOS)	
II.4 POR ENAJENACIÓN DE BIENES (DESPUÉS DE IMPUESTOS)	0
II.5 OTROS INGRESOS NO CONSIDERADOS A LOS ANTERIORES (DESPUÉS DE IMPUESTOS)	
A. INGRESO ANUAL NETO DEL DECLARANTE (SUMA DEL NUMERAL I Y II)	1571293

POR ACTIVIDAD INDUSTRIAL, COMERCIAL Y / O EMPRESARIAL (DESPUÉS DE IMPUESTOS).

NOMBRE O RAZÓN SOCIAL	TIPO DE NEGOCIO	MONTO

POR ACTIVIDAD FINANCIERA (RENDIMIENTOS O GANANCIAS) (DESPUÉS DE IMPUESTOS).

TIPO INSTRUMENTO	MONTO
CAPITAL	0
FONDOS DE INVERSIÓN	0
ORGANIZACIONES PRIVADAS	0
SEGURO DE SEPARACIÓN INDIVIDUALIZADO	0
VALORES BURSÁTILES	0
BONOS	0
OTRO (ESPECIFIQUE)	0

POR SERVICIOS PROFESIONALES, CONSEJOS, CONSULTORÍAS Y / O ASESORÍAS (DESPUÉS DE IMPUESTOS).

TIPO DE SERVICIO	MONTO

POR ENAJENACIÓN DE BIENES (DESPUÉS DE IMPUESTOS)

TIPO BIEN	MONTO
MUEBLE	0
INMUEBLE	0
VEHÍCULO	0

OTROS INGRESOS NO CONSIDERADOS A LOS ANTERIORES (DESPÚES DE IMPUESTOS).

TIPO INGRESO	MONTO

BIENES INMUEBLES (ENTRE EL 1 DE ENERO Y EL 31 DE DICIEMBRE DEL AÑO INMEDIATO ANTERIOR)

TODOS LOS DATOS DE BIENES DECLARADOS A NOMBRE DE LA PAREJA, DEPENDIENTES ECONÓMICOS Y/O TERCEROS O QUE SEA EN COPROPIEDAD CON EL DECLARANTE NO SERÁN PÚBLICOS.
BIENES DEL DECLARANTE, PAREJA Y / O DEPENDIENTES ECONÓMICOS

TIPO DE INMUEBLE:	TITULAR DEL INMUEBLE:	PORCENTAJE DE PROPIEDAD DEL DECLARANTE CONFORME A ESCRITURACIÓN O CONTRATO:
CASA	DECLARANTE	
SUPERFICIE DEL TERRENO:	SUPERFICIE DE CONSTRUCCIÓN:	100
2102	607	
TRANSMISOR:		
PERSONA FISICA		

FORMA DE ADQUISICIÓN:	FORMA DE PAGO:	VALOR DE ADQUISICIÓN:
COMPRAVENTA	CONTADO	6500000
TIPO DE MONEDA:	FECHA DE ADQUISICIÓN DEL INMUEBLE:	
PESO MEXICANO	2015-12-16	

¿EL VALOR DE ADQUISICIÓN DEL INMUEBLE ES CONFORME A?:
Escritura publica
EN CASO DE BAJA DEL INMUEBLE INCLUIR MOTIVO:

VEHÍCULOS (ENTRE EL 1 DE ENERO Y EL 31 DE DICIEMBRE DEL AÑO INMEDIATO ANTERIOR)

TODOS LOS DATOS DE VEHÍCULOS DECLARADOS A NOMBRE DE LA PAREJA, DEPENDIENTES ECONÓMICOS Y/O TERCEROS O QUE SEA EN COPROPIEDAD CON EL DECLARANTE NO SERÁN PÚBLICOS.
VEHÍCULOS DEL DECLARANTE, PAREJA Y / O DEPENDIENTES ECONÓMICOS

TIPO DE VEHÍCULO:	TITULAR DEL VEHÍCULO:
AUTOMÓVIL / MOTOCICLETA	DECLARANTE

TRANSMISOR:		NOMBRE O RAZÓN SOCIAL DEL TRANSMISOR:
PERSONA MORAL		FORD CREDIT

MARCA:	MODELO:	AÑO:
FORD	EXPLORER	2007
FORMA DE ADQUISICIÓN:	FORMA DE PAGO:	VALOR DE ADQUISICIÓN DEL VEHÍCULO:
COMPRAVENTA	CRÉDITO	364000
TIPO DE MONEDA:	FECHA DE ADQUISICIÓN DEL VEHÍCULO:	EN CASO DE BAJA DEL VEHÍCULO INCLUIR MOTIVO:
PESO MEXICANO	2006-11-30	

TODOS LOS DATOS DE VEHÍCULOS DECLARADOS A NOMBRE DE LA PAREJA, DEPENDIENTES ECONÓMICOS Y/O TERCEROS O QUE SEA EN COPROPIEDAD CON EL DECLARANTE NO SERÁN PÚBLICOS.
VEHÍCULOS DEL DECLARANTE, PAREJA Y / O DEPENDIENTES ECONÓMICOS

TIPO DE VEHÍCULO:	TITULAR DEL VEHÍCULO:
AUTOMÓVIL / MOTOCICLETA	DECLARANTE
TRANSMISOR:	
PERSONA FISICA	

MARCA:	MODELO:	AÑO:
FORD	EXPEDITION	2007
FORMA DE ADQUISICIÓN:	FORMA DE PAGO:	VALOR DE ADQUISICIÓN DEL VEHÍCULO:
COMPRAVENTA	CONTADO	230000
TIPO DE MONEDA:	FECHA DE ADQUISICIÓN DEL VEHÍCULO:	EN CASO DE BAJA DEL VEHÍCULO INCLUIR MOTIVO:
PESO MEXICANO	2014-07-18	

TODOS LOS DATOS DE VEHÍCULOS DECLARADOS A NOMBRE DE LA PAREJA, DEPENDIENTES ECONÓMICOS Y/O TERCEROS O QUE SEA EN COPROPIEDAD CON EL DECLARANTE NO SERÁN PÚBLICOS.
VEHÍCULOS DEL DECLARANTE, PAREJA Y / O DEPENDIENTES ECONÓMICOS

TIPO DE VEHÍCULO:		TITULAR DEL VEHÍCULO:
OTRO (ESPECIFIQUE)	CARGA	DECLARANTE
TRANSMISOR:		
PERSONA FISICA		

MARCA:	MODELO:	AÑO:
CHRYSLER	DAIMLER FREIGHLINER	2011
FORMA DE ADQUISICIÓN:	FORMA DE PAGO:	VALOR DE ADQUISICIÓN DEL VEHÍCULO:
COMPRAVENTA	CRÉDITO	568858
TIPO DE MONEDA:	FECHA DE ADQUISICIÓN DEL VEHÍCULO:	EN CASO DE BAJA DEL VEHÍCULO INCLUIR MOTIVO:
PESO MEXICANO	2011-03-24	

BIENES MUEBLES (ENTRE EL 1 DE ENERO Y EL 31 DE DICIEMBRE DEL AÑO INMEDIATO ANTERIOR)

TODOS LOS DATOS DE LOS BIENES DECLARADOS A NOMBRE DE LA PAREJA, DEPENDIENTES ECONÓMICOS Y/O TERCEROS O QUE SEA EN COPROPIEDAD CON EL DECLARANTE NO SERÁN PÚBLICOS.
BIENES DEL DECLARANTE, PAREJA Y / O DEPENDIENTES ECONÓMICOS

TITULAR DEL BIEN:	TIPO DEL BIEN:	
DECLARANTE	MENAJE DE CASA (MUEBLES Y ACCESORIOS DE CASA)	
TRANSMISOR:		NOMBRE O RAZÓN SOCIAL DEL TRANSMISOR DE LA PROPIEDAD
PERSONA MORAL		DIVERSOS ESTABLECIMIENTOS

DESCRIPCION GENERAL DEL BIEN:	FORMA DE ADQUISICIÓN:	FORMA DE PAGO:
SALAS, COMEDORES, MESAS, MUEBLES DE JARDIN, RECAMARAS,	COMPRAVENTA	CONTADO
TIPO DE MONEDA:	VALOR DE ADQUISICIÓN DEL MUEBLE:	FECHA DE ADQUISICIÓN:
PESO MEXICANO	315800	2003-11-01

EN CASO DE BAJA DEL MUEBLE INCLUIR MOTIVO:

INVERSIONES, CUENTAS BANCARIAS Y OTRO TIPO DE VALORES / ACTIVOS (ENTRE EL 1 DE ENERO Y EL 31 DE DICIEMBRE DEL AÑO

ANEXOS

INVERSIONES, CUENTAS BANCARIAS Y OTRO TIPO DE VALORES / ACTIVOS (ENTRE EL 1 DE ENERO Y EL 31 DE DICIEMBRE DEL AÑO

TODOS LOS DATOS DE LAS INVERSIONES, CUENTAS BANCARIAS Y OTRO TIPO DE VALORES / ACTIVOS A NOMBRE DE LA PAREJA, DEPENDIENTES ECONÓMICOS Y O TERCEROS O QUE SEAN EN COPROPIEDAD CON EL DECLARANTE NO SERÁN PÚBLICOS.

INVERSIONES, CUENTAS BANCARIAS Y OTRO TIPO DE VALORES DEL DECLARANTE

TIPO DE INVERSIÓN / ACTIVO:	SUB TIPO DE INVERSIÓN:	TITULAR DE LA INVERSIÓN, CUENTA BANCARIA Y OTRO TIPO DE VALORES:
BANCARIA	CUENTA DE CHEQUES	DECLARANTE
	¿DÓNDE SE LOCALIZA LA INVERSIÓN, CUENTA BANCARIA Y OTRO TIPO DE VALORES / ACTIVOS ?	MEXICO

INSTITUCIÓN O RAZÓN SOCIAL: RFC:
BANORTE

TIPO DE MONEDA:
PESO MEXICANO

ADEUDOS / PASIVOS (ENTRE EL 1 DE ENERO Y EL 31 DE DICIEMBRE DEL AÑO INMEDIATO ANTERIOR)

TODOS LOS DATOS DE LOS ADEUDOS / PASIVOS A NOMBRE DE LA PAREJA, DEPENDIENTES ECONÓMICOS Y O TERCEROS O QUE SEAN EN COPROPIEDAD CON EL DECLARANTE NO SERÁN PÚBLICOS.

ADEUDOS DEL DECLARANTE

TITULAR DEL ADEUDO:	TIPO DE ADEUDO:	
DECLARANTE	TARJETA DE CRÉDITO BANCARIA	
FECHA DE ADQUISICIÓN DEL ADEUDO / PASIVO:	MONTO ORIGINAL DEL ADEUDO / PASIVO:	TIPO DE MONEDA:
2019-12-01	0	PESO MEXICANO
OTORGANTE DEL CRÉDITO:	Nombre:	
PERSONA MORAL	BBVA BANCOMER	
¿DÓNDE SE LOCALIZA EL ADEUDO?		
MÉXICO		

PRÉSTAMO O COMODATO POR TERCEROS (ENTRE EL 1 DE ENERO Y EL 31 DE DICIEMBRE DEL AÑO INMEDIATO ANTERIOR)

(Ninguno)

PARTICIPACIÓN EN EMPRESAS, SOCIEDADES O ASOCIACIONES (HASTA LOS 2 ÚLTIMOS AÑOS)

(Ninguno)

¿ PARTICIPA EN LA TOMA DE DECISIONES DE ALGUNA DE ESTAS INSTITUCIONES ? (HASTA LOS 2 ÚLTIMOS AÑOS)

(Ninguno)

APOYOS O BENEFICIOS PÚBLICOS (HASTA LOS 2 ÚLTIMOS AÑOS)

(Ninguno)

REPRESENTACIÓN (HASTA LOS 2 ÚLTIMOS AÑOS)

(Ninguno)

BENEFICIOS PRIVADOS (HASTA LOS 2 ÚLTIMOS AÑOS)

(Ninguno)

FIDEICOMISOS (HASTA LOS 2 ÚLTIMOS AÑOS)

(Ninguno)

Índice onomástico

Nahle García, Rocío, 108

Navarrete, Carlos, 219, 222,
225, 226, 245

Navarro Quintero, Miguel
Ángel, 219

Nieto, Laura, 60

Nueva Alianza, 179

Núñez, Arturo, 165, 167

Oficialía Mayor, 41, 47

Ojeda Durán, José Rafael,
246

Olmos, Raúl, 16, 18

Organización de la Naciones
Unidas (ONU), 157

Ortega, Jesús, 28, 134, 158,
221, 222, 224, 225, 226

Ortega Cuevas, Joel, 11, 33,
36, 45, 66, 70, 75, 77, 78,
82-85, 95, 101

Ortiz Pinchetti, José Agustín,
73

Orvañanos, Luis, 110

Padierna, Dolores, 108

Partido Acción Nacional
(PAN), 61, 117, 143, 170-
182, 207, 215, 221

Partido de la Revolución
Democrática (PRD), 14, 22,

29, 59, 60, 61, 67, 72, 73,
76, 89-91, 93, 96, 97, 102,
105, 117, 118, 122, 133-
137, 141-143, 146, 149,
155, 156, 163, 166, 169,
171, 172, 179, 213, 215-
218, 221, 226, 229, 231,
232, 234-236, 244, 245,
247

Comité Ejecutivo
Nacional (CEN), 218,
233-235

Partido del Trabajo (PT), 32,
72, 76, 93, 96, 102, 156,
163, 166, 179, 226, 234,
244

Partido Encuentro Social
(PES), 179, 183

Partido Liberal, 222

Partido Revolucionario
Institucional (PRI), 13, 14
34, 36, 60, 61, 77, 110, 117,
122, 133, 146, 147, 148,
165-167, 179, 182, 195,
207, 215, 236

Partido Verde Ecologista de
México (PVEM), 179

Pascoe Pierce, Ricardo, 231-
242

Pemexgate, 43

Agradecimientos

Mi eterno agradecimiento a Anabel Hernández por haber enriquecido con su prólogo este libro testimonial. Ser mujer y ser valiente tiene un rostro y es el de esta autora apasionada y comprometida con la verdad y la justicia pero, sobre todo, con nuestra patria que está gravemente herida.

Gracias al editor Enrique Calderón por guiarme en este proceso de creación del libro, por sus consejos y su paciencia, por creer y confiar en mí y ayudarme a contar mi historia.

Aunque ande en valle de sombra de muerte,
No temeré mal alguno, porque tú, Señor, estarás conmigo;
Tu vara y tú cayado me infundirán aliento.

El rey del cash de Elena Chávez
se terminó de imprimir en octubre de 2022
en los talleres de
Impresora Tauro, S.A. de C.V.
Av. Año de Juárez 343, col. Granjas San Antonio,
Ciudad de México